不渝的忠诚

毛张苗传

毛一江　顾志坤 ◎ 著

宁波出版社

序一

革命理想高于天

范匡夫

一

在杭州美丽的初夏季节，正当全国上下学习党的百年历史的时候，友人给我捎来了《不渝的忠诚——毛张苗传》一书的样稿。毛张苗是志愿军的一级战斗英雄。我是战士的时候，他就是我们老部队第20军60师的师长，是我名副其实的老领导、老首长。最初从军的日子就像人生的童年，特别令人难忘和怀念。此刻，读着那娓娓道来的文字，浏览着照片上那一张张年轻鲜活的笑脸，我感到异样的亲切，仿佛又回到了那个处在黄土丘陵间、南北十里、杂树丰美、没有围墙的大营院。

《不渝的忠诚——毛张苗传》是经过长期准备，艰辛劳作而成。十多年前，一江、战海两兄弟就着手收集材料，他们遵循客观求真的立场，抱着对历史事实、对父亲的真实人生高度负责的态度，一次次找父亲的老战友、老熟人，以及曾经在他身边的工作人员认真了解，多次去部队和地方的相关史料馆、北京军委档案馆等地仔细查找，还去父亲战斗和工作过的地方或现场察看，收集掌握了翔实而丰富的材料。近年来，作家顾志坤同志参与了调查采访。在此基础上，毛一江和顾志坤两位作者对毛张苗的一生，尤其对他生命中重要时期的关键事件，在复杂广阔的背景下展开切实细致的叙述与描写。书稿脉络清晰、层次清楚、有理有据、真实可信，而且文字朴实、语言简洁。统领全书的主题立意高，格调昂扬，富有英雄情结，饱含着信仰和理想的力量，而穿插其中的爱情、战友情、兄弟姐妹情、故乡情，更为全书增添了温馨。这本书，是对浙东纵队北撤后一些重大战役、战斗具体而生动的展现，是对爱国主义、理想主义、革命英雄主义的热情赞颂与呼唤，也是献给党的百年生日的甚佳礼物。

二

毛张苗是一步步从战火中锤炼锻打出来的英雄。他自1943年入伍到1955年任副团长，亲率突击营夺占一江山岛。他从士兵干起，由班长、排长、连长、营长直至团长，中间没有跳过级，也从未脱离过基层岗位，始终都战斗在与敌直接拼杀的最前沿。他经历了许多大仗、硬仗、恶仗，无数次在枪林弹雨中九死一生。毛张苗所在的第20军，前身是华东野战军第1纵队，是华野的头号主力。抗战胜利北撤山东后，该军在我党我军与国民党反动派进行最后决战时期，长期处在与敌的重要作战方向上，通常在主要战役的主要方向上担负重要任务。

1948年5月，朱德总司令来河南濮阳，视察华野外线兵团第1、4、6纵队，向营以上干部作报告，强调："消灭了国民党的'五大主力'，问题就解决了一大半。"勉励部队要勇于同"五大主力"作战。和他们决战，是锻炼提高部队实战能力的极好机会，也是检验我们自己是不是主力的重要标志。在国民党军五大主力中，除新1军、新6军盘踞东北，其余整编第11师（又称第18军）、整编第74师和第5军均麇集华东、中原战场。三年解放战争中,在华野编成内,第1纵数度与敌方三大主力碰撞、决战。毛张苗经历了其中绝大部分的战役和战斗。

1946年12月的宿北战役,毛张苗在第1纵3旅9团2营4连任排长,当时2营为3旅的前卫营,在该团参谋长俞慕耕的带领下,冒着敌机和炮火的拦击,猛插20多千米,进至宿迁曹家集西侧桥头,趁着天色已晚,向国民党整编第11师师部外围发起攻击,一举歼敌工兵营、骑兵营大部,俘敌600余名,接着又击溃敌炮兵团。敌师部一片慌乱,师长胡琏半掩着睡衣,冲出门大喊:"手枪营!手枪营……"

战至天亮,因战况突变,我大部队未赶上,处在最前锋位置的第9团4连和6连被整编第11师18旅重重包围。面对汹涌而来的敌人,战士们沉着顽强,打退了敌人一次次攻击,趁敌退却的间隙,砸毁牺牲同志的枪支,烧掉文件,抱定不生还即战死的决心,坚决突围。俞慕耕端着冲锋枪冲在前头,打光4梭子弹后英勇牺牲。剩下的同志高喊着"为参谋长报仇"的口号,端着刺刀扑向敌群。阵地上刺刀飞舞,刀光闪闪,杀声震天。有的人在伤势严重的情况下,抱着敌人滚在一起搏斗,战士们牺牲时,手中的手榴弹上沾满敌人的脑浆。最终,两个连队仅40余人冲出重围,其余全部壮烈牺牲。突围出来的同志个个枪管炙热,刺刀滴血。毛张苗也是其中的一个。

次日下午,形势更趋严峻,第1纵四面受敌。傍晚,在万分危急的时刻,第1纵司令叶飞下令:"生死存亡在此一举!预备队立即出击!"

预先有准备的第1旅4个营和前锋4个连排列成突击方队,干部当先,组成敢死队,平端刺刀,列队向敌发起冲击,后续方队紧密跟进。敌整编第11师猝不及防,一下子乱了阵脚,开始溃退。第1纵趁机追击,就此粉碎了整编第11师的全力北援,在千钧一发之际扭转了危局。因变化来得突然,全军上下都很高兴。陈毅说,第1纵变被动为主动,

不渝的忠诚
毛 张 苗 传

逆转了整个战局。粟裕也很高兴,多年后还在文章里说:"宿北战役把第1纵队英勇顽强的野战作风传开了。"接着,我参战各部队全面投入对敌整编第 69 师的围歼。该役以歼敌 3 个半旅 2.4 万余人而结束。战后,延安的《解放日报》发表社论说:"这是苏皖解放区超过以前 11 次大捷的空前大胜利,也是今年 7 月以来,整个爱国自卫战争中空前的大胜利。"

宿北战役后,毛张苗随部参加了鲁南战役、莱芜战役,在歼灭敌方精锐快速纵队、整编第 26 师、李仙洲集团中,接连打了几场硬仗、恶仗。

1947 年 5 月的孟良崮战役,"从百万军中取上将首级",第 1 纵 4 个师(1、2、3 师,独立师)先是受命从西边强行穿插切入,割开张灵甫整编第 74 师与黄百韬整编第 25 师、李振整编第 65 师的联系,像挖心一样把整编第 74 师剜割出来。战役于 13 日晚发起。第 1 纵先以第 1 师从敌接合部突进撕开口子,第 3 师跟上向西北阻隔蒙阴方向的敌整编第 65 师,接着以独立师和第 2 师为前锋,沿突破口切入,坚决勇猛地向纵深挺进,纵指率第 1 师、第 3 师主力在后紧紧跟进。各师边打边进,杀开血路,一夜切入敌阵纵深 20 余千米,提前到达了预定位置,完全隔断了整编第 74 师与整编第 25 师的地面联系,还攻占了敌纵深内的若干制高点,建立了东攻西阻的出发点和立足点。14 日晨,敌军判明了我军围歼整编第 74 师的意图,向我阵地发起了猛烈攻击。飞机在上空盘旋俯射,炮火没有间歇,机枪声"嗒嗒"连成一片,两边的敌人被打得遗尸满地,还成排成群地涌上来。14 日傍晚,根据野司加速歼灭整编第 74 师的电示,第 1 纵调整了部署,第 3 师的 7 团、8 团继续钳制蒙阴之敌整编第 65 师,第 9 团南调归第 1 师指挥,在天马山——界牌一线西阻东攻。15 日上午,纵队电台侦悉张灵甫与黄百韬再次商定:由整编第 25 师先攻占界牌后继续向东攻击,接应整编第 74 师,整编第 74 师则以两个旅西出突击,在东西对进中互相靠拢。获此情报,纵队首长当机立断,派出有力部队坚决阻断整编第74师西出,同时令9团以一个营固守界牌阵地,第9团命令2营担负此任。毛张苗所在的4连固守界牌北侧的三山店高地。中午,敌整编第25师第40旅的两个团在飞机和炮火的掩护下,分三路猛攻我界牌阵地,2营以突然、短促、密集的火力在近距离内开火,给敌以重大杀伤。敌攻击三次,三次均被击退。傍晚,当敌发起第4次冲击时,2营一边顽强阻击,一边派出5连向敌侧翼实施反击,迫使敌撤至界牌西侧的南大平、陡山一线。16日上午,整编第25师1部又分三路向界牌、三山店一线猛烈攻击,2营不顾伤亡,奋起阻击。守在三山店的4连,打得英勇顽强,但伤亡很大,全连只剩下毛张苗等不到10人的伤员,3连上来接守了阵地。当天下午5时,整编第74师被全歼。拼命救援的黄百韬与张灵甫触手可及,却最终无法靠拢接合。

自1948年6月17日开始的豫东战役,对手是国民党"五大主力"中的第5军。这次战役,敌人准备得非常充分,不足50千米的地段上,摆了3个兵团。兵力密集、火力多层,鹿寨厚且道数多,地堡低而组成群,平原村落地形又利于敌人坦克飞机的发威,战斗异常激烈,20天里打的多是硬仗、恶仗。6月29日夜间,毛张苗在激烈的战斗中,右肩胛被敌人的子弹前后贯穿,但仍咬牙继续战斗,重伤不下火线,直到天明才奉命随队撤出。此役,第1纵伤亡5480人。

1949年1月6日,淮海战役开始总攻。7日下午,在永城西北的罗河堤,我第3师向敌第5军45师发起攻击。敌人飞机大炮狂轰,两面夹击的火力又密又急,像泼水一样。第9团忍着伤亡,坚决切入敌人的主阵地,展开残酷的白刃战。对方是国民党的"五大主力"之一,顽固透顶,几次被杀退后,又穷凶极恶地使用了毒瓦斯和火焰喷射器,敌机也配合轰炸扫射。第9团伤亡惨重,第7团接替而上。这时,已在第7团8连3排任排长的毛张苗,于火线中被提拔为副连长。他带领战士们在毒气和烈火中翻滚,用湿毛巾掩着口鼻,流着泪水,彻夜奋战。经过三天的连续攻击,最终迫使敌第 5 军 45 师副师长率 3000 多人向我第 7 团投降。国民党军"五大主力"中的最后一支主力——第 5 军就此覆灭。我第 3 师也付出了巨大的牺牲,毛张苗所带的 8 连 3 排只剩下他和 3 名战士。

同国民党"五大主力"交战,战况常常更为残酷激烈,伤亡更多更大。"五大主力"装备精良,一式美械装备。战斗发起,上空飞机俯冲扫射,地面炮火倾泻,坦克"隆隆"作响,构成一片立体火网。"五大主力"受蒋介石的精心培育,多是国民党的党徒骨干,死硬顽固。此外,"五大主力"建军早,久历战阵,训练严格,士兵战术素养较高。正是在和敌人主力一次次的交战中,北上后的浙东纵队受到了严酷的考验和难得的锻炼与打造,从一支游击部队成长为能打硬仗、恶仗的过硬野战师。毛张苗身在其中,和战友们一样,在和顽敌的血拼中,磨砺出了不怕艰苦、不惧牺牲、英勇顽强的战斗意志和血性豪气。毛张苗说:"打仗打的是一股胆气血性。敌人越厉害,我们越勇敢。硬仗恶仗打多了,部队就喊出了'北上山东打恶仗,浙东纵队有胆量,死打硬拼不退让,刺刀插进敌胸膛'的豪言。那时,为了胜利,舍身报国、无比光荣的思想是深入人心的。"

1950 年 10 月 7 日,已是第 60 师 178 团 5 连连长的毛张苗,在志愿军第 9 兵团 20 军的编成内,从驻地上海出发参加抗美援朝战争,11 月 7 日进抵朝鲜,首战长津湖战役。长津湖地区为朝鲜东北部高原山区,冬季气温达零下三四十度,河流冰冻,大雪封山,严寒彻骨。部队从上海出发时,只配发了华东地区规格的棉衣,被告知将在沈阳、梅河口一线补给其他一切冬季装备。车经沈阳,接兵团紧急命令,要求立即入朝,第 20 军由兵团后卫改为前卫。车没有停,一路往前赶,部队自然失去了在沈阳补给的机会。到了梅河口,催得更急,争分夺秒过江,更来不及补给。在冰天雪地的长津湖,得到补给的部队戴着毛茸茸的冬季棉帽,身着3斤半的棉衣,而第20军将士们却只戴着大檐帽,身着仅1斤半的棉衣。那会儿,"看见戴大檐帽的就知道是20军"。

严寒缺衣,面对已建军百余年的美国"王牌军"陆战第1师,第20军边走边动员边教育,全军上下群情激昂,士气高涨,誓言要坚决发扬本军不惧艰险、不畏强敌、敢打硬仗恶仗、经得起任何伤亡、英勇顽强、一往无前的战斗传统,坚决打好出国第一仗,消灭美国王牌陆战第1师。17天的连续作战中,第20军在粮、弹、衣奇缺的情况下,忍受和克服了各种难以想象的困难,凭借全体指战员艰苦卓绝的精气神,顽强奋战到底,取得了"毙伤敌6000余名,俘虏600余名"的战果,和兄弟部队一起,给了美国陆战第1师歼灭性的打击。毛张苗带领的5连,在1355.7高地连续阻击古土里之敌北援下碣隅里,击退了敌人一次次飞机坦克引导的冲锋。当重机枪手在紧急时刻不幸牺牲时,毛张苗自己抓起枪把猛扫涌上来的美军,使得全连士气更加高涨,打得山两边的敌人始终无法连到一起。战后,毛张苗所率的5连荣获集体二等功。

长津湖战役,被称为中外军史上最艰难、最残酷的战役之一,是坚韧和勇气写就的战争史诗。战争于1950年11月27日24时发起,28日清晨,志愿军第20军、第27军完成了对美军的分割包围,将美陆战第1师全部和步兵第7师1部包围于柳潭里、新兴里、下碣隅里等地,隔断了美军相互之间的联系,并对敌人展开了强有力的攻击,消灭了大量敌人。后来一些人经常想,如果不是天气奇寒,许多官兵被冻死、冻伤;如果不是大雪封路,飞机炸路,后勤补给能跟上,粮、弹、衣不奇缺;如果兵团预备队能按原定部署按时到位,强大的第9兵团,英勇无比的志愿军官兵,一定能彻底消灭美王牌陆战第1师。那该多么完美和辉煌!但即使这样,美陆战第1师也遭到歼灭性的打击。第20军在这次战役中冻死、冻伤、战死、战伤2万余人。20军第177团6连、第180团2连、27军第240团5连，3个连的官兵全部冻死在阵地上，他们持枪俯卧在战壕里，保持战斗姿势，如同一群随时准备跃起的冰雕。1952年冬，第9兵团奉命回国。兵团司令宋时轮到了鸭绿江边，面向长津湖，三度鞠躬，热泪奔流。70多年过去了，随着解密，随着国家富强，许多人开始关注这次战役，深深怀念血战长津湖的英雄们。英雄功绩与江河同在，革命浩气与日月同光。

半年后，毛张苗参加第五次战役，在猛插抢占五马峙要点中，带领5连在12小时内，进行大小战斗13次，毙伤俘敌500余名，缴获汽车70余辆，首先抢占了合围要点五马峙，截断了敌人两个师的退路，为大部队最后歼灭该敌创造了重要条件。"5月17日，中朝联合司令部以彭德怀、邓华、朴一禹的名义，对第20军60师178团勇敢迂回、分割、断敌退路的英勇精神，予以通令嘉奖。"

战后，毛张苗个人荣立一等功（两次），并被授予"一级战斗英雄"称号，第5连被授予"尖刀连"的荣誉称号。

1955年1月，我军首次陆海空三军联合作战，在解放一江山岛战役中，毛张苗作为登岛主攻团副团长，靠前指挥并率领突击营首登一江山岛，然后迅速扩张战果，与后续部队一起全歼了守敌。

三

从1943年8月入伍参加抗战，到1955年1月渡海解放一江山岛，除去当中几年和平日子，毛张苗打了十余年的仗。十余年中，毛张苗几度向死而生、九死一生，三次负伤，血洒战场。他幸存下来，还成为著名战斗英雄，受到毛主席接见，但许多领导和战友都英勇牺牲了。他待过的连、营、团，曾多次因伤亡殆尽而重组。整个浙东纵队，1945年北撤时有1.5万人，到1952年底从朝鲜回到浙江时，只剩下不到2000人。幸存下来的毛张苗，一想到牺牲的战友们，心里就难过。当初大家在一起，为"打倒反动派，建立新中国，将来实现共产主义"的美好理想而战斗，每个人的心都被一种伟大的力量占据着、鼓舞着，无私无畏，舍生忘死，奋勇向前。如今胜利了，战友却不在了。毛张苗觉得自己是替他们活着，一定不能辜负牺牲的首长和战友们，坚决要为当初的共同理想奋斗到底。一种理想信仰的力量久久地召唤着毛张苗。

现在，在有关部门存放的毛张苗档案里，还留存着20世纪50年代毛张苗写的几份个人思想总结。在这些思想总结中，可以看出毛张苗的思想信仰是明确而坚定的，始终具有牢固的思想基础。

毛张苗的家乡是浙江宁波。五四运动前后，浙江是传播马克思主义很活跃的地方，马克思主义学说几成时兴之势。当地涌现出不少为救国救民、改造社会、国家强大而探求真理的的优秀分子，他们发动声援五四运动的游行和罢工，创办介绍宣传马克思主义的刊物《浙江新潮》《钱江评论》，参加马克思主义研究会及其活动。那段时期，动荡不安却又热血激昂。俞秀松、陈望道、邵力子、施存统、宣中华、沈雁冰、沈泽民、沈定一等浙籍先进分子，为中国共产党的创建做了很多工作，做出了重要贡献。一些文化高、家境殷实的青年才俊因为信仰马克思主义，抛弃荣华富贵，走上革命道路，为共产主义理想甘愿抛头颅、洒热血。1927年，蒋介石发动"四一二"反革命政变后，许多共产党员铁骨铮铮，壮烈牺牲，浙江的共产党员由4000多人减少为1000多人。在这样严酷的时刻，毛张苗家乡奉化的共产党员卓兰芳，参加完在武汉召开的党的"五大"后，回到奉化，"带头变卖家产，购置枪支弹药，搜集民间的土枪和大刀"，组织奉化暴动。暴动失败后，他又去诸暨领导3000名农民军暴动。因敌我力量悬殊,农民军暴动又告失败。后来卓兰芳被捕,在走向刑场时,一路高唱《国际歌》,高呼"中国共产党万岁!"毛张苗小时候,就经常听前辈讲述这些革命先人的故事,觉得既新奇又仰慕。毛张苗的父亲是做裁缝的,赚不到大钱但能糊口,而毛张苗却受家乡革命先辈事迹的启蒙,毅然参加了新四军。

毛张苗参军时,人民军队里没有薪饷待遇,没有太平享乐,有的只是艰难的环境和随时牺牲的危险。即使这样,毛张苗看到,每天仍有不少有志青年找上门来要求参军。被抓到的俘虏,上了一堂课,就不愿返家而加入了人民军队。为什么能这样?毛张苗从所见所闻中悟到:这是因为加入的人都坚信,共产党领导的事业是正义的事业,是中华民族摆脱屈辱走向强大的事业,是中国人民翻身解放的事业。共产党的队伍里,党员和干部模范带头,冲锋在前,退却在后。也是因为这种坚信,大家的内心有了一种认可,一种向往,一种理想,一种信仰。10余年的战场经历,让毛张苗为一场场胜利而激动欢呼,又为一个个首长和战友的牺牲而悲痛恸哭。没有什么比战场更让人惊心动魄、刻骨铭心的。毛张苗的心灵一次次被那些崇高的灵魂涤荡,毛张苗的理想信念在战火的灼炼中愈加巩固和坚定。革命理想高于天,在战争年代,这是许许多多共产党员、革命志士真实的思想情怀,是革命队伍里一面高高飘扬的精神旗帜,是革命前辈们热血激昂的信仰。他们的信仰之所以崇高可贵,是因为它是超越个人利益的。多少先烈,为了新中国,为了胜利,视生死不顾,以胜利为重,舍身为民,视死如归!

正是因为保有坚定的信仰和信念,进入和平年代后,毛张苗同志始终坚持革命初心,保持党员本色,保留革命战争年代的那么一股劲。毛张苗当了9年团长,9年师长。他为党尽责,模范带头,团结班子,敢于担当,抓基本、打基础,严格训练,准备打仗,牢记使命。

序 一

　　1971年7月中旬,中央军委发出了"紧跟形势、加强战备"的电示,第60师随即收到原总参谋部和原南京军区的命令,命令第60师立即停止官兵休假,收拢人员,执行机动作战任务,并为第60师加强配备了步兵第172团、汽车第33团,以及第128医院。毛张苗看到命令,觉得事关重大。这是1955年解放一江山岛以来,第60师受领的第一个光荣又真实的军事行动任务,一定要坚决完成。毛张苗立即主持召开了师党委常委会(因师政委在地方工作)、全委会,带领与会成员认清意义、统一思想、研究措施,接着又在全师开展了三天的战备动员教育。7月27日,加强后的第60师分5个梯队,徒步和车运并行,向待机地域丽水地区开进。在待机地域,毛张苗组织了师、团、营指挥员去浙东南预战地域进行现场勘察,接着又组织主要方向上的连干勘察当面地形,熟悉道路,研究打法,拟制了6个《浙东南地区作战预案》。12月中旬,又徒步向平阳的金乡、马站开进。这天傍晚,阴云凝重,天幕低垂,第60师在瑞安仙降的一个渡口,抢渡飞云江。当时,全师上下包括毛张苗在内,都不知道来年的初春尼克松将访华。而这次行动,就是为制止和防备台湾蒋军企图派遣中小规模兵力,袭击我东南沿海一两处地域,干扰破坏我重大外交活动而采取的一项重要军事行动。部队走在工兵刚刚架起的浮桥上,有的分队动作缓慢,实战观念不强。这时,一辆北京吉普从后面赶上来超过我们团机关的队伍,"嘎"的一声停下时,发动机还"突突突"地响着,里边钻出一个高高瘦瘦的人。老同志说:"毛师长来了。"这是我第一次见到毛师长,当时的第一感觉是,这个一级战斗英雄的师长咋这么瘦?手臂长长的,手腕像扇柄一样,晚风吹起他上衣的下摆,露出细细的腰,更显出他的瘦削。我正这样想着,只见他挥动手臂,对着过桥的部队吼道:"你们太慢了!敌机来了怎么办?快快快!一切从实战出发。"他的手臂从空中有力地划过,声音也很洪亮。随着他的吼叫,部队"嚓嚓嚓"地在桥上奔跑起来。

在毛师长和各级领导的带领下,全师上下齐心,士气昂扬,战意高涨,决心歼敌于滩头水际。1972年2月14日,是农历除夕,我们团机关干部也下到设置在浅近纵深内的阵地,和连队官兵一起投入战备,整个年节都在阵地上度过。2月28日,尼克松访华结束,台湾蒋军慑于我军的高度戒备,未敢轻举妄动。3月,第60师又回到丽水待机地域。8月底,全师徒步返回金华,第172团车运杭州,返回营区,部队恢复原部署。

毛师长抓部队,敢于严格要求,严格管理,执行上级命令从不讲价钱,不降标准,不打折扣不走样。1975年6月,第60师在第20军的编成内,调防去河南信阳明港。按照军委和总部要求,除了武器装备、办公资料及个人物品可以带走,其他均不能携带。毛张苗和师党委带领全师官兵讲党性、讲纪律、讲大局、讲风格,坚决落实各项规定。在军办工厂和农场的移交中,不仅完好无损地移交了机械设备,还把产品和原料原封不动地做了移交。全师各农场抓紧出发前的短暂时间,发挥大干苦干的精神,突击耕好田、插好秧、施好肥、灌好水,保证接防部队来后不错过季节。连队的业余生产,做到了"空地种上、杂草除光、施足肥料、修好工具","地里有菜不收,圈内有猪不杀,塘内有鱼不抓,留给接防部队"。在物资移交中,不论是折价还是无偿移交的东西,都发扬共产主义风格,做到物资清、账目清、手续清、不损坏、不转移、不变卖、不打埋伏。临上车那天,毛师长爱人老刘觉得家里的一条小马扎用了多年,又小巧又亲切,就把它带上了车。毛师长见了,硬是叫老刘拿了下来。后来总部调防调查组对第60师认真落实调防纪律和规定,做了肯定和表扬。

在和平的日子里,毛张苗与战火中过来的许多老前辈一样,对党的声誉和党员称号看得很重,对领导干部在群众中的影响和形象看得很重,对党纪国法心存敬畏,行有所止。他崇尚忠诚老实、严于律己的品德,重视思想改造,坚持以身作则,办事讲纪律,用权秉公正。那时候,毛师长自己的客人来了,自己招待;偶见一本喜欢的好书,自己掏钱买;公车仅保障工作用,不见有家属随便坐。我们去机关上班,常看见毛师长和大家一样,徒步来回。下级去他办公室汇报请示工作,他侧着身子认真倾听,商量问题,提出意见,而且他有说有笑,使人心悦诚服,愉快离去。

毛师长的两个儿子也在部队,爱人老刘曾想把他们调到身边。他说:"那不行!儿子放身边,我说话就不响。"儿子所在部队的领导,有的毛张苗也熟悉,但他从不为儿子的事打招呼。两个儿子靠自己的努力,干得很好。那些年,第60师和兄弟部队一样,重视官兵思想建设,坚持发扬优良传统,官兵听党话跟党走、信仰明确、思想朴实、纪律自觉、精神集中、勇于吃苦,能把党的远大目标化作朴素的日常工作,勤奋忠实地在各自的岗位上认真做好。全师上下,团结和谐,精神愉快,心齐劲足,各项工作都有起色。

1985年10月,毛张苗同志因病去世,时年60岁,正当盛年,刚刚退下,还没过上几年轻松日子,就匆匆走了!毛张苗同志的一生,是战斗的一生,勤奋工作的一生,彰显着信仰力量的一生。转眼36年过去了,这回为其传记写序言,正逢建党100周年,学习党史,经历党的庆典,聆听习近平主席的讲话,真是心潮涌动让我们由衷地信赖党、热爱党,由衷地敬仰为党而英勇战斗的一代代前辈。如今,许多前辈已英雄云散,化为青山,永伴江河。但是,他们那种信仰至上,慨然担当,战火中视生命不贵,和平时视金钱如尘土的情怀和信念,他们曾有过的生命品质,在历史的尘埃中,发出宝石般的光泽。生命纵然可以逝去,信仰却永远年轻!红色基因代代赓续延绵,英雄血脉奔腾不息!

2021年8月24日

【作者简介】

范匡夫，1945年11月30日生，浙江省江山市上余镇大夫第村人。1965年12月参军入伍，历任战士，班长，排长，干事，师宣传科副科长，《解放军报》记者，集团军宣传处处长，原济南军区政治部副师职研究员，浙江省金华军分区政治部主任，丽水、金华军分区政委，金华市委常委，浙江省军区副政委，少将。2008年5月退休。军旅生涯中6次荣立三等功。1978年12月—1979年3月，作为《解放军报》记者，跟随第13军38师参加了对越自卫反击战，获战时三等功。2000年后被誉为全党全军全国"清正廉洁、一身正气"的好干部，2001年7月被授予"全国优秀党务工作者"称号，2009年被评为"100位新中国成立后为国防和军队建设作出重大贡献、具有重大影响的先进模范人物"。

在《解放军报》等新闻媒体上发表《把两忆三查激发出来的革命热情倾注到教育训练中》《董存瑞式的英雄李成文》《摧枯拉朽下柑糖》《为祖国人民报仇》《近战歼敌显威风》《为了整体、为了胜利》《喷火勇士古文荣》《老一辈威震敌胆，新一代威名再扬》等多篇新闻报道，出版有《不仅仅是一块块金牌》《商品经济与军人人生观》等专著。

序二

信仰铸就忠诚之歌

冯寿森

老范的序言写得厚重大气,我读了好几遍,受益匪浅。

说起来,我与毛张苗老师长还有一段特殊的"乡缘"。因为我军首次三军协同渡海登岛作战——一江山岛之战,就是在我的家乡黄岩海门镇椒江口的海面上进行的。

1952年底,刚从朝鲜战场回国的第60师178团,即受命驻防台州黄岩,并在这里驻扎了两年多,与台州人民结下了深厚的战斗情谊。回国时还任第178团2营营长的毛张苗,在这里晋升为副团长,是他带领作为突击营的2营,把胜利的红旗插上了一江山岛的主峰203高地。也是在这里的房东老太太家中,他与浙江省团委的秘书刘肖竹举办了婚礼。在一江山岛战役胜利之后,他把先后出生的两个儿子,一个取名一江、一个取名战海,都是为了纪念后来成为我军三军联合作战成功范例的这次战斗。有鉴于此,在时隔13年后,我应征入伍来到第60师178团时,就多了一种家乡人的情结,感到十分幸运。

我到第178团后,恰好被分到毛张苗当过营长的2营6连。虽然当时所在部队分散在浙赣铁路沿线,执行护路和"支左"任务,对英雄毛

不渝的忠诚
毛 张 苗 传

张苗只闻其名不见其人,但自己作为英雄部队的一员,心中还是充满了自豪感。

我真正得以比较系统地了解老师长的英雄事迹,是在1970年初。正在团报道组学习写新闻报道的我,被抽调到第20军政治部,参与编写英雄故事集《战地黄花分外香》。当时分给我的任务是我所在的第60师的5个英模人物,毛师长理所当然排在第一位。

关于这些英模人物,各单位都存有他们的事迹材料,所以编写前主要是收集从各单位收上来的材料,然后再从中摘取最突出的事迹编成故事。通过阅读材料,我感到毛张苗最突出的亮点,无疑是在抗美援朝第五次战役中,率领"尖刀连"5连出色地完成了穿插五马峙的任务,所以就把故事题目定为《尖刀猛插五马峙》。这无疑是用他的勇敢和智慧谱写的波澜起伏、多姿多彩的辉煌乐章,写好这一章,就把英雄毛张苗人生中最精彩的部分呈现给读者了。

受领任务之后,我肯定是非常认真的。不仅认真阅读提供给我的所有有关老师长的资料,包括战地记者写的当时团里上报的关于"尖刀5连"在历次战斗中立功的材料,还认真学习了毛主席关于帝国主义和一切反动派都是纸老虎、战略战术及发扬革命英雄主义、压倒一切敌人等方面的论述,以便在编写时能够融入这些思想。但现在回头看来,自己认真是认真了,下劲也下劲了,但所写的东西与愿望并非一回事。当时入伍才两年的我,无论自己的学识水平还是对部队英雄历史、英雄精神的了解,都是很欠缺的,所以根本就不可能达到理想的效果,即把毛张苗连长带领的5连的英雄气概及敢于胜利又善于胜利的精神写出来,没做到让大家明白毛连长与英雄5连究竟与众不同在什么地方。譬如,在原先担任尖刀连的两个连队先后都走错方向的情况下,担任营预备队的5连何以在临危受命后,能够在美军和李伪军两个师的夹缝中，历经13次遭遇战，方向不偏，所向披靡，最终精准地插到目的地五马峙，切断了敌军的南逃之路，为我军大部队分割围歼敌两个整师创造了条件等，我觉得自己都未能清楚明白地回答好。如今想来，真是惭愧。唯一可以留作纪念的，是初生牛犊不怕虎的精神。

当时提出要以英雄精神读英雄、写英雄、宣传英雄。英雄们以小米加步枪的装备，都把飞机加大炮、武装到牙齿的美国鬼子打败了，难道我们连几篇宣传英雄的文章也写不好吗？豪气可嘉，短板却是客观存在的，无法弥补。

时光过去半个世纪之后，我重读自己写的英雄们的战斗故事，觉得至多只能算中学生的稚气习作。虽然这些习作在当年部队学英雄、讲传统中，起到一定作用，但我的愧疚之心存留至今。这也是我竭力推荐毛张苗传记早日出版的重要原因。

虽然对自己写的英雄故事不满意，但那次机缘，为我开启了追寻英雄成长之路的情结。

参与编写第20军战斗英雄故事集后，我曾在师宣传科参加过一段时间的集训。这期间聆听过毛师长在师部大礼堂作的两回报告，一次讲形势，如何应对"北极熊"入侵，一次讲如何贯彻毛主席"三要三不要"指示。两次报告都不能做笔记，讲了什么也都忘了，但我对这位抗美援朝一级战斗英雄、我们第178团的老团长作报告时的场景，至今仍清晰于心。他一边讲话，一边喝水，还一支接一支地抽烟。水杯里的热气和烟雾交融在一起，在他面前不断升腾，又不断飘散。在讲台上，他一改平日里一脸严肃的样貌，用他的奉化普通话，谈笑风生，时不时打着手势。这是我对老师长最深刻的印象，至今仍历历在目。每当此时，我的脑海里就会浮现出在抗美援朝战争第二次、第五次战役中，那位勇猛机智、总能化险为夷出色完成任务的年

不渝的忠诚
毛 张 苗 传

轻指挥员形象。这就是我所崇敬的老师长的英雄形象：遇大事不慌，临大险不乱，"魔高一尺，道高一丈"，胜券最终必定操之于我手，敌奈我何！

年底我回团报道组，被任命为新闻干事。其后，师组织部队开展两次大型演练活动，我随基层连队一起参加了。一次是1971年8月到丽水的驻训和之后的平阳反偷渡演习，历时整一年。训练科目都是针对台湾国民党军队对大陆可能进行的袭扰设置的：有烈日下的游泳训练，有夜间的强行军训练，有沿海滩涂的抢滩作战训练等，从夏练"三伏"到冬练"三九"都经历了。另一次是1973年在安徽广德、郎溪进行的反空降演习，这是在该年底进行的一次极限训练。此时正值深秋，位于浙皖交界处的广德地区，昼夜温差很大，白天气温高，晚上一片霜。我们去反空降地域那一天，是下午3点出发，次日凌晨3点到达，12小时奔袭180里路，对和平年代的官兵来讲，这已经是一种极限挑战！然而，更大的挑战还在后面，当我们按时到达目的地，圆满完成演习任务后，正饥肠辘辘，盼望吃顿热饭时，却传来军师导调组的命令：不吃早饭，立即撤出阵地返回！说实话，当时部队大部分官兵体力消耗殆尽，情绪很大。但情绪归情绪，当大家领悟到这是军师首长以实战标准，锤炼我们的忍耐力和意志力，并且是此次演习的重要内容时，都拿出了最后的劲，重新调整队形，抖擞精神，向新的目标点前进。官兵们说，毛师长是经历过抗美援朝最残酷战斗的英雄，他是在用与强敌作战的"尖刀"精神磨炼部队。归途中，我们翻越天目山，途中雨雪交加，指战员们都自觉地把雨雪天气作为行军野营的训练内容，一路斗志昂扬。

部队调防明港不久，我从第178团2营4连指导员的岗位上，调动至武汉军区政治部《战斗报》社工作，离开了第60师，离开时师长还是毛张苗。但10年后，当我几经调动再回第178团任政委时，老师长毛张苗已于头年病逝了！当时音信不通，我什么也不知道。我从团史室找来解放一江山岛时的不到 15 分钟的珍贵录像，一遍又遍地放，看时任第 178 团副团长的毛张苗，庄严肃穆地在登陆艇上接受"突击营"军旗的情景，看海风浩荡，战旗猎猎，官兵凛然，准备直指一江山岛的场面，崇敬之情就油然而生。

我深感到，老师长的一生充满传奇色彩，有许多超乎常人之处。

首先，是他对光明的追求。一个 16 岁的孩子，冲出溪口镇石门村，不是去寻找关系（他与蒋经国的亲生母亲毛福梅是同乡），而是去寻找光明。这就非同一般。最始误入国民党军队，目睹国军的腐败，又果决地从那里逃出来，遇到同村的进步人士毛尹，被其引入我党掌握的还处于灰色隐蔽中的"林大队"。在这里，他得到了另一种待遇——平等的待遇。他看到了希望，实现人生价值的希望，为穷苦人谋解放的希望。很快，他被吸收为共产党员，从此开启了信仰之旅。

革命大熔炉使他练就了智勇兼备的军人素质。如果说毛尹是他找到光明的引路人，那么，后来改编入新四军浙东游击纵队的"林大队"，就是成就他百炼成钢、智勇兼具的大熔炉。他在这里入党、成长、提干，苦练与敌作战的本领，在这里收获智慧和勇敢。这是他人生理想的出发地、起跑线。即便后来成为英雄，受到毛主席的接见，他回到家乡后，首先要看望的是毛尹，是"林大队"的战友。如果没有在这里的历练，如果不懂得"智"与"勇"都是战斗里不可或缺的重要组成部分的道理，不懂得打一仗提高一步的总结的重要性，他怎么可能在担当穿插五马峙预备队任务的同时，还制定了一套担任尖刀连任务的预案？如果不是这样，他又怎么可能在先头两个连都走错方向、5 连临危受命时，那么从容那么自信，又怎么能做到在遇到多条道路交叉时力排众议，坚信自己选择的正确？！

不渝的忠诚
毛张苗传

他把锻造部队的"尖刀精神",作为自己毕生的使命职责。自从在抗美援朝第五次战役中,创造了于强敌夹缝中勇猛穿插的成功范例,毛张苗和"尖刀5连"享誉全军。"尖刀精神"也从此在毛张苗心里打下了深深的烙印。从此,他把锻造部队的"尖刀精神"作为自己的崇高使命。1955年1月18日,刚任副团长不久的毛张苗,受命率领第178团2营担任突击营执行首次三军协同渡海登岛作战任务,就利落快捷地把胜利的红旗插上一江山岛主峰203高地。1959年5月,军委在宁波组织三军联合作战演习,已任3年团长的毛张苗,受命率第178团担任渡海登岛演练的主攻团,出色完成任务,受到亲临现场观摩的叶剑英元帅的表扬。后任师长近10年,他始终以"尖刀精神"磨砺部队,一如既往,矢志不渝,初心不改。

革命信仰铸就了他永恒的忠诚。毛张苗自从16岁离家找到光明后,始终如一地把坚定理想信念作为自己的目标,顺境是这样,逆境更是这样。就如他身患绝症,临终前7天给子女写的遗嘱上说:"我生是党的人,死是党的鬼!"表达了他一生跟党走的初心不改。这就是一个战功卓著的老英雄对党的忠诚,也是对民族、对人民的忠诚。忠诚是一个军人最基本也是最崇高的品质,而忠诚来自信仰,信仰是忠诚的底色。这正是老英雄留给我们的最宝贵的启迪。

1991年,我再次调出第60师。1995年,我又回到第60师任政委,再次感受到老部队特有的光荣传统和英雄主义精神的文化底蕴,也再次体会了老前辈、老首长们创建新四军浙东纵队时的艰难,在历次重大战役中赢得的辉煌、带来的荣耀。我想到,四明山真是一座神奇的山,从这里出发的四明健儿,不仅有崇高的信念,有刚强的血性,还有超人的智慧。第60师在抗美援朝战争中出现的4位一级战斗英雄,都是活着载誉而归。他们用自己的实践,诠释了毛主席提出的最

序 二

高战斗境界：消灭敌人，保存自己。这是多么不易，但四明健儿们就是这么牛："魔"与"道"对决，技高一筹者胜！

最后，我想说，写老师长的这本书，毛一江、顾志坤两位作者把主题定在"忠诚"上面，的确是抓住了本质核心。因为抗美援朝的英雄儿女们，正是凭着对我们伟大的党、伟大的祖国、伟大的人民的无限忠诚，用自己的血肉之躯，谱写了一曲惊天地、泣鬼神的国际主义和爱国主义颂歌！在纪念党的百年华诞时，当习近平主席在天安门城楼上，用铿锵有力的语调，回顾百年风云，阐述新百年的使命时，我们不能不由衷地感慨，这是强起来的中国的声音，这恰是百年风华的中国共产党在新时代的宣言书！同时，我们也深深感到，在这令人欢欣鼓舞的时代，我们始终不应该忘记，军人最崇高的使命职责是维护国家统一、保卫人民生活的和平与安宁！尤其不能忘记，世界上那些一贯搞霸权、行霸凌、亡我之心不死的大国的存在，永远做到居安思危、有备无患。谁胆敢欺凌中国，定叫他有来无回，比当年抗美援朝战争时输得更惨！

总之，我感到自己很幸运：入伍前就与老师长和这支老部队有了"一江山情结"。入伍后又来到这样一支战功卓著的英雄部队服役，让我有机会接触到毛张苗这位令美军胆寒、令彭总拍案叫好的志愿军大英雄！这些从新四军浙东纵队走出来的英雄的精神，无时无刻不在滋养着我们这些后继者。对我本人来说，50年前写英雄故事，50年后读英雄传记，都是莫大的荣幸！

抗美援朝精神是中华民族的一大精神财富，抗美援朝精神永远不老！

2021年9月3日

【作者简介】

冯寿森,汉族,1949年12月生,浙江省台州市黄岩区人,1968年3月入伍,1969年4月入党,大学学历,少将军衔。历任陆军第20军60师178团战士、团宣传干事、连指导员,武汉军区《战斗报》编辑,第59师炮团营教导员、师宣传科长,第20军宣传处副处长、第178团政委,第20集团军128师政治部主任、第60师政委、第58师(旅)政委,解放军电子工程学院政委、解放军理工大学政委,原总参谋部政治部主任、原总参谋部陆航部政委、中共第十七届中央纪委委员。曾发表军事政治论文百余篇,通讯、散文、诗歌等50余篇(首),与人合著《战略制胜》《战略优势》《战略艺术》三部,主编现代军校论文集《实践》《探索》《结晶》等多卷,另编著有《醒狮风云录》等。

目 录

楔 子 ·· 001

童年
苦难的记忆 ·································· 005
"叛逆"的学童 ······························· 007
山村小裁缝 ·································· 010

找出路
当兵去 ·· 015
误入狼窝 ····································· 018
光明在前 ····································· 020
一名合格的战士 ···························· 023
天井岙突围 ·································· 025
第一次作战 ·································· 029
入 党 ··· 031
转战在四明山 ······························· 035

在解放的战场上成长

- 泪别浙东　043
- 涟水整编　048
- 要为指导员报仇　051
- 杀出重围　054
- 战场受挫　056
- 火线提升　061
- 战上海　064
- 遣弟回家奔父丧　066

抗美援朝　出国作战

- 一路向北　075
- 初战长津湖　082
- 激战古土里　091
- 出击江口洞　110
- 尖刀猛插五马峙　115
- "要路不要人"　121
- 刀锋穿透敌纵深　123
- 插入敌人心脏的利刃　130
- 胜利的尾声　134
- 名胜洞阻击战　137

英雄凯旋

- 在欢迎的海洋里 … 147
- 在杭州 … 154
- 壮士十年归 … 161
- 请毛主席签名 … 173
- 重返战场 … 178
- 归　家 … 183

剑指一江山

- 东海战云聚 … 193
- 夺岛首问点将谁 … 195
- 强悍的对手 … 197
- 秣马厉兵练强军 … 200
- 上下一心磨砺"尖刀" … 204
- 山雨欲来风满楼 … 209
- 来自杭州的马尾松种子 … 214
- 掠海飞搏一江山 … 221
- 红旗插上203主峰 … 225
- 一次成功的夺岛登陆战 … 237

铁血铸军魂

- 一切为了打仗 ········ 247
- 严阵以待　苦练精兵 ········ 253
- 夺回损失的时间 ········ 260
- 深入一线慰官兵 ········ 264
- 调防河南踞中原 ········ 266
- 百万灾民系心中 ········ 269

闪光的人格

- 浓浓战友情 ········ 283
- 爱兵如子　关心部下 ········ 285
- 不能忘记先烈们 ········ 290
- 夫妻情深 ········ 293
- 最后的遗言 ········ 298

尾　章 ········ 308
附　录 ········ 311
后　记 ········ 338

楔　子

推开门,毛张苗一步跨进了自己家的宅院中。清晨的石门村春风习习,阳光穿过宅后竹林的空隙,那金色的光柱像勋章上的缎带一样高垂下来,给人一种庄严神圣的感觉。宅院门口的石门溪穿村而过,饱满的溪水在欢快地奔腾着。溪沟两侧由鹅卵石铺成的便道上,黑压压地挤满了人。

"回来了,回来了,毛张苗回来了!"宁静的小山村沸腾了,纷纷涌来的村民们,此刻都把目光放在那个穿着军装、腰别手枪的年轻军人的身上。

是的,毛张苗回来了。不过,他已不是八年前村民印象中那个又矮又瘦的小裁缝,而是一名英武挺拔的中国人民解放军军官,一名威震敌胆、闻名全军的共和国英雄。

毛张苗的家在石门村的上村头。此刻,他就站在这个有些清冷的宅院中。虽然宅院还是原来的宅院,气息也是原来的气息,宅院旁的那棵老樟树还是像八年前那样,枝繁叶茂,生机勃勃。但宅院中的人已经不在了,父母去世了,两个弟弟和一个妹妹也离家参加革命了。

宅院门楣正中间挂着一块崭新的匾额,上面刻着四个大字:"国家柱石",匾额宽二尺,高一尺有余,落款是"奉化县人民政府赠"。

毛张苗站在匾额前面,双目久久地凝视着匾额上"国家柱石"四个大字,心中百感交集。多么崇高的荣誉啊! 回想八年之前,自己还是一个懵懂少年,是党的教导,是部队这个大熔炉,是首长和同志们的关心和帮助,才

不渝的忠诚
毛 张 苗 传

使他在血与火的战斗岁月中渐渐成长起来。他和他的弟弟妹妹,只是为党和国家做了人民战士应该做的事。而今天,党和人民授予他和他的家庭这么高的荣誉,这使他感到十分不安。他觉得,这个荣誉,首先应该授予从石门村走出去的革命前辈和与他并肩战斗的战友们,应该授予为了民族的解放事业牺牲在战场上的英烈们。他们才是民族的脊梁,才是国家的柱石。

童年

苦难的记忆

毛张苗的老家在浙江省奉化县溪口镇的石门古村,石门村地处偏僻深山,村庄坐落于奉化著名的大雷山下。大雷山海拔809米,在当地的文史资料中,称其"山峰奇峻,竹林如海,登临山巅,方圆百里尽收眼底,是奉化县中部的第一高峰"。唐末高士谢遗尘曾在此隐居,清代诗人蒋翼清在其《大雷怀谢遗尘》一诗中曰:"地邻毛氏宅,树旁剡溪庐。"这个"毛氏宅"即毛氏聚居的石门村。

据称中华毛姓的始祖是西周文王第十子郑,因其封于毛地(河南宜阳),故称毛伯郑。之后毛氏的后裔因中原战乱逐次南迁。溪口石门村的毛氏则源自浙江省衢州市的江山市石门清漾村,与湖南省湘潭地区的毛氏同宗,又与溪口镇蒋介石的原配夫人毛福梅同支。

已有800年村史的石门村,像是由山石堆砌而成的。整个村子前低后高,依山傍溪而筑,蜿蜒而狭长地延伸入山中。毛张苗的家就处在村子尾端(最高处)。一条十几米宽的石门溪穿村而过,奔腾的溪水与溪口镇的剡溪汇合后,流入奉化江,然后奔向浩瀚的东海。

自古以来,石门村的祖祖辈辈就在这个小山村里日出而作,日落而息,繁衍生息,世代相传。因为地处山区,耕地稀少,村民们只能靠山吃山,以砍卖山上的竹木和采掘捕捉一些山货野味艰难度日。

毛张苗家里也一样,全家只有上下各一隔间的旧房屋,以及屋后的几块薄地,不足以供全家人勉强度日,还得靠父亲毛夏水外出替人做手工缝纫来补贴家用。

对此，毛张苗曾经回忆说：

> 1925年10月28日（阴历九月十一日）的一天早晨，是我出生的日子。我还是父母亲的第一个孩子。因为生活在农村里，父辈时代生活非常困难。就我所知道，我生下来时，父亲已30多岁了，这在当时的农村，是很少见的……

所幸父亲毛夏水有一门裁缝的手艺。奉帮裁缝在全国很有名，而毛夏水则在当地很有名。毛夏水手艺好，加上干活勤奋，待人和气，有时为了顾客能在次日穿上新衣或补好的衣服，会坚持做到深夜，然后一个人踩着高低不平、常有野兽出没的山道，摸黑回家。久而久之，四邻八乡的人都会来找毛夏水缝补衣服，因此，毛夏水一年四季总是忙个不停。

然而，毛夏水的缝补生意虽然好，但是仅够贴补家用。而且毛夏水嗜烟，总是一边做活一边吸烟，虽然多为便宜的劣质烟，但长年累月下来，也是一笔开支。另外，毛夏水也有点小嗜好，爱"小搞搞（赌钱）"，由于总是输多赢少，所以常常受到妻子的责备。

毛张苗的母亲王月翠，是个刚强能干、善于持家且颇有主见的女主人，但她性格急躁。父亲毛夏水性格相对较弱，因此，家中大事基本上是由母亲主持。从性格上说，毛张苗像母亲多一些，但也明显继承了父亲毛夏水的温良。

据毛张苗回忆：

> 家庭经济由母亲一手安排，从不随便花一个钱。除父亲经常外出做工，做些衣服外，她自己和我们孩子们穿的衣服、袜子，总

是补了再补。到实在不能穿了,把拆下来的破布再做成鞋子,我们家里大人小孩穿的鞋子,都是母亲自己做的。日常生活中,除了春节时去买一点猪肉,平时从来不买肉。连吃饭都是精打细算的,通常每天早晚喝稀的,中午吃干的,有时干的没有了,就用青菜萝卜代。

可能是长期营养不良,少年时期的毛张苗看上去很瘦弱,而这种瘦弱的体征几乎伴随了他的一生。

"叛逆"的学童

毛张苗6岁那年,家里人口少、负担轻,于是父亲毛夏水就从亲戚朋友那里凑了一点钱,把他送到了村里的石门小学去读书。毛夏水对儿子读书的要求并不高,既不企望他能光宗耀祖,亦没梦想他会发迹,只是想让他帮着记记流水账。因为毛夏水外出做裁缝时,大多数顾客通常会赊账,由于夫妻俩没文化,只好记在心里,但好记性不如烂笔头,毛夏水记性再好,活计多时也难免记错,于是只好每隔几天就请人来记一次。但这也不是长久之计,不仅十分麻烦,还要支付记账人的工钱。正好儿子到了上学年龄,夫妻俩一合计,就在1932年9月石门小学开学那天,把儿子送进了学校。

石门小学虽然位置偏僻,但教学的新风已开始从外面吹入,比如提倡白话文,比如学生上学第一天不再跪拜孔夫子像,而是改拜孙中山像等。当时在校执教的是本村一位50多岁的老先生,老先生学问很好,但教学的方法仍有些老套,甚至有些粗暴。对待没能按要求完成作业或顽皮违逆老师的学生,他会用打手心、"关中学"(即不准回家吃中饭)或罚站等方法来惩戒。这方法对老实听话的学生来说,倒无所谓,但对那些性格倔强、天性叛逆的学生而言,反而在心理上起到了反作用。

毛张苗虽然聪敏机智,学习也不算差,但是山村男孩子调皮捣蛋是天性,加上毛张苗生性倔强,天性叛逆,常常令先生头痛不已。因此,在先生眼中,他不是那种循规蹈矩的"乖"学生。

有一次,毛张苗和毛才斌因为贪玩,没按先生的要求认真完成功课,老先生就要两人"关中学"。其他同学都回家了,王月翠见儿子没回家,以为儿子在学校里用功做作业,就打了饭菜送到学校里,不料儿子竟是因为做功课不认真,被老先生"关中学"。王月翠当场就责骂了毛张苗几句,把饭菜交给老先生,然后气呼呼地回家去了。这样一来,毛张苗就把自己挨骂这笔账算在了老先生身上。母亲走后,任凭老先生好说歹说,他就是咬紧牙关不吃母亲送来的饭。直到下午的课就要开始了,毛张苗仍然绝食。老先生无奈,只好叹息一声做出了让步,表示只要他肯吃饭,以后不管如何,再也不把他们"关中学"了。

初次尝到反抗成功的甜头后,毛张苗和毛才斌几个同学的胆子似乎更大了。在他读四五年级时,学校原来的老先生走了,新来的是一位年轻的老师。这位年轻的老师也会对自己认为"不太听话"的学生进行体罚,这就使毛张苗、毛才斌这类"不乖"的学生吃了不少苦头。怎么办?既然先前已经尝到过反抗的甜头,那就不妨再试试。但从哪里下手"试"呢?先得摸清这位老师的软肋。经过几天的观察,毛张苗和毛才斌终于找出了这位老师的"破绽"。原来这位老师是外村人,人虽年轻,但胆子很小,特怕鬼,而他独住的地方又正好是本村祠堂放死者牌位的隔壁,这就使他常处在一种阴森可怖的氛围中。毛张苗和毛才斌觉得扬眉吐气的时候到了,便与其他同

伴密谋。一个看似简单但颇能奏效的计划终于形成了。对此,毛张苗曾在回忆录中说:

> 有一天我们几个同学,在一个夏天的晚上,捉了许多萤火虫,放进十几个小瓶子中。尔后,将瓶子分放在祠堂的神牌边上。在夜间阴森的祠堂里,萤火虫一熄一亮,许多点萤火在神牌上也一熄一亮。当天夜里老师见了,一个晚上都没有睡好觉。从此,搞得老师不敢在那里睡觉,之后要同学们陪他一起在那里睡觉。同学们说好,老师对我们好,我们就陪老师一起住,如果老师对学生搞体罚,我们就不再陪老师睡觉了。这样,之后老师就很少再体罚学生了。

对于自己的这段求学经历,毛张苗晚年在与朋友聊天时,曾经这样说:

> 我上小学时,因为没有进步的思想教育和影响,上学要求很低,根本没有什么理想可言。所以,上学时成绩也不好,现在看来,主要是自己学习不努力。当然,客观原因也很多。因为父母亲不识字,我上学成绩的好坏他们也不过问。加上家里经济困难,星期日学校放假后还要上山砍柴、挖野菜,到地里干活。平时放学后,还要带弟弟和妹妹。就这样,6年时间很快就过去了,但收获甚少。当然,按父母的要求,比如记个账什么的,目的是达到了。之后每天晚上,父亲外出做裁缝的账,都是我记的。

山村小裁缝

1937年，在石门村小学读了6年书的毛张苗终于毕业了。放下书包的那一天晚上，外出做工回家的毛夏水就与妻子嘀咕起儿子的前途来。当时毛张苗家里已有五口人，就在他读四五年级时，又增加了一个弟弟和一个妹妹。家里张口吃饭的人多了，可干活的仍只有父母两个人，这使得毛家原本艰难的生活变得更加困苦不堪。怎么办？长兄如父，12岁的毛张苗应该出来为父母分担责任了。

因为毛夏水有着一手精湛的裁缝手艺，儿子跟着自己学，那是最好不过了，况且，毛张苗也愿意。于是从这一天开始，这一对父子又成了师徒。尽管是在家里，毛夏水对儿子学徒还是有规矩的。他喜欢早起，起床以后洗漱完，不是先吃饭，而是先喝茶。于是毛张苗一起床，就先把水烧开，待父亲起床洗漱好，他已把一壶浓茶泡好了。两人吃完早饭，毛张苗便背起裁缝工具箱，跟着父亲出门做裁缝。

对于这段经历，毛张苗在1984年5月2日所作的一篇《跟父亲学做缝工》的文章中，这样回忆说：

> 我的家乡地处山区，分上村、下村。下村就是我家住的地方，有二三百户人家，人口比较集中。其余还有二三百户人家，分散在方圆几十里的山区。因此，每天要走几十里的山路，才能到达有活干的地方。我们总是天不亮就出门，天黑了才回家。就如当地百姓说的"鸟叫出门，鬼叫回家"。无论春夏秋冬，刮风下雨，天天如此，一天不出去，这一天就得饿肚皮。我从小身体很弱，特怕

冷，我家乡的山区又特别冷，一到冬天下雪结冰，常冻得我瑟瑟发抖。特别是两手的手指，就像针刺一样的痛。但即便这样，活还得照样干，因为用户等着衣服穿，而我们也等着钱买粮。有时实在冻得受不了，就把手在热水里泡一泡，然后接着干。这时候父亲比我更辛苦，他见我冻得受不了，就只好抓紧干完自己的活，然后再把我的活揽过去。但那时候我人小不懂事，还常为一些小事情与父亲闹别扭。记得有一次父亲批评我，我正因为心中苦闷无处发泄，竟朝父亲发起火来，不仅折断了尺子，还把剪刀扔到了门外，然后气呼呼地跑回了家里。现在回忆起来，实在是对不起父亲。后来参加了革命，才明白造成当时老百姓种种苦难的，并非我们不努力，而是那个黑暗的旧社会。但这次事后我便萌生了不想再干裁缝的想法，我觉得干裁缝没前途，应该去找另外的门路。但是新的门路又在哪里呢？此时，全面抗战爆发已有三四年了，因国民党消极抗战，日本帝国主义的铁蹄正不断地向中国的内地侵入。而在国民党统治区内，经济已经到了崩溃的边缘。就连我们这个世代靠卖毛竹为生的小山村，也受到了严重的影响。以前能够卖掉的毛竹，现在也销不出去了。村里许多人家由此陷入了绝境。我们家也一样，尽管父亲的裁缝手艺在当地很有名，只要出去多少总能揽些缝缝补补的活。现在人家连饭也吃不饱，哪里还有钱缝补衣服呢。怎么办？一家人经过商量后，决定由我和母亲两个人，到几十里外的产粮区去贩粮，即把那里的粮食背过来，再到山区去卖掉，中间赚一点差额，每次卖掉几十斤粮食后，也能赚回好几斤粮食。但背粮是很辛苦的，每次我和母亲一早出门，然后翻过好几座大山，再走几十里的路。买来粮食后，我和母亲就各背一袋，然后就沿途叫卖，待卖掉粮食后，天已经很黑了。但好景不长，不知是后来贩粮的人多了，还是百姓实在没钱买粮了，这贩粮的生意也做不下去了。这之后我和父母又去挖山里的冬笋和春笋，然后翻山越岭，挑到奉化城里去卖，一担六七十斤的毛笋，卖掉后能赚几角钱。从奉化城里返回时，我们也会买一些黄鱼之类的海鲜到山区卖，卖掉后也能挣一点钱。但有一次贩黄鱼，我差点把老本都赔光了。那天我挑了一担黄鱼正在一个村里卖，不料碰到国民党军队的一个班朝我走过来，他们见到我正在卖黄鱼，当即围拢来，十几个人你一条他一条，有的白拿，有的随便丢一点钱，一担黄鱼很快就被他们拿光。我当时一结账，竟亏损了好几元，这可是我做这小本生意的本钱啊。回到家之后，我对父母说，这生意我做不下去了……

找出路

当兵去

就在毛张苗一家的小本生意遭受接二连三的打击时,时局也在进一步恶化。1939年12月至1941年4月,日机对毛张苗的家乡奉化县溪口镇进行了10多次狂轰滥炸,其中一次日机炸中了蒋介石的故居丰镐房。蒋经国的母亲毛福梅所住的房屋被炸弹击中,她被压在断墙之下,窒息而亡。除了轰炸,日军还在城镇和乡村投下了大量的细菌弹,被感染者无数,有多户人家甚至全家死绝。这无疑让每天要外出干活的毛张苗父子,产生了极大的恐慌。

不久,奉化沦陷,日军经常外出扫荡,连偏僻的山区也不放过,石门村亦深受其害。有一次,国民党奉化县自卫大队的一个排来石门村驻扎,老百姓害怕日本兵来石门村扫荡,见到自卫大队来村里,自然是十分高兴,便筹集了许多鸡鸭鱼肉去慰问。令人想不到的是,这支自称抗日的队伍听说日军过来了,竟跑得比老百姓还快。而村里的乡保长,为了保命,竟哈着腰举着小太阳旗到村口去迎接日本兵,还杀了好几只猪羊,慰劳日本兵。这件事深深地刺激了少年毛张苗,他感受到,要想不受人欺侮,自己的拳头先得硬。

而不久后发生在石门村的一场浩劫,更坚定了毛张苗的这一想法。因为石门村地处偏僻的山区,山上土匪很多,最多的一股土匪有数百人。为了对付下山抢劫的土匪,一些山区村落的地主和财主便自己出钱,在村里组织起了自卫队,也称常备队。石门村也一样,村自卫队共有队员百余人、几十条枪。有一次，村自卫队的人捉住了几个路过村子的土匪，搜缴了他们身上的钱物，然后将他们关在村里的一间房子里，不料夜里这几个土匪竟跑掉了。他们逃回后，便向土匪头子报告了在石门村的遭遇，土匪头子大怒，当即召集大批人马杀下山来，将石门村团团围住。那天，毛张苗与母亲正好去奉化城里办事，刚走到离村数里远的高雾岭半山腰，就听到背后村子方向枪声四起，回头一看，只见村里火光冲天。因不放心在家的父亲和弟弟妹妹，母子俩当即掉头向村里跑去。此时村里已经乱成一团，枪声、哭声、号叫声、斥骂声以及房子燃着后发出的爆裂声和倒塌时的轰隆声不绝于耳。毛张苗家的房子也着火了。在毛张苗和母亲赶到前，父亲已在舀水救火了，大家齐心协力，很快将火扑灭了。这时，几个土匪提着枪跑过来，问毛张苗村里的地主在哪里，钱又藏在哪里了。毛张苗说我小孩子怎么知道这些事。于是土匪就把村里地主的儿媳抓过来拷问，问她家里的金银财宝在哪里。地主儿媳大哭着说家里管钱的是婆婆，现在他们都逃跑了，她真的不知道钱藏在哪儿了。但土匪不相信，还是不停地打她。毛张苗实在看不下去了，便插了一句嘴："你们打她也没有用，你们就是打死她，她也不知道，她不是当家的。"土匪一听毛张苗竟敢为地主儿媳说话，就转过身要来打他，幸好这时一个土匪有事过来叫他们，毛张苗才免遭一顿打。

这次土匪袭击石门村，持续时间长达六七个小时，把一个原本宁静的小山村，杀得尸横遍野、血光冲天。全村被打死打伤有100多人，年纪最大的90多岁，最小的不到两岁，其中还有孕妇，烧毁的房子有两三百间。土匪离开后，村里哀号之声昼夜不绝。

当天晚上，平时沉默少言的毛张苗在弟妹睡下后，对父母说："爹，娘，我有一件事要与你们说一下。"

"啥事体？"毛夏水被白天的事弄得心情沉重，这时正举着旱烟管，一边大口地吸着劣质的土烟丝，一边大声地咳嗽着。

"我想出门去。"

"出门去?"

"对,我要离开石门村。"

"你想去哪里?"母亲提心吊胆地问道。她知道儿子平时虽言语不多,但性格倔强,又有主见,他做出的事常令他们感到意外。

"去当兵。"

"去当兵?"

毛张苗一说出"去当兵"三个字,毛家父母二人吓了一大跳。

"对,听说当兵的都能吃饱饭,还有零花钱。我当了兵,村里的坏人就不敢来欺负我们了。"石门村此前曾有几个人在奉化的一支队伍里当兵,毛张苗专门去打听过,于是就把他们的情况告诉了父母。

"可是你只有16岁,人又那么瘦小,再说……"母亲没声了,满脸担忧。她本来还想讲当兵要打仗会死人之类的话,但觉得不吉利,就把要说的话咽到肚里了。

毛张苗安慰母亲说:"16岁怎么了,听说还有比我小的呢,一年下来,人都长高长胖了。"

就在毛张苗和母亲说话时,坐在旁边吸着烟不吭声的毛夏水开口了。他觉得儿子的选择并非没有道理,虽说中国自古有"好男不当兵,好铁不打钉"的说法,可在如今的世道里,穷人还有什么出路呢?既然儿子当兵能吃饱饭,还能让家人免遭别人的欺侮,总比窝在家里饿死气死强。这么一想,他倒是赞同儿子的主张,说:"去当兵也好,试试看,待得住就待,待不住再回来。"

面对父母的担心与劝慰,毛张苗还是下定了决心,他对母亲说:"娘,我决心已定,不挎上手枪,就不回来见你们。"

误入狼窝

说来也巧,就在毛张苗决定要去当兵的这天,石门村正好经过了一支二三十人的小部队。毛张苗过去一打听,原来是奉化县大队的一个小分队,属国民党管辖,分队长姓翁。毛张苗找到了这个翁队长,提出了当兵的愿望,翁队长竟一口答应了。就这样,石门村里一个16岁的小裁缝,眼睛一眨,竟成了奉化县大队的一个兵。但这种角色的转换并未给毛张苗带来太多的兴奋,确切地说,自进入这个小分队之后,他就有点失望了。原来这支队伍与毛张苗先前想象的完全不一样,单说这个翁队长,就像一个土皇帝,走到哪里,身后总跟着两个年轻的老婆。在村里住下之后,不是这个保长请他吃饭,就是那个乡长请他喝酒,几乎天天花天酒地,打牌赌钱。俗话说,上梁不正下梁歪,他翁队长自己这样,还怎么去管束部队?他手下的兵也就胡作非为,每到一地,这些士兵把枪往驻地百姓家的柜子里一塞,就到村里闲逛。见到百姓家里有好吃好用的东西,有的强买强索,拿了就走;有的则明抢暗夺,遇上百姓稍有不从,便施以拳脚。见到有年轻女子在家,除了用语言调戏,还动手动脚。百姓称这样的队伍为"烧毛部队",对其深恶痛绝,可又没有办法。

已经成为奉化县自卫大队一员的毛张苗自目睹这支队伍的真实面目后,便有点后悔了。因为他也是穷苦人出身,而那些当兵的人中,有不少也是穷苦人,既然大家都是穷苦人,为什么还要欺压穷苦百姓呢?但这些基本的道理当时没有人能够讲得出,这使得毛张苗的心里十分苦闷。而不久后发生在他身上的一件事,更加深了他的这种苦闷。那是一个中午,毛张苗正在吃中饭,一位班长叫他去换岗,毛张苗便放下饭碗背上枪,到山上去换岗。因上山的路不好走,待毛张苗到达站岗的哨位时,迟到了十几分钟。在那站岗的是个老兵,可能是毛张苗的迟到影响了他吃中饭的时间,可能是他在其他地方受了窝囊气无处发泄,也可能什么原因也没有,仅仅因为他是个老兵,老兵打新兵很正常。总之,他在见到毛张苗之后,话也不说,上来就左右开弓,打了毛张苗两个大耳光,把毛张苗打得眼冒金星,鼻青脸肿。而毛张苗挨了顿打,却不敢有丝毫的反抗,甚至连一声也不敢吭,只能强忍泪水往肚里咽。

毛张苗当初渴望通过当兵来改善生活和家庭环境的愿望开始破灭了,尤其是当他多次目睹这些所谓"抗日部队"在老百姓面前敲诈勒索、无恶不作,却在听说日本兵来了就狼狈逃窜的行径后,他除了后悔,还有点自责了。他后悔当初没听母亲的话,才陷入如今进退两难的境地,现在怎么办?在毛张苗心里,他是无论如何也不想再在这样的队伍里干下去。可离开以后又能去哪儿呢?再说进来容易离开难,万一离开后被抓回去,被心狠手辣的翁队长戴上"逃兵""开小差"的帽子,那是要枪毙的!毛张苗的心里乱得像一团麻。

这一天,正在石门村附近驻扎的小分队没有行动安排,毛张苗就请了半天假。他想回石门村看看父母,然后商量一下自己以后怎么办。刚进村口,他就碰到了村里几个已很久没见过面的年轻人。这几个人的年纪都比毛张苗要大,见到毛张苗之后,就问毛张苗在奉化县自卫大队过得好不好,原来他们已知道毛张苗去奉化县自卫大队当兵了。

"好什么?一点也不好。"毛张苗不想隐瞒自己在奉化县自卫大队的处境,便把在奉化县自卫大队看到的事和自己的遭遇一股脑儿告诉了这些年轻人。这时候,其中一个年轻人悄声对毛张苗说:"你如果真的想当兵,就到我们的部队里来好了,毛尹是我们的中队长。"毛张苗这才知道这几个年轻人也加入了部队,怪不得好久没有在村里见到他们。这时候,另一个年轻人也对毛张苗说:"我们才是真正抗日的部队,还爱护老百姓,官兵团结,从没有打骂士兵的事。"

毛张苗一听,心动了,说:"有这么好的部队,我当然要去。可是我到哪里去找你们呢?"

那个年长一点的年轻人说:"我们都活动在鄞西鄞江桥一带,但是部队流动性很大,万一途中碰到其他部队,你就说是找第6大队,记住,如果不是第6大队,你千万不要去。"

"我记住了。"当下,大家又说了一会儿话,就各自回家去了。毛张苗看望了父母,本来想把在奉化县自卫大队的遭遇与父母说一下,但又怕他们为自己担心,而且万一走漏风声,会影响自己投奔第6大队,所以轻描淡写地说了几句,就返回队伍了。

光明在前

1943年春天的某日,毛张苗所在的奉化县自卫大队小分队来到一个小山村驻扎。这天晚上,小分队像往常一样,把枪放在驻地老百姓家的柜子里,拥着翁队长和他的两个老婆,在一个保长家里吃饱喝足后,便回驻地呼呼大睡了。

唯独毛张苗没有睡着,因为他今天晚上要逃离这个小分队。之前他一直在寻找逃跑的机会,但因为条件不成熟,只好忍着,今天机会终于来了。喝得酩酊大醉的翁队长和他的部下们很快便睡死过去。到了下半夜,毛张苗悄悄地爬起来,因为没有什么可带的物品,他就空着手,拉开门,为防止门发出"咯咯"的声响,毛张苗在白天就往门臼里悄悄注了一点水,门臼就不响了。出了门,他知道村中设了一个流动哨,于是就从村边绕过去,找到了一条熟悉的村道。这村道他以前跟随父亲做裁缝时经常走,即便是在伸手不见五指的暗夜,他也能找得到。出了村庄,毛张苗就拼命跑,年轻人脚步轻,再加上逃离魔窟后心里兴奋,不足两个时辰,他就跑到了老家石门村。

他轻轻地敲开门,父亲看到门口站着的大汗淋漓的儿子,愕然道:"怎么是你?你怎么回来啦?"

毛张苗也没说话,跨过门槛后,就把门闩上。这时母亲也从房里出来了,见儿子的衣服全被汗水湿透,便为儿子倒了一碗水。毛张苗接过碗说了句"我不想干了",就咕噜咕噜把一碗水喝了个底朝天。接着,他把在奉化县自卫大队小分队当兵时的所见所闻和自己的遭遇说了一遍,最后说:"这不是我要找的队伍,我不想再跟他们干了。"

"离开了也好,还是不要当兵了。"母亲一开始就反对毛张苗去当兵,现在见儿子回来了,心里自然十分高兴。

父亲毛夏水却并不这么看,他认为事情没那么简单,儿子这样跑出来,已是逃兵的行为,对方一定会派人来抓他。万一儿子被抓住,不仅性命难保,家里人也要遭殃。

"那怎么办?"王月翠一听丈夫这么说,顿时也紧张起来。

毛夏水深吸了几口旱烟说:"三十六计,走为上策。先躲一躲再说。"

可这时候深更半夜的,往哪儿去躲啊,万一路上碰到来抓儿子的人,岂不是自投罗网?毛夏水细想后说,要不先到家后面的山洞里躲一躲,那山洞口草茂林密,容易藏身,送水送饭也方便,万一儿子被来抓他的人发现,逃跑也容易。王月翠和毛张苗都说好。于是当即行动,趁天还未亮,村里无人知晓,毛张苗先去山洞躲着。王月翠每天为儿子张罗饭菜,烧好以后,叫两个弟妹以上山砍柴为名,将饭菜送去。就这样在山洞里躲了三天,见奉化县自卫大队小分队并无动静,毛张苗就下山离家,又到奉化县城大桥镇的一个亲戚家躲了数日。这期间,毛张苗的母亲曾经专程赶到亲戚家里看望儿子,她劝毛张苗还是不要再去当兵了,就在奉化城里做些小生意。但毛张苗还是一心想去找那个第6大队。那天母亲离开时,毛张苗送母亲出门,母子俩边走边聊,不知不觉间竟走出了十几里地。分别的时候,毛张苗和母亲都流下了眼泪。谁知这一别,竟是母子俩的永诀。1944年春天,即毛张苗参加革命后的第二年,母亲就因病去世了,时年仅39岁。

送走母亲后,毛张苗也离开了亲戚家,去鄞江桥一带打听第6大队的消息,但问了很多人,也没得到准确的消息。当时在奉化县和邻近的鄞县一带活动的部队有很多,除了日、伪、顽,还有打着各种番号和旗号的国民党部队,如果贸然去投奔,弄不好又会吃苦头。这一次,毛张苗只认准第6大队,其他部队一概不去投奔。

经过多方打听,终于有了消息,毛张苗要找的第6大队正驻扎在鄞县西部一个叫"楳楂"的祖庙里。从毛张苗所在的鄞江桥到楳楂祖庙有50多里路,中途还要经过日、伪、顽和国民党部队的据点,但这根本不能阻止毛张苗去找第6大队。他打点好行装,即刻启程,一路上,过诸多部队的据点和岗哨盘问,毛张苗都以走亲戚为名应付过去了。只是在快到第6大队的驻地时,一支叫第4大队的部队把他扣住了,他们要毛张苗留下来当兵,但毛张苗不干,于是他们就把毛张苗扣留了几天,最后见毛张苗人小脾气犟,拿他没办法,就把他放了。

就这样,经过一系列波折,毛张苗终于找到了自己想找的部队,他也在这里见到了先前在村里遇到的那几个老乡。正当他庆幸自己可以成为第6大队的一员时,第6大队的领导却当头给他泼了一大盆冷水。当时第6大队的大队长叫林一新,当地老百姓惯称第6大队为"阿拉林大队"。

林一新是浙江省永嘉县人,1938年入党的老党员,鄞县、奉化沦陷后,他受党组织派遣,与7名共产党员一起,以政治教官和军事教官的名义,秘密打入国民党郭清白部队,是一个在第6大队威信很高、一言九鼎的人。第6大队的副大队长叫李明,是位老红军和老党员。两位领导见毛张苗年纪这么小,身子骨也单薄,担心他在部队吃不消,故不同意他在第6大队当兵。这个决定对毛张苗来说,简直就跟晴天霹雳一样,让他难以接受。但毛张苗人小志坚,既然一心要投奔第6大队,就不会轻易离开。在未来的几天里,这个第6大队的"编外战士"就天天"赖"在大队部不走了。他的几个老乡这时帮了大忙,他们多次找中队长和大队长说情,大队长林一新实在被缠得没办法,最后说了句:"那好吧,就分到毛尹的2中队去,先留下来试试。"

一名合格的战士

接手新兵后,班长马上从大队军需部门给毛张苗领来了一套军装和一双草鞋,然后又坐下来,笑眯眯地同他拉家常,给他介绍部队的纪律等情况,就像一个兄长对自己的弟弟一样亲切。班长告诉他,第6大队是一支真正抗日的部队,他们不仅打日本鬼子,也保护老百姓,战士之间还亲如兄弟,有什么困难,大家互相帮助,互相爱护,打仗的时候,都争着冲锋向前,不怕牺牲。在这里,大家人人平等,尊重人格,不会发生当官的打骂士兵的事,也不会发生损害老百姓利益的事。所以,当地老百姓亲切地称第6大队为"阿拉林大队"。因为是第一次从班长这里听到这些新鲜事和新名词,毛张苗既似懂非懂,又觉得特别好奇和感动。成了第6大队的兵,感觉果然不一样!

这时,班里其他战士闻讯,纷纷过来看望毛张苗,他们给毛张苗送来了牙刷、牙膏和毛巾等日常用品。这是毛张苗 16 年的人生中第一次受到别人如此尊重和热情接待，因此，他一开始反倒觉得有些不习惯。在他的记忆中，尤其是在他小学毕业后做生意和第一次投军的过程中，他总是处在一种不断被人欺骗、侮辱甚至打骂的屈辱中。而在这里，他仿佛成了另一个人。他感觉自己的胸膛挺了、腰板直了，头也抬了、气也壮了，尽管他还只是一名尚未立过寸功，甚至未开过一枪的新战士。

早在一两年前就已加入第 6 大队的几位同村老乡这些天也常过来看望他。在村里时，毛张苗就已与他们相识，只是因为年纪比他们小，所以交往并不多，但对于他们的大致情况毛张苗是知道的，比如在第 6 大队 2 中队担任中队长的毛尹就是他家的邻居。毛尹家里很有钱，早年外出读书时，他就受到了进步思想的影响。在回乡教书期间，他于 1941 年 5 月组织同村和外村的一些青年成立了"石门青年抗日自卫队"，开展抗击日寇、剿匪除奸、保卫家乡的斗争。后来毛尹率这个自卫队的骨干人员加入了宁警第 3 支队特务大队，即现在的第 6 大队 2 中队。另外，在第 2 中队的石门村青年还有好几个，如担任班长的毛杏表、毛尹的弟弟毛水清，以及毛斌、毛嘉和、毛瑞林等人。这些当年在石门村里低头不见抬头见的老乡，现在竟又在这样一个特殊的地方聚在一起，真的是令人兴奋不已，感慨万千。

毛张苗到第 2 中队的当天夜里，部队就有行动了。所谓行动就是转移部队的宿营地，因为第 6 大队的驻地四周都是日、伪、顽，部队在一个地方待久了，容易遭敌人的偷袭或攻击，所以必须不断地转移宿营地。

当晚，第 6 大队的宿营地定在宁波城附近的尖岙山，行军路程有几十里。按理说路程并不远，但因为走的是荆棘丛生的山间小道，加上天又黑，这对没有夜间行军经验的毛张苗来说，无疑是一次严峻的考验。行军中毛张苗跌倒好几次，脚也被山上的荆棘刺破，流了好多血。但他还是咬紧牙关，在中队领导和战友们的帮助下，向目的地进发。之后，毛张苗随部队白天训练、休息,晚上转移宿营地,成为一种常态,而毛张苗也在这种状态中得到了锻炼和提高,成长为一名合格的战士。

天井岙突围

当然,一开始,毛张苗并不知道这支部队的真实身份是什么,林一新、李明以及毛尹这些大队和中队领导究竟是一些什么样的人,因为他还是个新兵,又初来乍到,人家不可能把一些秘密的情况告诉他。到了后来,他才知道这支打着国民党番号的部队,其实是一支由共产党掌握的武装力量。在这支部队中,班以上干部和主要骨干都是共产党员,包括大队长林一新、副大队长李明,第1中队中队长王厚生、指导员王甸,第2中队中队长毛尹、指导员石可民等。这时候,毛张苗才真正意识到自己做出的选择是多么正确。

> 此时我才知道,这个部队(第6大队)也是属于国民党管辖之下的,支队长郭清白就是国民党人。因当时为了抗日统一战线,我们与郭清白搞统一战线,借他的番号来扩大我们的武装力量。名义上是他的部队,但我们部队内部有共产党的领导。当时大队长、副大队长都是不公开的共产党员,所以,我们部队在各个方面与他们不一样。他们赌钱、打老百姓的事经常发生。而我们部队中没有赌博,还帮老百姓做事。他们当官的带着老婆作乐,我们大队长以下没有结婚的。我们同老百姓亲如一家人,老百姓把我们当作自己的部队,我们把老百姓当自己的父老兄妹一样。时间

一久，国民党对我们有所发觉，这个部队与他所属的其他部队不一样，有点像共产党的部队。时间越久，他们对我们的怀疑就越大。因此，国民党中的顽固势力，想乘机把我们部队搞掉。

这时候，原在第 6 大队 2 中队担任中队长的毛尹奉党组织之命，已成功打入了敌人的内部，担任伪鄞江区蜜岩乡乡长一职。有一天，毛尹送来一份紧急情报，称：原本对第 6 大队还算放心的宁警总队第 3 支队支队长郭清白，因受顽固派特务、政训室主任朱惜时和几个反动大队长的不断蛊惑与撺掇，开始对第 6 大队和大队长林一新产生怀疑。郭在与林一新的多次交谈中，已怀疑林一新的共产党员身份并流露出要借整编为名，对"林大队"实施缴械的企图。

鉴于林一新及多位共产党员的身份随时有暴露的危险，浙东区党委书记谭启龙指示鄞奉县委书记周飞："要提高警惕，加强对顽方的监控，在敌方对'林大队'下毒手前，把部队完整地拉出来……"为此，第 6 大队大队长林一新在敌人动手前借故提前离开了第 6 大队，将部队的指挥权交由身份尚未暴露的副大队长李明。但如何才能将部队和装备完整地拉出来，还要等待机会，如果仓促行动，引来敌人的围堵，不仅会让行动失败，还会给部队造成重大损失。

机会终于来了，1943 年 8 月底的一天，李明接到郭清白的命令，称驻扎在宁波的日军，近日有可能要来这一带扫荡，他要李明率第 6 大队迅速到龙观乡天井岙集合，边训练边做好迎敌的准备。李明当即将情况向鄞奉县委书记周飞做了汇报。周飞认为，天井岙地势低洼，四面环山，地形十分险要，郭清白要第 6 大队驻扎在天井岙，很有可能是要向第 6 大队下手了。他要李明务必提高警惕，严密监视敌人的动向，随时做好率部队冲出敌人包围圈的准备。

9月4日,第6大队奉命抵达天井岙。将队伍安顿好后,李明带着几个中队长去周边察勘地形,发现四周山上全是郭清白部其他几个大队的人,一打听,才知第6大队的死对头吴再生大队已占据了茶岭岗一线,严国栋大队占据了定光寺左侧,任善宝大队占据了定光寺右侧,三个大队居高临下,占据有利地形,形成合围圈将李明的第6大队压在天井岙。此时又传来命令,如果发生"敌情",第6大队只能坚守阵地,不准出击。事情已很明了,郭清白是要在这里将第6大队置于死地。

情况非常危急,李明一面派通信员向鄞奉县委书记周飞汇报,要求在部队拉出时,请三五支队的三支队接应。一面召开支部会议,大家一致认为,从郭清白的作战命令和部署看,他要消灭"林大队"的阴谋已暴露无遗。第6大队决不能坐以待毙,必须主动出击,在郭清白动手前把部队拉出包围圈。根据大家的意见,李明当即作出以下决定:一、全大队5日凌晨2时起床,3时吃早饭,提前上山,把部队拉出包围圈。二、派通信员迅速到樟村蜜岩乡公所和许家联络站,通知毛尹乡长、徐紫云联络员立即转移隐蔽。三、部队拉出路线为:从天井岙翻山,经祝家佛堂、蜜岩、长里方、童家到红岭。

会议一结束,大家便分头行动。5日凌晨3时,部队紧急集合,李明作了简单的动员。他说:"郭清白命令我大队到天井岙集训,指定驻扎营地在他阴谋策划的包围圈之中,把我们的死对头吴再生等大队配置在我们驻扎营地的周围,他们居高临下,占据有利地形。昨天下午,郭清白下了作战命令,说敌人来扫荡时,不许我们出击。明眼人一看就知道这是郭清白的阴谋,他要让吴再生等大队来消灭我们。同志们,我们该怎么办?"

"我们不能坐以待毙,我们要冲出去!"指战员们都默默地在内心里呼喊道。

"对,我们必须冲出去,向抗日打鬼子的三五支队靠拢。现在我命令:邵炳炎带领1排,作后卫掩护,由我率领大队警卫排在前面开路,1中队、重机枪连等按序列跟在我的后面,现在全队出发,迅速上山,如遇人阻拦,坚决予以回击。"

李明下达命令后,第6大队全体指战员在夜幕的掩护下,迅速爬上了山顶,沿途并未遇到敌人的阻击。原来,就当李明在天井岙紧锣密鼓地部署粉碎郭清白的阴谋时,鄞奉县委也在想方设法配合第6大队的行动。他们最后想出了一个好办法,即由打入国民党内部的蜜岩乡乡长毛尹,派人送给郭清白一份"紧急情报",谎称宁波城内下乡扫荡的日伪军已经出发,马上就要进山清剿。

郭清白向来畏敌如虎,一见毛尹送来的"紧急情报",早就三魂吓出了二魂,当即下令几个亲信大队长率部向后山转移,这样就给第6大队冲出包围圈开了一个难得的"天窗"。

脱离险境的第6大队继续紧急行军,经祝家佛堂,在蜜岩与早等候在这里的鄞奉县委书记周飞及大队长林一新会合。大家一见面,都兴奋地拥抱起来,林一新对李明说:"终于冲出来了,以后可以光明正大地与敌人干了。"

李明说:"这次能够顺利冲出来,真得感谢地方的同志们啊。"

周飞说:"一家人不说两家话,以后我们就要并肩战斗了。"

在蜜岩稍作休息后,部队继续出发,于当天11时抵达红岭,前来接应第6大队的三五支队三支队主力正在这里迎接他们的到来。

对那一天的情景,曾亲历天井岙突围的毛张苗后来回忆说:

> 1943年七八月间的一个晚上,按事先安排好的计划,由蜜岩乡乡长毛尹同志,假送日本鬼子要进山清剿的情报。郭清白一接到这个情报,立即就令他的部队逃窜,我们就乘机把部队拉出来。等他们发现情报是假的时候,才开始向我们行动的方向开枪开炮,但这已成了他们欢送的礼炮,我们早已到了浙东抗日根据

地安心休息了。从此,这个部队成了我们党领导的一支小小的革命武装,后来被编为鄞奉大队。打鬼子、除汉奸,保护人民生产生活,活跃在鄞奉地区。

天井岙突围后,"林大队"奉命组编为鄞奉县大队,后来又以"林大队"原有力量为基础,新组建四明游击总队,由李明、徐放和应晓初(葛民治)分别担任支队长、政委和政治处主任。同时,将活动于鄞县及慈溪一带的第1中队改称为鄞慈中队,将活动于鄞西及奉西一带的第2中队称为鄞奉中队。鄞奉中队的主要领导人由支队政治处主任应晓初兼任,副中队长为王水林,副指导员为华军。毛杏表任1分队队长,施丹任2分队队长,崔新福任3分队队长,毛斌任司务长。时年17岁的毛张苗分在1分队。

第一次作战

鄞奉中队成立后,为了打开鄞奉地区的局面,开辟新的根据地,上级决定要对反共和消极抗日的郭清白部予以沉重的打击。

入伍后还未参加过实战的毛张苗,终于在这一天向敌人打出了第一枪。对于这一次战斗的过程,毛张苗后来回忆说:

三北游击司令部决定,为了打开鄞奉地区局面,开辟新的根据地,必须打击和瓦解郭清白部队,并派主力三支队配合我们行动。当时郭清白部队驻扎在鄞西地区,即今薛、李两岙一带。1943年九十月间,我们随着三支队主力,向郭清白部队发起进攻。因为我们中队以前就活动在鄞西地区，对那里的地形都比较熟悉，所以我们在前头带路。当接近郭清白部队的前沿后，战斗就打响了，他们还以为我们只是原6大队的人马，一开始战斗打得很激烈，敌人大有将我们一举聚歼的势头。可是打到后来，发现是我们的主力三支队来了，敌人就慌了，于是就开始逃窜。因为当地是山区，敌人在逃跑时不易发现，故这次战斗只消耗了他的一部分力量，没能达到全歼。但对我这个新兵，倒也是一次战斗的锻炼，初次尝到了战斗的味儿。战斗结束之后，我们一直活动在该地区，郭清白部队之后不敢轻易与我们较量了，我们也就初步打开了鄞西地区的局面，这一带成了我们的游击区域。我个人也有了进步，因为那时中队已有了党支部，虽然活动还是秘密的，但已受到了党的教育，我也开始关心党的生活，有了要求入党的想法。

解放鄞西是毛张苗加入抗日部队后参加的第一次战斗，虽然他这次并没有亲手击毙敌人，但他在战斗中能像老战士那样向敌人猛打猛冲不怕牺牲的勇敢精神，还是受到了分队长毛杏表的表扬。

不久，毛张苗所在的鄞奉中队又参加了对鄞江镇日伪军的反扫荡战斗。鄞江镇紧邻四明山樟村根据地，战略位置十分重要，它既是四明山区最大的集镇，也是四明山通往宁波的必经门户。1941年4月21日，鄞江镇沦陷后，日军在此建立了据点，还派了一个大队的兵力在此驻守。他们杀人放火，奸淫掳掠，残杀无辜，无恶不作，四邻八乡的老百姓一直期盼抗日游击队能收拾这些杀人魔王、衣冠禽兽。1943年冬的一天，鄞江镇的日伪军又开始对樟村一带进行扫荡。为加强扫荡成果，驻宁波的日军还派出一个中队的兵力予以配合。是日晚，得到情报的鄞奉中队决定采取智取、佯攻的战术，来迷惑敌人，打击敌人。毛张苗和战友们一边在夜色的掩护下潜入敌据点，向已进入睡梦的敌人投以密集的手榴弹，一边抢占敌据点附近三个小山头的制高点，居高临下地控制日军的营地。全中队以手榴弹爆炸声为信号，然后集中火力向敌射击，其中火力最猛的，当数由煤油箱加千子炮组成的"机关枪"。这些震耳欲聋的"机关枪"声，与军营内不时爆炸的手榴弹声、双方各种武器的对射声以及我方战士冲击时的厮杀声交织在一起，几乎要把鄞江镇的日伪军据点掀上天。

遭到夜袭的敌人这时已乱成一团，一些曾与新四军作战过的日伪军军官认为，今晚他们定是遭到了新四军主力的攻击。于是紧闭据点的大门，趴在据点的各个角落，以免遭游击队"机关枪"的攻击。那从宁波赶来配合扫荡的一个连的日军，也害怕被游击队主力歼灭，慌忙集合队伍，趁着夜色跳上汽艇，逃之夭夭。

赶走了敌人，粉碎了敌人的扫荡计划，毛张苗和战友们来不及休息，便在拂晓前撤出阵地，从山林间向樟村象鼻山根据地进发。

入　党

1944年4月的一天，对19岁的毛张苗来说，是永远难忘的一天。这一天，他入党了。作为一个参军仅仅8个月的年轻战士，毛张苗看上去还有些稚嫩，人生经历和斗争经验也不是十分丰富，但苦难和挫折会使人变得早熟而深沉。不错，毛张苗一开始对共产党的认识还是粗浅的、朴素的，甚至是有些朦胧的，但他的心却是坚定的。因为他还不长的人生经历告诉他，在进入这支由共产党领导的队伍后，他的人生才发生了根本的变化，变得有意义，变得有奔头，让他浑身有使不完的劲。尤其是从他身边那些共产党员的身上,他慢慢理解了什么叫忠贞不屈,什么叫舍生忘死和不怕牺牲。例如他经常耳闻女英雄李敏的故事。李敏生前是鄞江区委书记,年纪虽然只有二十几岁,但在鄞西地区,却是一位威望极高、深受穷苦百姓爱戴的女同志。第6大队在鄞西活动时,经常能看到李敏奔波忙碌的身影。1944年1月28日,李敏在外出途中被敌人抓去,敌人要她交代部队和中共地下党组织的情况,遭到李敏的严词拒绝和痛斥。恼羞成怒的敌人在李敏身上连刺27刀……正是这些共产党人的言传身教,以及部队党组织的培养教育,使毛张苗下决心要向这些人靠拢、学习,并努力成为像他们一样的人。

后来的事实证明,毛张苗正是以自己的实际行动,一步一个脚印,向着一个共产党员的标准靠拢。

有一次,部队驻扎在鸡峜,刚从国民党部队解放过来的"兵油子"许炳东,企图动摇三个战士"开小差",他们商量如何离开时,恰好被毛张苗听到。他当即向中队首长作了报告,从而及时制止了这起严重危害部队的逃跑行动,受到了中队首长的表扬。

不久,毛张苗被提升为班里的副班长。有一天,他班里有两名战士携枪逃跑了。毛张苗立即向中队首长作了报告,中队首长命令他带一名战士前去追击和抓捕。两人立即出发,在崎岖不平、荆棘丛生的山道上奔跑了20多公里,终于截住了这两个逃兵。经审问,发现其中一人竟是潜入鄞奉中队来实施策反的国民党特务。准备将人押解回营时,这个特务企图进行顽抗,毛张苗当即将其就地处决。回到驻地后,中队首长表扬了毛张苗并奖励他一双布鞋和一副毛线手套。

1944年8月,已担任中队侦察员的毛张苗与战友沈水友外出执行任务,在途经俞家峜时捉住了国民党部队的一个大队长。为寻求脱身,这个国民党大队长从怀中掏出一枚金戒指和3000元钱,塞到毛张苗手里,受到了毛张苗和沈水友的断然拒绝和严厉斥责。最后,两人将这国民党大队长押回了中队的驻地,受到中队首长的表扬。

鄞奉中队党支部自始至终关注着这名年轻战士的成长,把他的一举一动、一言一行都看在眼里。终于有一天,中队党支部书记华军,把毛张苗悄悄叫到了一个竹林里。

对于自己入党的经过,毛张苗在1984年5月4日撰写的一篇文章中这样回忆:

> 当时中队里有党支部,中队指导员就是党的支部书记。但党的一些活动还不是公开的,如开小组会、支部会议,都是秘密进行的。他们在干什么,我和其他一些非党员战士都不知道。但我看他们有些人出去总是一两个小时,去干什么?不知道,但感到奇怪。为什么不叫我们参加活动呢?但这些人战斗、工作都很积极。平时主动打扫卫生,帮助人民劳动、挑水、打墙,事事走在先头。平时有人生病,他们总是送饭、送水、叫医生看病。有一次我胃痛发作,他们就主动为我送饭、送药,时时关心我的病痛,行动时还帮我背枪、背背包。这使我感到,这些人比自己兄弟还要亲切。指导员也常常来看我,嘘寒问暖,怕我冷,还把自己的一件毛背心给我穿上。我那时还是中队内年纪最小的一个,虽不懂得这是共产党人联系群众、团结同志的模范行动,但我却在心里想,这些人同一般人不一样,我打心眼里佩服他们。同时,我也偷偷地学着他们,抢着打扫卫生,给生病的人送水送饭,替老百姓做些事,借的东西主动送回去。这样一来,一些党员同志就非常注意我,并常和我接近谈心,给我教育。有一次,中队部有几个人去开会,当时我所知道的,有分队长、班长,还有个别表现好的老兵参加。我

不渝的忠诚
毛张苗传

感到奇怪,心想他们在干什么?我就在旁边偷偷地听他们在说些什么,但没有听清什么内容,却被指导员看见了,他问我干什么,我很不好意思地红着脸离开了。

过了几天,指导员找我谈话,他首先问我,你想参加共产党吗?我反问他:怎么样才能参加共产党?他说:共产党员要吃苦在前、享福在后;要联系群众、团结同志;事事、时时起模范带头作用;全心全意为人民服务,将革命进行到底。指导员这么几句简短的话,使我感到非常钦佩。我想,指导员年纪不比我大多少,可道理懂得很多。我还在思考中,指导员又说:你要入党的想法很好,我们欢迎你。但你年纪还小,要好好锻炼,并向好的同志看齐,向他们学习。

通过这次谈话后,我在各方面都严格要求自己,工作积极肯干,吃苦在前,有点小病坚持训练,不叫别人扛枪。这样,经过不平凡的一段时间,指导员又找我谈话,他表扬了我这段时间的进步,同时鼓励我继续努力,并给我一张自制的入党申请表,叫我填写。

这是我最难忘的一天。1944年4月的一天,我一个人,秘密地跑到驻地后面的竹山里(因为当时还保密),手里拿着入党申请表,心里非常激动。同时想着如何做好一个党员,并考虑着如何填表的事,集中思想填着表格。

姓名、性别、年龄、籍贯,一格一格往下填着。当填到你对党有何认识,为何要入党这一项时,我放下笔思考着,问自己:

你为什么要入党?我想到:共产党是穷人的党,为穷人办事的。因此我就填上:

"我们党是为穷人的党,我是穷人的孩子,因此,我要参加我们自己的党,我要永远为穷人办事。"

填好后，我又从头至尾看了一遍，自己认为可以了，才将表格折好，跑回驻地，交给了指导员。过了没几天，在一次支部大会上通过了，我正式成为中国共产党的党员。

从此，经常参加党的小组活动，不断受到党的教育，逐步适应部队战斗生活，更加安心于部队的工作了。

这是19岁的毛张苗"脱胎换骨"的一天，因为从这一天起，他已不是一名普通的战士，而是一个由特殊材料制成的人。在未来的战斗岁月中，无论遇到多大的艰难险阻，多恶劣的环境，他定将率先垂范，不怕牺牲，冲锋在前。就像他的入党介绍人华军（也是战斗英雄毛杏表的入党介绍人）烈士一样。在1946年解放泰安的战斗中，时任新四军1纵3旅9团2营5连指导员的华军率部与敌进行巷战，他在一只手臂被敌人用刀劈断的情况下，仍继续指挥战斗，最后被子弹击中胸膛，壮烈牺牲。华军牺牲时，虽没有留下什么话，但他生前对毛张苗的教诲却让毛张苗一直铭记在心间："好好干，任何时候你都要记住，你是一名共产党员！"

转战在四明山

奉化是蒋介石的老家，国民政府中的许多军政大员也是奉化人，因此，当地日、伪、顽等各种势力犬牙交错，十分顽固，形势十分复杂，更十分险峻。尽管如此，在奉化坚持抗日游击斗争的鄞奉中队等地方游击武装遵照浙东区党委、四明地委和当地党组织的指示精神，在浙东游击纵队主力的支持、配合下，向鄞奉地区的日、伪、顽不断发起猛烈进攻，不仅狠狠打击了日、伪、顽等各种反动势力，更进一步巩固发展了鄞奉抗日根据地。

战斗是异常艰苦残酷的。为了发挥夜间打击敌人的优势，毛张苗和战友们经常在白天找一个隐蔽的山林休息，战士们戏称自己是睡在空气清新、安全宁静又有鸟儿伴唱的"露天洋房"里。但因为是"露天"的，天晴还好办，各班、排只要根据划定的区域，找个平坦的地方睡下来就是。如果遇到下雨天，就比较麻烦了。不过，做过裁缝的毛张苗还是想出一些避雨的办法来，譬如他会把几块零碎的雨布连起来，然后挂在竹木上搭成一个挡雨篷。这样，不仅可以在里面睡觉，还可以开会、学习和娱乐。

环境虽然苦，但战斗间隙的生活是紧张且活泼的。除了每天例行的出操、练习射击和刺杀等军事训练，中队文化教员还会经常组织大家学唱抗日歌曲，如："我们都是游击战士，肩上背着枪，望柏洋，挺胸膛……"

在宿营地大声地歌唱，既是部队的娱乐，也是为迷惑山下的敌人，告诉他们，我们就在山上。有一次，山下的敌人果然调集大队人马，循着歌声摸上山来了。他们团团包围了传来歌声的地方，然后又打枪，又开炮，闹腾了半天，胆战心惊地爬上山一看，除了见到地上扔着的几只破草鞋，连个游击队的人影也没见到。这样真真假假、虚虚实实，把敌人拖得晕头转向、疲惫不堪。其间，鄞奉中队还抓住战机，打了上山搜索的敌人好几次伏击，把敌人打得狼狈不堪，抱头鼠窜。

但鄞奉中队自己也曾吃过一次亏，毛张苗在后来回忆说：

有一次，我们驻扎在一座高山上的祠堂里，因为部队连续几天行动很疲劳，加上驻地离敌人又较远，所以，中队派出侦察员四处侦察敌情后，部队就在当地多住了一天。结果在第二天，国民党奉化县大队的四五百人，把我们团团围住了。当我们发现时，我们住的大门，都被敌人的机枪封锁了。副中队长火速下达命令,组织力量突围,首先冲出去抢夺被敌占领的山头,而后掩护中队主力转移。那天从拂晓开始,一直打到中午,将敌人占领的高地夺过来之后,部队才安全转移。这次战斗虽然没有什么伤亡,但消耗了不少宝贵的物资库存。这就告诉我们,在当时日、伪、顽控制的地区,一定要提高警惕,一点也麻痹不得……

战争是培养人、锻炼人的大熔炉,经过一年多战火的淬炼,当初那个差点被林大队长拒之门外的16岁少年,因作战勇敢、不怕牺牲,如今不仅加入了中国共产党,还当上了副班长。而原本又瘦又弱的他,也在部队超高强度的战斗岁月中得到了锻炼,长成了1.78米的高个子。

▲ 1946年,毛张苗(左)在新四军一纵队任第9团4连排长,与指导员袁之平(中)在一起

▲ "林大队"大队长林一新

▲ "鄞奉中队"战友、英雄毛杏表

▲ 1945年3月,"鄞奉中队"首任队长毛尹

◀ 1946年,新四军第1纵队3旅9团政治处副主任应晓初(右)与第9团5连指导员华军合照

▶ 毛张苗的入党介绍人,"鄞奉中队"第二任指导员华军,摄于1946年

在解放的战场上成长

泪别浙东

1944年4月的一天，正在驻地带着战士们训练的毛张苗见到了被一个战士带着走向他的少年——二弟毛张林。当时，毛张苗的心里"咯噔"一下，问毛张林："张林，你怎么来了？"毛张林一见到毛张苗，便蹲在了地上，哭着说："大哥，妈没了。"毛张苗突闻母亲去世，也忍不住哭了。良久，毛张苗抹掉泪水，对毛张林说："大哥这里马上又要打仗了，你先回去，有空的话，我会请假去看爹的。"

毛张林抽泣着说："你现在回不去，我也不想回去了。"

毛张苗说："为什么？你不回去，爹他们怎么办？"

毛张林说："就是爹叫我来找你的，听说你们又要打郭清白了，村里现在都是他的兵，他们三天两头来找爹的麻烦。你逃跑后，爹被他们抓去关了一个月，说是不把你叫回去，还要把他关到牢里去。"

毛张苗一听就明白了，难怪前几天，石门村有人来找过他，劝他不要再在游击队干了，还是回家去，国军方面不会委屈他家的。毛张苗当场就将这人轰走了，并将情况及时报告给了中队领导。

鉴于目前情势，毛张苗觉得毛张林再回石门村，必定是凶多吉少，还真不如留下来，参加抗日游击队。恰好当时正是第二次反顽自卫战的紧要关头，根据地掀起青年参军抗日的新高潮。在鄞西，就流传着这样一些顺口溜："母亲送儿打东洋，妻子送郎上战场。""好铁要打钉，好男要当兵，好铁打钉钉不坏，好男当兵兵不败"。在离石门村不远的慈溪陆家埠孔岙村，就有一户人家的三兄弟，全都踊跃参加了抗日游击队。

对于二弟参军,毛张苗别的不担心,他担心的是家中父亲和幼小的弟妹,因为母亲已经不在了,家里三口人的担子全压在了年老多病的老父亲身上。二弟今年虽只有15岁,个子也小,但在农村里,毕竟也算一个劳力,现在他也参军了,留下一老二小,往后他们的生活怎么办?

毛张林看出了哥哥的心思,对毛张苗说:"大哥,家里的事你不用担心,爹说了,只要我们在部队里好好的,把郭清白这样的坏人都赶走,他就是吃糠咽菜也甘心。"

毛张林到鄞奉中队后,毛张苗认为,因为弟弟还小,把他放在别的班里会难以管理,倒不如把他放在自己班里更为有利,中队首长也觉得有道理,于是就将毛张林放到了毛张苗的班里。毛张苗嘱咐道:"张林你记住,你现在是个兵了,不能再自说自话,一定要服从上级的命令。"

毛张林说:"哥哥你放心吧,我保证服从命令听指挥,班长叫我干什么,我就干什么。"

毛张苗又板着面孔说:"打仗的时候,既要做到灵活机智,更要做到勇猛顽强,冲锋的时候,你就要奋不顾身地往前冲。到时候你若成了懦夫,当了逃兵,我可饶不了你。"

毛张林一听,拍了拍胸脯说:"大哥你放心,打仗的时候你想当英雄,难道我会当狗熊?我如果真当了逃兵,你就枪毙我好了。"

"还有,与班里的战友要搞好团结,要虚心向老战士学习,内务卫生要搞好,要争取……"

这一次谈话,兄弟俩在中队驻地的操场上不知转了多少个圈。长兄如父,此时的毛张苗,既是一位兄长,更像一位慈父。

1945年7月,浙东游击纵队在嵊东组建第4支队,由程业棠任支队长,林达任政委,李明任参谋长,应晓初任政治处主任。毛张苗所在的鄞奉中队被编为第4支队2营5连,连长王水林,指导员华军。毛张苗此时已被提升为班长。此次整编，标志着原本属于地方游击队的鄞奉中队，正式成为浙东新四军的主力部队。在未来的战斗中，这支部队将所向披靡，立下赫赫战功。

浙东的抗日形势这时已发生了根本性变化，从1941年4月日军攻陷宁波及鄞奉地区，到1943年12月23日新四军浙东游击纵队亮出旗号，再到1945年8月对浙东的日伪军实施大反攻，短短两年多时间，新四军浙东游击纵队已由小到大，由弱到强，由被动到主动，抗日局面一片大好。

1945年8月15日，正在鄞西驻地休整待命准备向日、伪、顽发起更猛烈进攻的5连，突然听到一个震惊人心的大消息，曾经不可一世的日军，宣布无条件投降了！

狂欢过后，对日寇的大反攻便开始了。1945年8月19日，即日本天皇宣布无条件投降后的第4天，毛张苗所在的部队，就开始向鄞西重镇鄞江桥的守敌伪第10师1部发起进攻。是日，经一天激战，打垮了伪军的两次增援，至晚上将其全部歼灭。8月22日，毛张苗所在的5连奉命于鄞西百梁桥以南设伏打援。战斗打响后，毛张苗率全班奋勇当先，冲杀在前，配合全连全歼援敌一个连，抓获敌军俘虏20余人，缴获驳壳枪4支、步枪10余支，当场受到营长的表彰。

但敌人并不甘心失败，8月23日又开始进行反扑，因为新四军主力部队正在攻打宁波地区的日伪军，敌人乘隙包围了驻扎在奉化县江口镇的一支游击队。游击队寡不敌众，血战突围，伤亡了10余人，江口镇被敌人占领。8月25日，占领了江口镇的敌人又得寸进尺，进犯鄞江桥附近的黄古林及上王等地区，于是，毛张苗和战友们又参加了对敌自卫还击的战斗。此次战斗，击退了敌人的进攻，取得了丰硕的战果，但有60多位新四军官兵在战斗中受伤或牺牲。

江口镇之战，是毛张苗所在的5连在浙东地区打的最后一仗，战斗结束后，部队在原地驻扎了三四天，之后，便随第 4 支队赴鄞西的樟村、蜜岩一带进行休整。

在 1945 年 8 月 15 日到 9 月底的一个多月时间里，为了粉碎国民党反动派为夺取抗战胜利果实而向解放区发起的进攻，毛张苗所在的部队参加了多次自卫还击作战。而此时，正在重庆与蒋介石谈判的毛泽东主席为了避免内战，为了国家的前途和民族的命运，主动向蒋介石提出，让出包括浙江在内的南方 8 个解放区，将部队撤至陇海路以北及苏北、皖北等地区。

几乎在同时，浙东区党委和浙东游击纵队司令部就接到了华中局转发的中共中央加急电报："浙东纵队务须于七天内将全体人员撤离浙江。"军令如山，遵照中央的命令，战斗在浙东的 15000 余人的部队及地方干部，开始分 3 批强渡杭州湾，向北撤退。

毛张苗所在的第 4 支队是第二批撤离的部队，由浙东纵队副司令员张翼翔统一指挥。9 月 30 日，毛张苗所在的 5 连从休整地樟村、蜜岩出发，经陆埠到达泗门，于 10 月 7 日傍晚，在慈溪庵东镇、相公殿一带登船北渡。那天正好遇上了台风，傍晚海边的风浪很大，海风卷起的灰黑色浪头席卷而来，撞击在堤岸上，发出可怕的轰鸣，掀起三米高的浑浊巨浪。

毛张苗所率的班乘坐的是一条有三道桅杆的帆船，登船的时候，二弟毛张林恋恋不舍地对哥哥说："就这样走了，还不知道什么时候能回来，妈不在了，家里只剩下爹和弟弟妹妹了，真该回家告诉爹一声啊。"

"别啰唆，快登船，就只有你有家？你有爹？"正在船头指挥战士登船的毛张苗瞪了二弟一眼说。但一看到弟弟的眼中正含着泪，他的心顿时就软下来了。是啊，二弟还只有 16 岁，这个年纪本应该留在父母身边受到照应的，可是敌人却把他们生生地拆离了。这是敌人造成的罪孽，应该把账算到他们的头上去！当下他就安慰毛张林说："你放心，我们一定会回来的。"

不过毛张苗他们这一次夜渡并不顺利,正当他们扯起风帆与第4支队的其他船只一起朝对岸进发时,不料在半途遇上了大风和逆潮,官兵们好不容易将帆船控制住,总算将船靠到了岸边。谁知登上岸一看,大家全傻眼了。原来,与风浪怪潮搏斗了一夜,他们竟又回到了昨天出发的老地方。这下大家有点慌了,因为就在他们撤离时,国民党的大批部队正分几路快速向这里包围过来,万一这时候遇到国民党部队,就十分危险了。幸好他们在海边遇到了正要登船的余姚中心县县长张光,张光率领的是最后一批北撤部队,在海风呼啸的堤岸上,林达握着张光的手开玩笑说:

"老张,老天留客啊,折腾了一夜,没想到又回来了,不过不要紧,实在过不了杭州湾,我们就再回四明山打游击。"

因为海上的风浪还很大,为安全起见,他们决定12日上午再出发。由于逆风,他们在海上航行了两天一夜,航行至东北方向的洋面上时,最前面的船只传来敌情警报,在数里远的海面上,有个小黑点正朝我方的船队快速靠近,估计是敌人的炮舰。为此,第4支队支队长程业棠和政委林达命令所有船只作好战斗准备。毛张苗乘坐的船行在较前面,他命令战士将班里的那挺机枪架在船头上,其他战士迅速将子弹推上膛,紧紧盯着那个过来的小黑点,有几个晕船的战士也挣扎着从船舱中爬起来,拧开手榴弹盖子,作好了战斗准备。幸好这个小黑点最后并没有朝他们开过来,而是掉转了方向,渐渐消失在海面上。

最后,毛张苗他们在10月13日傍晚抵达了上海远郊的奉贤县海边,张翼翔副司令员早已在奉贤县旧城里等候他们。见他们终于到了,张副司令员高兴地迎上来说:"你们终于来了,我在这里已等你们一个星期了,你们是最后一批了,赶快吃饭吧,吃完饭我们就出发。"

10月14日,毛张苗所在的5连与最后一批从浙东撤出的部队,终于在上海远郊的青浦县重固镇与早已等候在这里的大部队会合了。

涟水整编

与离开浙东时有所不同,当毛张苗真的要离开北撤部队的集结地——青浦县重固镇,向北方出发时,他心中还真有些留恋和惆怅。如果说,离开浙东还只是离开了老家,那么,离开上海就意味着离开了南方。而北方对大多数浙江籍的指战员来说,几乎就像天边一样遥远,他们中的绝大多数人,不仅从未去过北方,甚至连北方人也没接触过。而现在,他们要去陌生而遥远的北方战斗与生活。

可能还是因为年纪小,第4支队2营5连战士毛张林一想起这些,还悄悄地抹过眼泪。但这是人之常情,它与忠诚和革命意志无关。其实,何止是16岁的小战士毛张林,所有将要离开故乡向北撤退的新四军将士,何尝不是如此呢?所不同的是,毛张林将留恋和惆怅流露在了脸上,而毛张苗则将之掩埋在心里,因为对一个已将生死置之度外的共产党员来说,对党和上级的决定,是不能有任何犹豫和讨价还价的。

这是1945年10月16日午后,第4支队2营5连班长毛张苗站在重固镇的出发地,与全班战士聆听了指导员华军的再一次动员后,就随着大部队告别重固镇,向北挺进了。

他们这一路由何克希司令员、张翼翔副司令员指挥,所属部队有第5支队、第4支队、第1支队(淞沪支队)等,前卫由第1支队担任。他们经老青浦,过白鹤港大桥,在陆家埠车站穿越沪宁路之后,进入苏州地区的周墅等集镇。一路上,除了吃饭时稍微休息一下,部队在行军时不作休息,至17

日上午抵达常熟县陆家桥镇时，才停下来宿营。此次行军19个小时，行程80余千米。宿营时，当地群众热情地为部队烧来了泡脚的热水，毛张苗班里有多位战士的脚上磨起了血泡，毛张林的脚上也有好几个。毛张苗想从房东那里借一根针为战士们挑泡，房东大嫂说："你一个大男人怎么能干这细活，这泡我来挑。"于是很快就把战士们脚上的泡挑好了。

毛张苗问毛张林："现在怎么样？"

毛张林说："好多了。"

"吃得消？"

"吃得消，没问题。"

毛张苗笑了，从二弟的精神状态看，他已经越来越成熟了。

部队休息一天后，于18日上午出发，途中遭遇小股敌人的骚扰，毛张苗所部与兄弟部队一起将敌击溃，还缴获敌人的粮船数只。中午毛张苗他们在石牌镇吃饭，晚上宿营支塘镇。

10月20日，当毛张苗所在部队向常熟以北的南丰镇挺进，准备与谭启龙政委率领的部队会合时，已先期到达南丰镇的谭政委那边出现了敌情。21日凌晨2时许，正在宿营的谭部突遭由伪中央税警团及伪上海保安队改编的别动军京沪卫戍总队第13纵队2000余人的三路进攻，他们企图在南丰镇消灭谭部，以阻止北撤部队渡过长江。战斗打响后，谭启龙所率的第3支队、第6支队（金萧支队）和警卫大队等部队向敌人展开猛烈反击，敌迅即溃败，我还击部队一直将敌人追至长江边上的福山脚下。此次战斗，共毙伤敌100余人，俘虏200余人，并有大量缴获。

10月22日，离谭启龙部所在地常熟县南丰镇不远的何克希、张翼翔部，在到达常熟县的浒浦镇渡口后，于当日在浒浦渡口登船北渡长江，在新生港登陆。在何克希、张翼翔部渡江后，谭启龙部也于同日从福山段江面登船渡江。然后，两支部队齐头并进，一路向北，经南通、如皋等地，于28

日相继到达海安。至此,这支从浙东出发的15000余人的北撤部队,在经过二十多天的长途跋涉后,冲破国民党反动派的围追堵截,粉碎了国民党反动派企图制造第二个皖南事变的罪恶阴谋,胜利完成了中共中央和华中局赋予的战略转移任务。

11月2日,毛张苗所部与其他北撤部队一起奉命从海安出发,经一昼夜行军,于3日到达苏中根据地东台。部队在东台作短暂休整后,于7日从东台出发,经白驹、盐城、建湖、益林,于12日全部到达苏北涟水地区,待命整编。

11月16日,集结在涟水的北撤部队召开连以上干部大会,对北撤的部队进行了整编,原新四军浙东纵队编为新四军第1纵队第3旅,旅长张翼翔,政委何克希。原浙东纵队第4支队与嵊新奉大队、三北特务营及四明地方武装合编为第1纵队第3旅第9团,团长程业棠,政委林达,副团长黄辉、王鼎三,参谋长李明,政治处主任朱光。毛张苗所在连队则编为新四军第1纵队第3旅9团2营5连,连长王水林,指导员华军。从此,这支在抗日战争中立下不朽功勋的游击部队与其他兄弟部队一起,被统一编入了新四军的正规军序列,从而为实现由分散游击战过渡到大兵团运动战的战略转变,作好了准备。

正当毛张苗和5连的战友们一样准备迎接新的战斗任务时,一纸调令,将他调出了5连。经组织决定,调他去团部任警卫班班长。警卫班的职责是负责团首长的人身安全,能够担任首长的警卫,显示出团首长们对他的信赖。

但是毛张苗对5连太有感情了,他舍不得离开这个连队。5连的前身是"鄞奉中队","鄞奉中队"的前身是"林大队"第2中队。当年,正是"林大队"第2中队接纳了他,才使他在革命的道路上一路走来,从一个懵懂的山村少年,成为一名共产党员,还当了班长。可以说,没有5连,就没有他毛张苗的今天。现在,他就要离开5连了,离开这些他所熟悉的、生死与共的战友,他实在难以割舍。更为重要的是,到了警卫班,就不能与战友们一起,在战斗的第一线冲锋陷阵,杀敌立功了。

毛张苗心里有情绪,组织上也察觉了。为此,第9团的保卫股股长寿文魁专门找毛张苗谈话。寿文魁曾担任过鄞县县委书记,毛张苗对他很敬重。两人坐下后,寿文魁开门见山地说:"怎么样,小毛,听说你不想去警卫班?"

毛张苗一听寿股长这句话,低着头嗫嚅说:"首长,不是不想去,而是有点舍不得离开老连队。"

寿文魁一听便笑了,说:"这很正常,每个人都对自己的老部队有感情,但话又说回来,我们的革命要发展,队伍要壮大,调动的事以后还会经常发生。作为一名革命战士,一名共产党员,服从命令听指挥,这是最基本的要求,不是吗?"

毛张苗听了,感到自己的脸上火辣辣的,当即站起来说:"首长,我懂了,我下午就去团部报到!"

要为指导员报仇

1945年11月26日,就在涟水整编10天后,毛张苗所在的第9团与兄弟部队一起来到了江苏盐城滨海县的营南镇,他们将跟随新四军第1纵队去东北开辟解放区。但不久后因敌情发生变化,部队又不去东北了。按照党中央指示,第1纵队将留在华东,其任务是扩展山东解放区,对日寇受降并接收日伪军据点、收缴日伪军武器,对拒不投降之敌实施包围、攻击直至歼灭。

发起于1946年6月7日的,对拒不投降的泰安守敌伪宁春霖警备旅的攻歼战,是第1纵3旅自北撤以来进行的一次较大规模的战斗。当时,第9团的任务是配合第8团突破西关,并向东夺取翠英中学,继而攻取城垣,实现全歼守敌的目标。第9团5连在连长王水林、指导员华军的指挥下,首先攀越城墙突入城内,与城内守敌进行激烈巷战。但由于兄弟部队未能按计划及时攻入城内协同作战,导致城内敌我力量对比悬殊,5连由此陷入苦战并出现重大伤亡。指导员华军被埋伏在屋后的敌人用刀砍断右臂,他强忍剧痛,左手捡起手枪继续射击,不料又胸部中弹,壮烈牺牲。

毛张苗是在团部得知华军指导员牺牲的噩耗的,他当时就难过得哭了。华军是他革命道路上的引路人,也是他的入党介绍人,虽然只比他大了18天,但在他心中,华军不仅是一位可敬的领导,更是一位可亲的兄长。他不会忘记在刚参军时的一次夜行军中,他因身单力薄渐渐掉队,是指导员扛过了他肩上的枪,挽着他一步一步跟上了队伍。他也不会忘记在一个天寒地冻的晚上,指导员见正在放哨的他衣衫单薄,当即脱下自己身上那件半新的毛衣,套在了他的身上。当然,他更不会忘记在成长的道路上,是指导员的谆谆教诲,使他这个懵懂的山村少年,一点一点懂得了革命的道理。尤其在每次作战时指导员冲锋在前、不怕牺牲的精神,使毛张苗暗下决心,以后一定要做一个像华军指导员那样的人。

毛张苗在华军牺牲的数天后,去找了团长林达。林达正伏在一张铺在桌上的军用地图上,拿着一支铅笔,不时地比画着什么。

"首长,我想去5连。"毛张苗站在林达的身后,声音低低地说。

林达似乎没听清,从桌子上支起身子问:"你说什么?"

毛张苗说:"我要调回5连去。"

"为什么?"林达是上海人,1941年6月,根据党的指示,他与蔡群帆一起率淞沪"五支四大"130余人从浦东南渡杭州湾,开辟浙东抗日根据地,是浙东新四军中一员有名的虎将。

"我要去打仗,为指导员报仇!"

林达听明白了,他走到毛张苗跟前,神情严肃地看着毛张苗的眼睛,说:"打仗?你以为在团部不是打仗吗?这里不是战场?保卫团部的工作不重要?乱弹琴!华军同志牺牲了,不只有你难过,我也很难过,同志们都难过。这个仇是一定要报的,问题是怎么报。你调到5连就能报仇了?不行的。同志哥,只有我们每个人把自己的工作做好,团结起来,将全团拧成一股绳,才能更多地打击敌人,才能为华军同志报仇。"

林达平时是一个很严厉的人,干部和战士都有些敬畏他。今天他居然一反常态,耐心地给毛张苗讲了这样一番道理,这对毛张苗的触动是很大的。

见毛张苗低着头不吭声,林达放缓了语气追问了一句:"怎么,我刚才说的话不对,你不服气?"

听团长这么说,毛张苗连忙解释:"不是,不是,首长……"

正要说下去,有个参谋人员拿着一张电报匆匆走进来,毛张苗见状连忙退到门外,只听林达在里面喊:"好好干,小子,仗有你打的。"

此后没多久,正在团部担任警卫任务的毛张苗接到命令,任命他为4连1排的排长。虽然他想去老连队5连的愿望没有实现,但毕竟4连和5连同属2营,抬头不见低头见。再说了,只要能下到连队去,哪怕就是把他调到别的团、别的营,甚至当个普通战士,他也是愿意的。

离开团部前,毛张苗去向团长林达告别。林达依然伏在地图上研究敌情,见毛张苗来了,他抬起头,开门见山地说:"这回你小子该满意了吧?不过我得给你说清楚,这不是你小子'吵'出来的,是因为前几仗下来,连队干部缺口很大。但你小子给我记住了,下去后要好好干,别给老子丢脸。"

"是!"

杀出重围

1946年12月，宿北战役打响，毛张苗所在的第9团2营担任旅的前卫营，由团参谋长俞慕耕靠前指挥，向敌纵深猛插。

当时，国民党五大主力之一的整编第11师第11旅、第118旅，及整编第69师第60旅、第41旅等共7个旅的兵力，由宿迁北上新安、沭阳，企图截断我山东解放区与华中解放区的联系，然后协同由鲁南向东进犯临沂的敌第33军，及由淮阴向涟水进犯的整编第74师等5个旅，妄图达到南北呼应、分进合击，一战以毕其功的目的。

其时山东野战军司令部的部署是：为粉碎敌人进犯，拟集中兵力，首先聚歼敌整编第69师的两个旅，以确保华中，巩固山东。新四军第1纵队的任务是，负责切断敌整编第11师和整编第69师的联系，并阻止该部敌军的北援和南逃。

12月15日，各路敌军在遭到我军打击后，全线龟缩调整，但我方情报却误以为敌人全线退却。为此，山东野战军司令部遂命令第1纵队第3旅猛插敌人纵深，直捣敌整编第11师师部驻地曹家集，以阻敌退缩宿迁城。

为打乱敌军的指挥机构，16日下午4时，第9团参谋长俞慕耕亲率担任前卫的2营，冒着敌机和炮火的拦击，急跑猛插20多千米，趁夜色向敌整编第11师师部外围发起攻击，一举歼敌工兵营、骑兵营大部，俘敌600余名，接着又击溃敌炮兵团。战斗初期，毛张苗率全排随2营一度猛攻至距敌师指挥所二三百米处。敌师部一片慌乱，敌师长胡琏半掩着睡衣，冲出门大喊："手枪营，手枪营！"

午夜时分，纵队首长根据战场形势分析，发觉敌人并没有全线溃败的迹象，而只是在收缩兵力、调整部署，遂命部队停止追击。但担任主攻的第3旅除第7团外，3旅旅部及第8、9两团均未收到回撤命令，仍在向敌纵深快速挺进。

战至天明，敌军发觉我攻击部队系孤军深入，而且兵力并不多，遂命所部一面据守工事进行抵抗，一面调集重兵分两路进行反扑。

这时已是12月17日上午8时，3旅首长接到了撤退的命令，随即组织部队后缩并押送俘虏撤退，但处在最前锋的2营，除5连侥幸接到撤退命令外，2营营部、毛张苗所在的4连、2营6连及负责第9团侧翼安全的第8团3营，此时已陷入敌军重围，无法接收到撤退的命令。

面对如潮水般汹涌而来的敌人，据守曹家集西侧桥头的4、6两连沉着顽强，打退了敌人一次又一次进攻。第9团参谋长俞慕耕端着冲锋枪冲在前头，打光了4梭子弹。他无所畏惧地大声疾呼："所有干部都要冲在最前面，与敌人决一死战！"不料他喊声刚落，就被子弹击中，壮烈牺牲。

参谋长牺牲后，2营营长王荣桂为组织突围，趁敌人进攻的间隙，砸毁了牺牲同志的枪支，烧掉了文件，抱定了不生还即战死的决心。然后，大家平端刺刀，高喊着"为参谋长报仇"的口号，扑向敌群。阵地上顿时刺刀飞舞，寒光闪闪，杀声震天。毛张苗所在排有个战士在伤势严重的情况下，与敌人滚在一起进行搏斗。有的战士牺牲后，手里仍握着手榴弹，弹体上沾满了敌人的脑浆……最终，两个连队200余人，除40余人杀出重围外，其余全都壮烈牺牲。

4连排长毛张苗和指导员方明，都在幸存者之列。在突出重围后，浑身血污的毛张苗提着一把枪管炽热、刺刀尖上还滴着血的步枪回望身后，心中悲愤难忍。因为在那里，还留着他们敬爱的参谋长和100多位牺牲的战友，因战况激烈，他们无法将烈士们的遗体带回驻地，但他们一定会杀回去的！就像他在心里默念的：战友们安息吧，你们的仇是一定要报的！

战场受挫

宿北战役后,毛张苗又随部参加了鲁南战役、莱芜战役。在歼敌精锐第一快速纵队、整编第26师及李仙洲集团军战斗中,接连打了几场硬仗、恶仗。其间,他获三等功一次。

1947年5月13日,孟良崮战役拉开序幕,毛张苗所在的华野一纵第3师在兄弟部队从敌接合部撕开口子后,与兄弟部队一起,勇敢地沿突破口向纵深挺进,一夜楔入敌阵纵深20余千米,提前到达预定位置。14日晨,敌军判明我军围歼整74师的意图,遂向我军阵地发起猛烈攻击,飞机在上空俯冲扫射,炮火几乎没有间歇。

在我军的阵地上,轻、重机枪声,迫击炮弹的出膛声,手榴弹的爆炸声混响成一片。疯狂的敌人虽然被打得尸横遍野,但仍是成连成排地蜂拥而来。

5月14日傍晚,根据野司加速歼灭整第74师的电示,1纵调整了部署:以第3师的7团、8团继续钳制蒙阴之敌整第65师;第9团南拨归第1师指挥,在天马山、界牌一线阻击援敌。15日上午,根据掌握的情报,敌整第25师拟攻占界牌后,继续向东攻击,以接应整第74师。

纵队首长当机立断,派出有力部队坚决阻断整第74师向西突围;同时令第9团以一个营固守界牌阵地,第9团命令2营担负此任,2营则令5连、6连守界牌,4连守界牌北侧的交界墩、三山店高地。上午10时,敌整25师以两个团的兵力,在飞机与炮火的掩护下,分三路猛攻界牌阵地,虽然进攻之敌已死伤枕藉,但是仍成群成团地向我军阵地涌来,进攻不讲队形,像羊群、像一窝蜂……至下午2时,敌军连续4次的集团冲锋,都被2营5

连、6连顽强击退。

5月16日上午，第9团团长林达根据敌军可能的变化，调整了防御部署，命4连集中兵力防守交界墩，而由1营3连接手三山店阵地。

不料，因为昨日攻击未见成效，敌整编第25师师长黄百韬也改变了部署，把之前的由西向东攻击，改为由南向北，先取三山店、交界墩，再取界牌。阵地上一时炮火连天、硝烟蔽日，敌我双方激战竟日……

16日上午，由于三山店的我军阻击部队伤亡殆尽，阵地遂被敌人占领，于是敌军直扑4连防守的交界墩。

4连虽然打得英勇顽强，但损失重大，战至后来，全连大部伤亡，指导员方明身负重伤，阵地上只剩下毛张苗等不到10名伤员。在明显无法再战的情况下，毛张苗只得带着仅剩的几名伤员撤离了阵地。

当天下午5时，经4天激战，孟良崮战役落下帷幕，敌整第74师被全歼，拼命前来救援的敌整第25师师长黄百韬，与张灵甫几近触手可及，最终却无法靠拢接合。

战后的总结是令人振奋的，有人称此次战役是在"百万军中取上将首级"的经典战例，但毛张苗却在这次战斗后，受到了团长林达严厉的训斥。照例，作战勇敢、顽强杀敌的毛张苗本应该立功受奖的，但是没有。问题就出在战斗最激烈的16日下午，由于负责三山店防守的连队未经请示就撤离了阵地，导致防守交界墩阵地的4连遭到敌重兵的多路围攻，最后，全连仅剩下毛张苗等不到10名伤员。毛张苗按照以前打游击时"打得赢就打，打不赢就跑"的办法，率仅剩的几个伤员撤离了阵地。

尽管交界墩阵地丢失的主要责任并不在4连身上，当然也不在毛张苗身上，但因为大多数人已经牺牲了，4连指导员方明又身负重伤已送到后方抢救，可丢失阵地毕竟是事实，无处发泄的团长林达，只能把怒火倾泻在毛张苗这个自己的前警卫班班长身上。

"毛张苗,把阵地丢了,你不觉得丢脸吗?"林达脸色铁青,用手指着毛张苗的脸吼着,"你以为我们还在四明山打游击吗?打得赢就打,打不赢就跑?乱弹琴!我们现在是正规部队,你知道丢失阵地该当何罪吗?嗯!我告诉你,就地枪毙!"

林达当然不会枪毙毛张苗,也没有撤他的职,因为林达心里很清楚,"宿北战役从曹家集突围出来的人,没有一个是孬种",当然也包括毛张苗。但他们亟需改变的,是以往游击部队的惯性思维;他们亟需加强的是大兵团作战所必不可少的全局观念。这正是林达心里担心的地方。

林达的这一顿骂,直把毛张苗骂得满面通红、大汗淋漓。他心里虽有些委屈,但自责也是有的,毕竟阵地最后就是从他们手中丢失的。而作为当时阵地上的最高指挥员,他没能率领战士们坚持到最后一刻,责任不可推卸。这件事留给毛张苗的教训是深刻的,他下定决心在未来的战斗中,作为一名基层指挥员,一定要提高自己的指挥水平,尤其要有全局观念和整体意识,就像团长说的,在坚守阵地时,没有上级的撤退命令,就是死,也要死在阵地上。

毛张苗那天只对林达说了一句话,他红着眼睛说:"团长,您放心,以后我再也不会给您丢脸了,您就看我的实际行动吧。"

然而,林达再也看不到毛张苗的"实际行动"了。

林达是在1947年7月29日华野部队出击鲁西南敌后时牺牲的。因当时部队遭遇了敌主力和山洪暴发,时任第9团团长兼政委的林达在指挥部队抢渡沙河时,遭到数架敌机的袭击,不幸身中3弹,受了重伤。在生命垂危之际,他对身旁的战友说:"我不行了,没有完成任务,光荣的任务要靠你们去完成。"林达牺牲时,年仅33岁。

此次出击鲁西南,华野第1、第4纵队越过津浦线后,在后有敌重兵追击、前有大河沼泽地的不利情况下,部队冒雨向西挺进。最终,打破敌人4

次围歼企图,摆脱尾追、突出重围,进入鲁西南地区。

但在此次出击行动中,除林达团长牺牲外,第9团的伤亡也很大。鉴于部队在此前的一系列作战中减员严重,9月5日,第1纵3师9团奉命与第7团进行合编,原第9团余部缩编为第7团2营,原第7团的部队被缩编为第7团1营。第7团合计编为两个步兵营和一个特务营。虽然第9团撤编了,被编入了第7团,但第7团中的许多人毛张苗是很熟悉的,除团长曾昭墟外,副团长张季伦、副政委徐放、政治处主任蔡子悟等首长都是从浙东过来的,他是他们的老部下。

但出乎毛张苗意料的是,在宣布编制名单时,毛张苗并没有被列入第7团,而是被调入了师部特务营的1连,职务仍然是排长。这就是说,他再次由一线作战连队调入师部直属队,并且又要与那些朝夕相处的老乡和战友分别了。

心中的苦闷和憋屈是可想而知的,要是在早前,毛张苗定会向在鄞奉中队时就熟悉的老领导们倾诉,甚至会去老团长林达那里"发牢骚"。尽管他知道团长一定会"臭骂"他一顿,甚至把他骂得"灵魂出窍",但他乐意挨林达的"臭骂",因为团长骂得有理,骂得他心里服帖和痛快。但现在,团长林达不在了,指导员华军不在了,连长王水林在山东枣庄附近的一次战斗中被流弹击中头部,导致双目失明,也离开了部队……三位最了解他毛张苗的首长都相继离他而去,在未来的日子里,他还有什么前途和希望呢?

这一时期的毛张苗在思想情绪上是比较悲观的,而三年来在排长职务上的原地踏步,更加重了他这种情绪的郁积与发展。正当此时,"濮阳整训"开始了,部队开展了"三查三整"(即查阶级、查斗志、查工作和整顿组织、思想及作风)的活动。在官兵评议中,毛张苗的悲观消极情绪,受到了连队干部战士的严肃批评,这使他在内心深处受到了深刻的触动和反省。为此,他诚恳地向全连干部战士作了深刻的检讨和保证。在他后来撰写的

《历史思想自传》中,毛张苗谈到这件事:

> 自己是共产党员,而且受到党的多年教育,再加上自己是党支部委员,应该虚心接受群众的批判与自我批评。

濮阳整训以后,毛张苗被调到师部特务营2连任排长。

1948年6月17日,豫东战役开始,对手是国民党五大主力之一的新编第5军等部。战役发起后,毛张苗所在的师特务营2连负责主攻部队的侧翼掩护,敌人凭借多层的火力网,加上密集的鹿寨和地堡群,在飞机和坦克的掩护下,向我阵地进行疯狂反扑,战斗异常激烈。在6月29日夜间的战斗中,毛张苗的右肩胛被敌人的子弹贯穿,但他仍"重伤不下火线",继续顽强地坚持战斗,直至天明后才奉命随队撤出。

此次战役,共歼敌5万余人。在师部召开的庆功大会上,毛张苗在"鄞奉中队"时的战友毛杏表,还有浙东纵队的战友寿志高,被评为华东一级人民英雄。毛张苗为此感到十分高兴,同时暗暗鞭策自己,将来总有一天,他也要像他们那样,英勇杀敌,争取立大功、获大奖。

因身负重伤,毛张苗被部队转移至洛阳伏牛山地区疗伤并休养3个月。当时部队医院的条件异常艰苦,秩序也较混乱,伤病员因缺乏物资而闹生活待遇、打骂医务人员的现象时有发生。为整顿秩序,医院就让毛张苗担任医院伤病员的临时党支部书记。毛张苗正直敢言,能对不良倾向展开斗争,给院方解决了不少难题。为此,院方恳望毛张苗能留下来在医院工作,但被毛张苗拒绝了。在医院住了3个月不到,毛张苗在伤口还未痊愈的情况下,就强烈要求回到部队。

归队以后,毛张苗被任命为第7团3营8连1排的排长,职务虽然仍是"兵头将尾",但回到了梦寐以求的战斗部队,总算是如愿以偿了。更值得高兴的是，他所在的 3 营名叫"夏白营"，是以华东二级英雄、在豫东战役中牺牲的营教导员夏白烈士的名字命名的。在这样的英雄集体里战斗、生活，对毛张苗来说，当然感到十分光荣。

火线提升

1948 年 11 月 6 日，淮海战役拉开了序幕。敌为阻止我军南下，维持中原、华东残局，于 1948 年下半年放弃郑州、开封，将其重兵集团以徐州为中心收缩靠拢。东起东海，西迄商丘，北起临城，南达蚌埠，形成了一个"十"字形的防御体系，兵力达 80 余万人。华野令各部迅速将敌分割包围，各个击破。

毛张苗所在的第 7 团首战窑湾、鼓山。因敌黄伯韬发现解放军主力南下，恐慌中即命其第 63 军自窑湾渡黄河西逃，但在窑湾找不到可渡之船，只好被迫退守窑湾，仓促布防，并在下湾、头湾构筑防御阵地。毛张苗所部的任务是夺取头湾、二湾阵地，坚决肃清外围之敌，为大部队主攻创造条件。战斗于 11 月 9 日晚打响，先由第 7 团 1 营 2 连 1 排向二湾发起猛攻，突破口打开后，因被敌地堡火力所阻，伤亡较大，后经该连 3 排强攻，炸毁地堡，打开通路，占领了二湾。

肃清外围之后，纵队队部决定于 11 月 16 日向窑湾之敌发起总攻，令第 7 团从南门突破，配合兄弟部队围歼窑湾守敌。第 7 团令毛张苗所在的 3 营接替 1 营阵地，担任主攻任务。11 日拂晓，3 营接防完毕，并在头湾以南展开近迫作业。上午 10 时许，敌以两个营兵力向 3 营阵地猛扑，8 连因故被迫退至 7 连阵地，后在 7 连支援下夺回阵地。为此，团改令 1 营担任

不渝的忠诚
毛 张 苗 传

主攻任务。总攻开始后，1营指战员奋勇攻击，但因受地形限制，又因敌火力过猛，进展缓慢，未几，营长杜林中弹牺牲，部队仍未冲入。团又令2营接替主攻，2营一面以火力强攻，一面组织粤籍战士开展政治攻势（敌第63军为粤系部队）。12日晨2时，南门之敌停止抵抗，向我军投降。

13日，毛张苗率全排随第7团经3天急行军，到达徐州以南的赵家洼一带构筑工事，阻击邱清泉兵团东援，并奉命相机向敌人发起攻击。18日23时，在炮火的支援下向赵家洼附近的鼓山发起攻击，因敌火力过猛，攻击未成。后6连等兄弟连前来支援，6连全体指战员脱掉棉衣向山上猛冲，迅速占领主峰。

12月1日，毛张苗率全排在团政治处提出的"猛追、猛打、猛插""包围敌人就是胜利""要立功不要怕疲劳"等口号的鼓舞下，与兄弟部队一起，沿肖永公路，向逃跑的杜聿明集团残敌进行追击。

12月15日，随着黄维兵团被歼，淮海战役第二阶段战斗结束。部队进至王石楼以北地区进行休整并补充兵源，准备围歼杜聿明集团。

在休整期间，天降大雪，但毛张苗遵照团部部署，将全排拉到野外进行以爆破、小组动作为主要内容的雪地练兵，受到连部表扬；同时，对刚补充入列的解放军战士进行政治教育，提高他们的政治觉悟；又按团、营、连的部署，在排里开展了以诉苦为主的"两个阶级、两种军队、两种前途"的教育。全排干部、战士和刚补充入排的解放军战士通过诉苦追穷根、找出路，尤其是观看了部队文工团演出的话剧《白毛女》之后，大家进一步提高了阶级觉悟和革命斗志。

1949年1月6日，向杜聿明集团发起的最后总攻于晚9时打响。9日，华野1纵第6、7、8团，向敌固守的朱小庄实施强攻。至下午4时30分，朱小庄全部为我军所占，从朱小庄溃退的敌第45师被迫退守罗河堤、丁枣园村一线。

敌新5军是蒋介石剩下的最后一支王牌军,其下属的第45师也是我军的老对手。9日晚,毛张苗所在的第7团与兄弟部队一起直逼丁枣园村前50米处,向敌发起猛烈攻击,双方多次展开白刃战。但对方装备精良,清一色美械装备,地面有坦克开路、炮火支援,空中又有飞机配合,构成一道立体火力网;且其军官当中,又多是国民党党徒骨干、死硬分子,几次被击退后,便穷凶极恶地使用毒瓦斯和火焰喷射器,敌机也赶来进行疯狂扫射。这时,毛张苗已在火线中被团部提拔为8连副连长,他带领战士们在毒气和烈焰中艰难鏖战。他们用湿毛巾掩住口鼻,淌着泪水,打退了敌人一次又一次疯狂进攻。

最终,在我方强大的军事打击和政治攻势下,突围无望的第45师被迫于1月10日凌晨1时左右派其政训主任前来第7团接洽投降。第7团政委徐放一面向师政委邱相田报告,一面派宣传股股长金乃坚只身进入敌营与第45师进行谈判。凌晨3时50分左右,敌第45师3000余人在师长崔贤文、副师长吴铁志的率领下向我方投降。至此,蒋介石用来打内战的最后一支王牌军被我军彻底消灭。

1949年1月10日13时,杜聿明集团被我军全歼,伟大的淮海战役胜利结束。战后,毛张苗在他撰写的《历史思想自传》中,对自己在淮海战役中的表现做过如下评价:

> 在淮海战役后阶段,歼灭第五军45师的战斗中,表现决心比较强,那时自己在指挥上也比较老练了。本排进攻河堤中,虽然伤亡较大,连自己只剩下4个人,还坚持着攻击。后来上级命令变换了进攻方向……战斗下来,全团排以上干部总结时,曾受到表扬。

战上海

1949年2月22日,毛张苗所在的华野1纵第3师第7团被改编为中国人民解放军第9兵团第20军60师178团,而他的许多战友和老乡如毛杏表等以及后来同为志愿军"一级战斗英雄"的沈树根等,另被编入第179团中。

3月15日,已担任第178团3营8连副连长的毛张苗随第178团部队自安徽宿县南下,经13天长途行军,到达江苏省宝应县万家火一带集结。随后,他们便投入紧张的强渡长江的作战训练。4月15日,团部在驻地召开党员大会,进行渡江战役动员,然后便举行全团渡江誓师大会。大会结束后,全团就奉命南下,于4月16日到达长江北岸集结位置。

4月21日,人民解放军遵照毛主席、朱总司令发布的"坚决、彻底、干净地消灭全国境内一切敢于抵抗的国民党反动派,打过长江去,解放全中国"的命令,发起了渡江战役。第178团与师炮兵营组成一个加强团,为60师的第一梯队。

4月22日凌晨2时,毛张苗所在的8连登上木帆船,与兄弟部队一起,冒着敌人猛烈的炮火,用木板、小铁锹和手奋力地朝对岸划去,经20分钟航行,于22日2时20分,在杨中五潎镇江边胜利登陆,然后向油坊桥、老郎街挺进。在追击路上,毛张苗见7连战士押着100多名俘虏走过来,便羡慕地问该连一名干部:"喂,老兄,别吃独食啊,也给我们连留一点。"

不料那干部说:"什么留一点?我们自己也不够,要吃自己找去。"

毛张苗还要再问,那干部头也不回,扬长而去,气得毛张苗在他背后啐了一口,大声说:"有什么了不起,老子也抓一批给你们看看!"说完,向8连战士们挥了一下手,大声喊:"快追啊,到前面抓俘虏去!"

上午 11 时 50 分,毛张苗所在的 3 营在大圩港遇大批溃退之敌,即发起攻击,仅 8 连就当场俘获 200 余人及缴获大量武器弹药,并控制了大圩港口。至此,杨中已全部解放。

4 月 23 日,毛张苗所在 8 连随第 178 团在思议港、大圩港渡过夹江后,开始进入江南作战。24 日,全团越过京沪线的陵口镇和吕城镇,闻敌第 57 军已沿金(坛)溧(阳)公路南逃,便昼夜兼程,冒雨追敌,至 25 日追至罗村坝时,逃敌已被兄弟部队围歼。28 日,第 178 团到达江苏溧阳县的戴埠镇后,奉命作短期休整。在戴埠期间,毛张苗和战友们接受了进入城市的政策教育。5 月 3 日,第 178 团从戴埠出发,沿太湖向东,经浙江长兴县、吴兴县,于 7 日到达吴兴县南浔镇东南的李家桥一带休整待命。

5 月 13 日,向上海进军的命令下达后,第 178 团即离开南浔,经嘉兴县沿沪杭铁路前进,16 日抵达上海远郊莘庄镇一带。随后,毛张苗所在的 8 连便投入了紧张的爆破钢筋水泥碉堡、破坏电网和投扔炸药包的突击训练中。

5 月 22 日,解放上海的战斗打响,第 178 团奉命向浦东攻击前进。23 日,因守敌第 37 军退入市区,第 178 团便奉命越过苏州河向七圩面粉厂、四行仓库及北站铁路管理局发起攻击。

5 月 24 日上午 10 时,8 连随第 178 团从南京路出发,进至浙江北路路口时,为盘踞在高楼上的敌火力所阻。团首长即命 2 营向安庆路攻击前进,行至康乐路口时,接附近居民报告,在绍兴旅沪同乡会有敌驻守,随即向该处守敌发起了猛烈攻击,最后,迫使敌交警总队的 100 余人缴枪投降。

同日下午,毛张苗在 3 营营长胡铁峰、教导员蔡大勋的率领下,与 2 营一起由康乐路北上,直逼上海铁路局,趁敌慌乱之际,一举突入,俘敌青年军第 204 师一个营。就在毛张苗他们在市区逐街逐巷肃清残敌时,同日黄昏，正攻至四川北路的 2 营，遭驻守在凯福饭店的敌人猛烈扫射，2 营遂将饭店团团包围。第 178 团团长黄河清一面命 2 营作好进攻准备，一面用附近的民用电话命令敌人放下武器：

"上海已经全部解放，你们的警备司令刘昌义已经在北部放下了武器，你们再顽抗下去是没有出路的。"

此时，天已破晓，黄浦江上的晨雾已经消散，据守在凯福饭店的敌第 37 军残部自知顽抗无望，终于在窗口挂出一面白旗，上海之战最后的枪声在这里停息。

5 月 27 日，上海宣告解放。

遣弟回家奔父丧

从 1943 年初误入国民党奉化县大队，到该年 8 月毛张苗离家参加抗日武装"林大队"，又到 1945 年 10 月离开浙东北撤到山东，转眼之间 6 年多过去了。在这 6 年间，毛张苗不断随部队南征北战，离家乡愈来愈远，不仅没能回过一次家，甚至为了家人免遭日伪和国民党反动政府的迫害，他几乎没有给家里写过什么信，而现在，他回来了。

当年那个身材瘦小的 17 岁少年，如今已是 24 岁的大高个子青年，而当年那个稚气未脱的少年兵，如今已是身经百战的人民解放军第 20 军 60 师 178 团 3 营 8 连的副连长。

尽管身上还散发着浓浓的硝烟味，脸上还沾着厚厚的征尘，尽管担任上海警备和社会治安的任务十分繁重……但毛张苗还是禁不住想家了。是啊，6 年没有音信啊，也不知老父亲怎样了，家里的小妹和小弟又怎样了，他们是否还住在石门村？是否……而所有这一切，毛张苗无从知晓，其他从石门村出来的战友也和他一样——什么都不知道。

弟弟毛张林的思家之情，肯定比哥哥毛张苗要强烈得多，这主要还是因为他年纪小，对家庭的依恋更加深些。但是，这毕竟只是个人私事，而部队现在所面临的是，上海刚刚解放，执勤和警备任务十分繁重，哪有工夫去考虑回家探亲的事情？他甚至连上海的一些亲戚都没时间去看望。再说，在第60师当中，甚至在第20军当中，像毛张苗、毛张林这样，自参军后从未回过家的干部和战士多了去了，如果都想回去探亲，都想请假去上海走亲访友，那么，大上海谁来保卫？敌特的破坏、袭扰又怎么办？

所幸的是，毛张苗的家乡奉化溪口，已于1949年5月25日被兄弟部队解放了。

于是，毛张苗抱着试试看的心情，给父亲寄去了书信。很快就有了回音，信是父亲毛夏水托人代写的，信虽不长，但毛夏水面对6年多生死不明的两个儿子的突然来信，所流露出来的欣喜之情却跃然纸上。真是家书抵万金啊！毛张苗捧着父亲的来信，从头至尾读了一遍又一遍，希望从这封短信的字里行间了解到关于父亲、弟、妹和家乡更多的信息。父亲在信中告诉毛张苗，小妹毛英也在上海了，在一家服装厂做工，具体信息他还不知道，末了他问毛张苗，现在家乡也解放了，兄弟俩何时能回去看看他。

对于回家探亲的事，毛张苗不是没想过，但他却无法回答老父亲，因为他实在走不了。1949年7月下旬，毛张苗所在的第20军奉命解除警备上海的任务后，就进驻上海近郊的罗店地区进行水上练兵，以随时准备受领关于台湾的任务。从8月10日开始，部队在开展紧张训练的同时，又进行"永远是个战斗队"的教育。毛张苗虽只是一个乡村小学毕业生，但在当时的部队里，已堪称"有文化的干部"了。因此，在连队官兵学习《七届二中全会决议》《目前形势与任务》《党性修养》等重要文件时，总是先由他来朗读并讲解,然后再在班排开展学习和讨论。

有一天,毛张苗正在一个排里参加学习讨论,连部的通信员跑来叫他,说指导员找他有事。到了连部,指导员毛晓峰给他倒了一杯水,坐下后,神情严肃地说:"副连长,有一件事我要告诉你,你要有思想准备。"

毛张苗心里"咯噔"一下,说:"什么事?"

"你的老父亲去世了。"毛晓峰难过地说。

"我父亲?"毛张苗"呼"地一下站起来。

"是的,"毛晓峰说,"刚才团部来电告诉的。你家乡来人了,因为他们不知道你在哪里,就到处打听,后来好不容易才找到了团部。"

从指导员的叙述中,毛张苗才了解了父亲去世的大致情况,原来他的老家奉化县,是1949年5月25日被人民解放军第61师解放的。在奉化党组织和人民政府建立后,为慰问当地的驻军,奉化县委和县政府在县城设宴招待驻军首长,还邀请了部分军烈属参加。当时,毛夏水刚被解放军从奉化大牢里解救出来。当他们了解到眼前这位遍体鳞伤、身子孱弱的老人有两个儿子也是解放军时,对他表示了由衷的敬意。于是,驻军首长邀请毛夏水老人也一起来参加宴席。但此时,毛夏水的身子还很弱,或许是心情太激动,或许是多次的牢狱之灾折磨摧垮了老人家的身体,又或许是多饮了几杯酒,总之,当毛夏水兴致勃勃、满面红光地赴宴回家后,第二天就再也没有醒过来。

"你也不要太难过,老人家为革命坐过牢,他是好样的!"毛晓峰安慰毛张苗,"你打算怎么办,副连长?"

"怎么办?"毛张苗抹去眼角的泪水说,"现在训练和学习任务这么重,说不定马上就要上战场,我怎么走得了?"

毛晓峰一边轻轻点着头,一边皱着眉头不出声。末了,他说了句:"这的确是个问题,但父亲去世也是大事,总得见上最后一面吧,再说你们已有多年没见了。"

"快7年了。"毛张苗红着眼睛说。

"是啊,7年不见了,去世了总得去看一眼。不行,这事我得找营长。"毛晓峰说毕就提起了电话,"接营部。对,找营长。"

3营营长胡铁峰,江苏人,1941年5月随淞沪支队来到浙东三北,在毛张苗从敌营逃出来投奔"林大队"时,他已是一名连级干部了。当毛晓峰把毛张苗父亲去世的事与胡铁峰一说,胡铁峰在电话那头说:"父亲去世,理应回去。"

毛晓峰说:"副连长说现在水上训练紧张,很多北方兵还不识水,他不能回去。"

胡铁峰突然想起一个人,说:"他不是还有个弟弟吗?毛张林,在团部骑兵侦察排当排长。"

毛晓峰一听,拍了一下大腿说:"对啊,我认识。"

胡铁峰说:"那就叫他回去,代表哥哥毛张苗去处理父亲的丧事。"

毛晓峰一听就高兴起来,说:"那就这么定。"谁知刚要挂电话,他又想起一件事来,对营长说:"不行啊,营长,现在上海到奉化不通汽车啊,你叫他怎么回去?"

胡铁峰一听,也想了起来,不断在电话那头嘟囔:"对啊,对啊,那怎么办?怎么办?"说完便沉默起来,过了一会儿在电话那头说:"对了,他们骑兵侦察排不是有马吗?实在不行,就骑马回去。"

毛晓峰一听顿时高兴起来,说:"还是营长想得周到。那我马上向团里汇报一下情况,这事还是由我请示比较妥当。"

于是,毛晓峰当即打电话向团里请示,团首长立即就批准了。同时要求毛张林在处理完父亲丧事后速回,并注意安全。

挂断电话,毛晓峰对毛张苗说:"副连长,你都听到了吧?营、团首长对你的事都很关心,马上把毛张林叫来,准备一下,立刻就走。"

听到大哥召唤,毛张林很快来到了哥哥的连部,毛张苗与毛张林是在部队渡江前从 2 营分开的,但还在一个团。毛张苗把情况与毛张林一说,毛张林当场就流下了眼泪,说了句:"我前几天还梦见爸了。"

当下,兄弟俩便匆匆准备了一下,毛张林回到骑兵侦察排,挑了一匹高大的枣红马,又利用军用地图确定了回家的路线,便跨上战马,不分昼夜一路飞奔,赶到了奉化县溪口镇石门村。此时,毛夏水的遗体虽已入殓,但还未下葬,按奉化当地习俗,必须要等大儿子毛张苗和二儿子毛张林到了之后才能下葬。现在回来奔丧的虽然只有毛张林,但这事在当地引起的轰动却是巨大的,因为毛夏水这两个离家多年音信全无的儿子,原来都还活着,而且都成了中国人民解放军军官。这事一传十十传百,一时之间,成了四邻八乡的热门话题。

毛张林回到老家石门村之后,发现家乡虽然刚刚解放,但乡村的面貌却有了不少变化。他真想在老家多待几天,多看看,回部队后好把家乡的变化告诉大哥,但因为假期有限,部队又在紧张地进行水上训练,他必须立即返回部队。于是,在当地政府和乡亲们的热情帮助下,毛张林将父亲与母亲合葬在一处,然后,在父母的坟前磕了三个头,又替不能回家尽孝的大哥拜了三拜,哽咽说:"爸、妈,等国家全部解放了,我再与大哥回来看你们。这次,我把小弟也带走了。"原来,毛张林回家时,大哥毛张苗曾关照过,父母都不在了,小妹在上海,他不放心 15 岁的小弟独自留在家里,干脆把小弟也带到部队去。就这样,临行那天,毛张林与毛张银一同跨上战马,兄弟俩就此离开石门村,一路疾行,数日后就回到了上海。到了部队,兄弟相见,不免一番唏嘘。

不久,毛张苗通过登报寻人的办法,找到了在服装厂做工的妹妹毛英。这时,上海有很多青年在踊跃参军,毛张苗也希望妹妹毛英和小弟毛张银加入人民解放军，毛英和毛张银也十分乐意。于是，经部队首长特批，同意毛英在部队的后勤部门工作，同意15岁的毛张银在第178团2营任通信员。至此，兄妹四人全都加入了中国人民解放军。此后，毛张银就一直跟随大哥毛张苗、二哥毛张林，一起参加抗美援朝，一起回国，又一起参加解放一江山岛的战役。而毛英，也在部队的后勤战线上，作出了应有的成绩。

1951年，当毛张苗在朝鲜前线荣获志愿军"一级战斗英雄"称号的消息传到家乡后，奉化县人民政府专门为他们家颁发了一块刻有"国家柱石"四个大字的匾额，这块堪称殊荣的匾额现在还完好地挂在石门村毛张苗老家大门的门楣上，成为这个家庭为民族的解放事业忠诚不渝、建功立业的历史见证和最好纪念。

不渝的忠诚
毛 张 苗 传

▲ 1950年，上海解放后，毛张苗（第一排左二）和战友们一起合影留念

抗美援朝 出国作战

一路向北

中国人民解放军第 20 军 60 师 178 团 3 营 8 连连长毛张苗刚一上任,部队就有大动作了。

毛张苗是在 1950 年 3 月被提拔为 8 连连长的。当时还是副连长的毛张苗,正和 8 连的战士们在崇明岛海边进行水上作战训练。有一天,团长王荣桂到该连检查工作,见 8 连的训练井然有序,战士们的水上作战技能提升明显,回去后便对团政委徐放说:"看来这毛张苗抓海训是有一套的。"

团政委徐放笑着说:"毛张苗不仅抓训练有一套,打仗也很有一套,他不是和你一起从曹家集突围出来的吗?"

"是啊,"王荣桂点点头,"他也是 40 多个突围出来的人之一,打仗很勇敢。现在,该给他压点担子了。"

"我同意。"徐放说。

数天后,团部下达了命令,提升毛张苗为 8 连的连长。

正当新官上任的毛张苗率领 8 连干部和战士在崇明岛海边如火如荼地开展以破坏敌滩头防御工事为主要内容的训练时,朝鲜的形势发生了突变。6 月 25 日,第二次世界大战后最大规模的国际局部战争——朝鲜战争,在三八线两侧爆发。

9 月中旬,正在崇明岛五滧镇、向化镇、七滧镇、协隆镇一带警备并进行水上训练的第 60 师 178 团,突然接到解除攻台训练任务、火速开赴山东兖州地区集结待命的命令。

10月7日,毛张苗率8连随第178团大部队,从江苏省黄渡火车站登上"闷罐子"军列,一路向北,经江苏的南京、安徽的蚌埠等大站,于14日到达山东邹县。第178团驻扎于铁路一侧,其他兄弟部队驻扎于铁路的另一侧,第60师师部位于邹县城内。

部队驻扎下来后,便开始补充兵源,一部分是国民党四川起义士兵,一部分是山东地方武装。毛张苗所在的第178团编为3个步兵营,每个营有3个步兵连、1个机炮连,另有团直属侦察连、警卫连、运输连、卫生队、工兵排,总兵力2598人,可谓兵强马壮。

在陆续补充兵源的同时,部队也开始了紧张的军事训练。对于部队为何要拉到山东邹县补充兵源和搞训练,很多战士一头雾水,包括毛张苗这样的基层指挥员也蒙在鼓里。第20军的大部分官兵在山东打过仗,有不少干部和战士还在此负过伤。当然,立过战功、授过奖的也很多。可那时山东还没解放,他们来山东打仗理所当然。现在山东解放了,国民党军早已被尽数消灭,这里已是"解放区的天是明朗的天",还把大部队拉到这里干什么?

因为不理解,各种各样的猜测便层出不穷。有人猜测他们这次来山东一定是搞生产,因为山东幅员辽阔,地多人少,经过多年征战,百废待兴,尤其是劳动力稀缺,现在解放了,急需把农业生产搞上去。可有人却表示反对,说既然是搞生产,那扩充这么多兵员、发这么多武器干什么?他们来山东,分明是在为解放台湾做准备。但此论点一出,当即遭到大伙的嘲笑和否定。因为台湾在南方,他们这是往北走。当然,这些议论都是私底下传的,如果被首长们听到,他们免不了要挨一顿训:"别瞎议论,自由主义。"

10月的一天,正在训练场上训练新兵的毛张苗被召到了团部。推开团部的门,只见团长王荣桂和团政委徐放已在等他。毛张苗向两位首长敬了礼,正要问首长有什么指示,徐放便示意毛张苗坐下,神色严肃地问:"毛张苗,你现在还想去5连吗?"

徐放问得有些突兀,毛张苗一时没弄明白徐政委说这话的意思,但他很快就反应过来,连忙站起来说:"报告首长,是否要调我去5连?"

王荣桂一听,便哈哈大笑起来,徐放却还是一本正经,说:"是的,5连从9团编入178团后,一直是我们团的主力连队。现在部队可能有大的作战行动,眼下5连缺少一个强有力的连长,这个人既要会带兵,又要会训练,更要会打仗。经团党委再三研究,决定调你去5连担任连长。"

毛张苗一听,真有些不敢相信自己的耳朵,从参加革命的第一天起,毛张苗就在5连连队里成长、入党并成为一名带兵的班长,他对这支部队的感情是难以用语言表达的。但在涟水整编时,他离开了5连,离开了朝夕相处的战友们和老乡们,至今已有5个年头了,可以说,他无时无刻不在梦想着回到5连去。现在,他的愿望终于要实现了。

"毛张苗,我们知道你对5连有感情,所以,团党委希望你到了5连后,把连队的各项工作抓起来,尤其是训练。"团长王荣桂神色严肃地走到毛张苗跟前,压低声音说,"部队可能马上要打仗了。你到5连以后,要尽快做好一切作战的准备,明白吗?"

"是!"毛张苗站起来说,"我坚决完成任务,把5连的各项战备工作抓起来。"

消息终于来了,不过不是关于他们来山东干什么的消息,而是部队继续向北开进到吉林梅河口地区集结待命的命令。

11月4日零时,毛张苗率5连在夜色中与第60师其他部队一起,从邹县车站登上军列,向北开拔。与他们同时向北开拔的还有第20军的58、59、89师(原属第30军,1950年1月拨归第20军)及军直属队等部队。

登上"闷罐子"军列,毛张苗发现除了5连,2营4连也在车上。"老兄,怎么又往北走啊，有什么消息吗？"一上车，毛张苗就用胳膊肘碰了碰4连连长的腰，"就不能透露点？"

4连连长看了毛张苗一眼，朝车厢的一角努努嘴："透露什么？你去问他。"透过车厢顶端昏黄的灯光，毛张苗看到营教导员杨家骏也在车厢里。

果然，军列一启动，杨家骏就从车厢一角站起来，说："同志们，我来宣布一个命令，奉中央军委和毛主席的命令，我们第20军全军将与其他兄弟部队一起，开赴朝鲜前线，参加抗美援朝、出国作战。"

杨家骏此话一出，除了从车底传来的"隆隆隆隆"的轰鸣声，整个车厢内鸦雀无声。过了好一会儿，才听到有人轻轻地嘀咕：

"什么？朝鲜？朝鲜在哪儿？"

"连朝鲜在哪儿也不知道！北边。"

"乖乖，出国作战，那老子可以出国了？"

"美国佬长啥样啊，谁见过？"

"没见过。"

"鬼样。"

"哈哈哈——"

毛张苗站起来大声说："大家别嚷嚷，听教导员讲话。"

杨家骏说："是，我们这次就要去朝鲜作战，因为美国鬼子侵略了朝鲜，还轰炸了我们的东北，炸死了我们很多同胞，还炸毁了很多工厂和民房，他们甚至把第七舰队开进了我们的台湾海峡，那个麦克阿瑟说'鸭绿江并不是中朝两国截然划分的不可逾越的障碍'，你们说，我们该怎么办？"

"打！"

车厢内爆发出一阵怒吼。

"打他个美国佬！"

"对，只有把美国佬打趴下，把他们赶出朝鲜去，朝鲜人民才能免遭侵略,才能建设自己的国家,我们国家也会有一个安全的建设环境。就如周恩来总理说的'中国人民决不能容忍外国侵略,也不能听任帝国主义对自己的邻邦肆行侵略而置之不理'。"[1]

杨家骏的话音刚落,有个大个子战士站起来大声说:"首长,请报告毛主席,我们已准备好了,只要毛主席一声令下,我保证第一个就冲上去。"

"我也保证。"旁边有个小战士也举起拳头说。

"我也保证。"

"保证。"

顿时,整个车厢里的干部和战士都举起了拳头,喊出了那两个铿锵有力的字——"保证!"

望着面前这些举着拳头、群情激昂的年轻战士,杨家骏的眼眶湿润了。这是一群多么忠诚、多么可爱的战士啊!他们中的许多人没有去过朝鲜,有些人甚至连朝鲜的名字也未听说过,现在,他们就要去这个陌生的国家与美国佬打仗了。他们可能会牺牲在朝鲜,回不到自己的祖国,但他们乐意这样做,因为这是党中央和毛主席发出的命令。党中央和毛主席指向哪里,他们一定会打向哪里。

军列在浓重的夜色中,呼啸着向前狂奔。在与教导员的交谈中,毛张苗约略知道了此次党中央和毛主席作出抗美援朝、出国作战决定的背景。原来早在1950年6月25日,朝鲜战争就已经爆发。随后,美帝国主义就悍然发动了对朝鲜民主主义人民共和国的侵略战争,同时,命令其海军第七舰队侵入台湾海峡,严重威胁到中国领土安全。正是在这关系中朝两国安危、亚洲与世界和平的危急时刻,党中央和毛主席作出了抗美援朝、出国作战的决定。

---

[1] 原句出自《中国人民解放军第20军60师178团团史》第66页。

"其实我们军长（第20军军长张翼翔）在9月7日就到上海参加准备入朝作战的会议了。"杨家骏说。

"这么早？"毛张苗递给杨家骏一支烟，轻声问。

"是啊，"杨家骏深吸了一口烟后说，"这说明党中央和毛主席的预见英明啊。"

毛张苗又问："那为何不直接把部队拉到朝鲜去，干吗还要在兖州待这么长时间？"

杨家骏一听就笑了，说："亏你还是个连长，打仗有这么简单吗？再说我们这次是去朝鲜打仗，朝鲜的战场环境我们一点儿也不知道，而我们的对手又是美国佬。他们可不是国民党军队，也不是日本佬，而是在第二次世界大战中横扫欧洲的王牌军。我们这样的武器、这样的装备，要与这样的敌人作战，不做好充分的准备怎么行？"

"装备是差了点。"毛张苗望了望车厢里战士们手中的那些武器，除了从国民党手中缴获的美式卡宾枪和从日军手中缴获的歪把子机枪、三八式步枪还算过得去，有不少战士使用的还是中正式甚至汉阳造步枪。

"听说这次还要在梅河口地区整训一段时间，主要是补充武器装备和冬装。"杨家骏说。

说起冬装，毛张苗不由自主地摸了摸身上在南方刚配发的薄棉衣，说："是啊，越往北走，就感到越冷，哈口气都是白的，这鬼天气。"

这是1950年11月4日的晚上，在驶向吉林梅河口集结整训地的一趟军列上，中国人民解放军第20军60师178团2营教导员杨家骏和5连连长毛张苗围绕朝鲜战局，所作的种种分析和探讨。作为基层指挥员，杨家骏和毛张苗当然不可能知道上级的具体作战部署及意图，也不可能知道我军入朝后的第一次战役于10月25日就已经打响。在温井，我军首战告捷，大获全胜——但是，作为两位身经百战、对战争嗅觉灵敏的老兵，他们清楚党中央和毛主席把他们这支负有攻台任务的南方部队仓促调往中朝边境,就说明朝鲜战争的形势已十分危急了。

应该说,杨家骏和毛张苗对朝鲜战争形势的分析是有一定道理的,而后来的真实情形是,朝鲜战争的形势远比他们分析的要严峻得多。

11月6日,形势果然突变。据可靠情报:以美国为首的"联合国军"司令麦克阿瑟计划令第187团空降朝鲜江界,以提前封口,占领朝鲜全境。如果麦克阿瑟的计划得逞,那就意味着中国人民志愿军的入朝通道将全部被封死,朝鲜战局将彻底逆转。为此,中央军委和毛主席急电由第20、26、27军组成的第9兵团火速从辑安、临江等地入朝,以挽危局。但此时第9兵团的大部队还在路上,而担任前卫的第9兵团第27军已开向安东,一时来不及调转。为此,第9兵团只好决定原本担任后卫的第20军由后卫改为前卫,向辑安、临江方向疾进。

军令如山,刻不容缓。此时,原定在梅河口整训换装的计划已无法实现,之后,部队只能在军列沿途停靠时,陆续得到少量的冬服补给,而这对于有5万多人马的第20军来说,简直就是杯水车薪。

11月10日,经过多日的疾进,搭载第20军60师万余人马的军列终于在中朝边境鸭绿江边一个叫辑安的小站停下,此前的11月7日,第20军59师已从辑安车运过江,到达朝鲜江界。那时的江界虽然遭到美军飞机的轰炸,断壁残垣,但中心位置的古老建筑镇江楼还完好地屹立着。

同日,因辑安鸭绿江铁路大桥朝鲜一侧的桥梁刚被美机炸断,第20军58师只好从辑安段的鸭绿江中架浮桥步行过江。待他们行军到江界时,那幢上午还完好屹立着的镇江楼,便被敌机投下的凝固汽油弹击中,在大火中熊熊燃烧。

11月11日拂晓,第20军的后卫第60师和军直也从被炸断的鸭绿江铁路大桥下的浮桥上步行过江。在过江前,因为筹集的寒带棉装备来不及运到，有少数将士只领到了一顶棉帽、一件棉衣或一条棉裤，他们甚至不知道，这些还带着体温的不成套的棉装都是从东北军区机关干部和战士身上脱下来的。毛张苗也领到了一件棉衣，但他没有穿，而是给一个还穿着单衣的新战士穿了。

毛张苗在跨上浮桥前下意识地停顿了一下，发现许多干部和战士都在转身回望，有的还舀起冰冷的鸭绿江水喝了一口。是啊，就要离开祖国，离开自己的亲人了，不知道这一去，何时才能回来，甚至还能不能回来？这么一想，队伍中顿时弥漫着一种凝重而又悲壮的气氛。受这种气氛感染的毛张苗这时也禁不住转过身来，看见二弟毛张林和小弟毛张银正经过自己的身边，他们朝毛张苗挥了挥手，也没说话，就跟上大部队走了。

此时此刻，黎明前的辑安小镇还在沉睡中，四下一片寂静，只有漫天飞雪发出的呼啸声在鸭绿江上空回荡着。

初战长津湖

在茫茫雪野中经过4天急行军，第20军于1950年11月15日，到达了狼林山脉的长津湖地区。

长津湖是朝鲜北部最大的湖泊。发源于黄草岭一带崇山峻岭中的长津江，向北流淌，在柳潭里和长津郡所在地下碣隅里之间形成长津湖，再向北流，注入鸭绿江，成为鸭绿江上游最大的一条支流。在它的东面，有朝鲜北部另一个大湖：赴战湖。赴战湖向北流淌为赴战江，是长津江最大的支流。长津湖与赴战湖之间相距约30千米，构成长津地区。这河谷地带又夹在两条重峦叠嶂的山脉之间，西面是狼林山脉，东面是赴战林山脉。

狼林山脉长津地区是朝鲜北部最为苦寒的山区,此地海拔在1000米至2000米之间,林木茂密,道路狭小,村镇稀少,人烟寥落。每年冬季,来自西伯利亚的寒流顺着两条山脉之间的谷地,向南直抵咸兴附近的日本海,最低气温可达零下40摄氏度。

志愿军第20军的兵员大多为南方籍,尤其是来自浙东地区的第60师,从未有过在高寒地域生活经验及作战经历,也从未接受过防冻防寒方面的知识教育与训练,加上仓促入朝,除部分官兵在通化补充了一些北方棉装外,大部分人此刻还穿着在南方配发的单薄棉衣,头戴大檐帽,脚穿帆布胶底鞋。面对零下40摄氏度的严寒酷冻,他们没有棉帽,没有棉手套,没有棉鞋,甚至没有粮食、地图和向导……

就这样,这支秘密入朝且缺衣少粮的中国人民志愿军部队,在这一天悄无声息地在冰天雪地中潜伏了下来。他们要在这里迎击从东、西两线同时向北推进、企图在江界会师后一举占领全朝鲜的美军和李伪军,坚决粉碎"联合国军"总司令麦克阿瑟吹嘘的"可在圣诞节前结束这场战争"的狂言。

1950年11月27日夜12时,随着3发红色信号弹腾空而起,抗美援朝第二次战役的东线战役由此打响。第二次战役包括东、西两个作战方向:一是由志愿军6个军负责西线方向,实施主要突击;二是由志愿军第9兵团负责东线方向。第9兵团的作战部署是:以所属第27军正面攻击柳潭里、新兴里之敌;以第20军迂回美海军陆战第1师侧后,将其分割,以便逐个歼灭;以第26军为预备队,部署在北面。

具体落实到第20军各师的任务是:以第59师割裂柳潭里之敌与下碣隅里之敌的联系,第58师包围攻击下碣隅里之敌,第89师包围社仓里之敌,第60师割裂下碣隅里与古土里之敌的联系,并相机攻取古土里。

而东线方向最大的目标是:歼灭美军海军陆战第1师。但美国政府和

"联合国军"却并不把中国军队放在眼里,他们认为共和国刚刚成立,国力很弱,不可能大规模出兵支援朝鲜,此前入朝的兵力五六万人,其目的也只是保护边境安全和鸭绿江水电站。故此,仍继续向东、西两线增加兵力,快速向北推进。尤其是东线的美军,与趾高气扬、骄横莽撞的美第10军军长阿尔蒙德不同,在老成持重的指挥官师长奥利弗·史密斯的指挥下,全副重型装备的美海军陆战第1师自咸兴小心翼翼地越过黄草岭后,就步步为营地缓缓逼近,企图从侧后给中朝军队致命一击,以实现东、西线美军会师于中朝边界的江界,进而占领全朝鲜的计划。

然而,尽管小心谨慎,但美海军陆战1师还是没能想到,正当他们穿着暖和的鸭绒衣,坐在汽车和坦克上以一字长蛇阵的队形大摇大摆向北挺进时,中国人民志愿军第9兵团的斩蛇行动开始了。

这一天晚上,东线战场上大雪纷飞,第60师在师长彭飞的率领下,进入古土里以北地区。古土里为美陆战第1师所构筑的前进基地之一,筑有简易机场和环形防御工事,北距下碣隅里18千米,南距真兴里16千米,距兴南港70余千米。

战斗打响后,毛张苗率5连随2营迅速攻占古土里东北角的小民太里及化被里,并于拂晓前进入1355.7高地,2营4连则占据1236.5高地。1355.7高地是一道由北向南起伏延伸的山脊,长约700米,由4个高低不等的山头连接而成。在5连阵地的南面,是一段长约500米的起伏山脊,它略低于5连的阵地,但与5连的阵地相连接,是由2营4连扼守的1236.5高地。在5连阵地的后方,则为第178团的主阵地1714高地,由第178团预备队1营据守。从5连和4连扼守的两处高地向下望,约300米处的山脚下,就是连通着古土里至下碣隅里的那一段绵延弯曲的长隘路,再往前,就是早已封冻的长津江了。

此刻的1355.7高地上,四面朔风呼啸,鹅毛般的大雪在风中狂舞着,山林间的所有植物都已覆上了厚厚的积雪。一眼望去,无边无际的树林,在风雪中不堪重负地摇曳着、颤抖着、呜咽着。

进入阵地后,毛张苗就要求5连的干部战士抓紧修筑工事。这是他在多年的战斗中积累的经验,部队每到一地,他总要先察看地形地貌,然后修筑工事。

但今天的工事可不好挖,厚厚的积雪和冰块,把地面冻得比石头还要硬。一个战士用铁锹在冻土上使劲地砸了几下后,锹刃当即就反卷过来,在冻土上留下了几个白印子。2排排长陈小牛见状,便从战士手中接过铁锹,狠狠地朝冻土上砸下去,只听"咔嚓"一声响,一把美国铁锹一折两断。

修筑工事要消耗大量的铁锹,而部队又拿不出那么多铁锹,有的战士手中那把一尺二寸长的铁锹已磨得只有一半了还舍不得丢掉,大家正在犯愁时,毛张苗过来了。见大家正坐在雪地上大口地喘气,脸色也都蜡黄蜡黄的,他皱起了眉头。2排排长陈小牛说:"这鬼地方,土冻得比石头还要硬,加上大家两天都没吃饭了,连长,实在挖不动了。"

毛张苗扫视了一下面前的几个战士,心中疼惜。是啊,在零下三四十度的山区中连续作战,不能睡、没有吃,即便他们都是年轻力壮的小伙子,也坚持不了多久啊。况且许多将士的手脚都已冻伤了,加上连日未进食,极度饥寒,生理承受能力已经达到了极限。但令毛张苗欣慰的是,即便这样,同志们都还在顽强地坚持着,不让自己倒下去。

毛张苗没有对排长刚才的话提出批评,他觉得陈小牛说的是实话,即便话中有一点情绪,也是正常的。面对如此恶劣的生存环境和战场环境,每个人都难免有情绪,包括他自己。

毛张苗走上前去,拿起雪地上的一把铁锹,正要找地方开挖。突然,他站住了,把手伸进自己的内衣口袋里,摸出一个煮熟的土豆来。这土豆是他前天领到的口粮,他吃了一个,留了一个,土豆有小拳头大,可能是焐在胸口的缘故,摸出来时还有点温热。毛张苗点了一下面前的人数,把土豆掰成10小块,每人分到拇指般大小的一份。陈小牛说:"连长,这是你的口粮,我们怎么能吃。"

毛张苗说:"什么你的我的,吃。"

一小块土豆被战士们送入自己口中,大家含在嘴里,舍不得咽下去。因为粮食运不上来,这是两天来战士们吃到的唯一食物,尽管只有拇指大的一小块,但它是连长从自己口中省下的。在粮食极度匮乏时,谁有吃的谁就有生存下去的希望。现在连长把生存的希望留给了大家,这使大家在感动之余,鼓起了克服一切艰难困苦来战胜敌人的信心和决心。

毛张苗这时已在一块冻土上开挖,边挖边对2排排长说:"小牛,军文工团演的一首挖工事的歌,你是否还记得?"

"记得啊,大家都会唱。"陈小牛说完便轻轻地哼了起来,"我有两件宝,一双手来一个镐,工事修得巧又牢,哪怕鬼子飞机、坦克和大炮。"

"对啊,"毛张苗说,"你们排在阵地的前沿,工事一定要修好。工事修好了,美国佬的什么飞机、坦克和大炮,都能对付了。不过今天的土是硬了点,可你得用巧劲。"说着便做起了示范,他先把冻土上面的冰雪刨掉,然后再刨去上面一层冻土,下面的泥土相对来说就松软一些了。毛张苗脑瓜子灵活,凡事爱动脑筋,对于这次在寒冻地带修筑工事,他的要求是既要能抵御敌人,又要能防寒防冻。为此,他要求战士们把防空洞口开在朝南的方向,这样既可避开北风将雪吹进洞口,又可在白天晒到太阳。同时,为解决有些战士没有棉被却需要在工事内休息时的防冻问题,他又亲自上山砍来树木,搭在防空洞上面,在增加防空隐蔽效果的同时,又解决了防空洞内保暖的难题。由此大大降低了连队冻伤减员的概率。在第二次战役的长津湖战役中,其他连队的冻伤率超过了百分之七十,而5连148名将士仅冻伤17人,冻伤率仅有百分之五。

工事差不多完成后,毛张苗见天快亮了,便带着干部们配置全连的武器和弹药。因高地距山脚约 300 米,超出了一般步枪和冲锋枪的有效射程,为此,营部特地给 5 连增配了两挺马克沁水冷重机枪,加上原有的两门 60 迫击炮和 12 挺轻机枪。这样居高临下,封锁山下的长隘路,应不成问题。

刚做好安排,营长陶妙根就带着通信员上来了。

"营长,北边打得很热闹啊。"见营长来了,毛张苗热情地迎上去,说,"我军 6 个师打美军陆战 1 师两个团,这下该包美国佬的饺子了吧?"

"你说得倒是轻巧。"陶妙根边看工事边说,"这美军陆战 1 师可不是国民党,也不是日本佬,他们还是有两把刷子的。"

"真有这么难打?我不相信。"

"还是要记住毛主席说的话:'在战略上要藐视敌人,在战术上要重视敌人',哎,怎么,你的手也痒了?"

毛张苗笑着说:"早就想揍这些美国佬了。"

看了 5 连挖的工事后,陶妙根表示很满意,说:"还是你老毛有办法,以后各连的工事就要像你们这样挖。"说完他问毛张苗:"前面你准备放几个排?"

毛张苗说:"营长的意见呢?"

陶妙根说:"我意在前沿放两个步兵排和一个重机枪排,另一个排作预备队,你的意见呢?"

陶妙根营长是上海人,泥瓦匠出身,解放上海时他是第 178 团尖兵连连长,就是那个在"瓷器店里捉老鼠"的连长,是个很会打仗的军事干部,故此深受毛张苗的敬重。但对营长刚才的部署,他则有自己的看法,他说:"1355.7 高地地形狭窄,战斗回旋余地小,不利于 3 个排梯次展开,且这么多人挤在山头,极易暴露,成为敌机和敌炮火攻击的目标,所以我觉得一开始不宜过多用兵,之后可根据敌进攻态势,逐次增加兵力。"

陶妙根了解毛张苗是个直心肠的人,所以对他刚才的话并不在意。在以前的多次战斗中,毛张苗也有过类似与自己意见相左的时候,有时两人甚至还会"吵"起来。作为营长,虽然在面子上会下不来,但从内心来说,他是很注重毛张苗的意见的。他认为,在他所认识的基层干部中,毛张苗除了作战勇敢,还是一个擅动脑子且不唯命是从的基层指挥员。这一点,对一个军事指挥员来说,尤其难能可贵。

陶妙根听完毛张苗的话,没有急于表态,而是又去挖好的工事上转了一圈,发现1355.7高地的狭窄地形的确不宜放置过多的兵力,于是说:"那就按你的意见办,但武器配置要重些,敌人第一波的进攻可能是佯攻,你不要上当。"

"是!"

"你准备怎样配置火力?"陶妙根边走边问。

毛张苗说:"我与指导员研究了一下,准备把连里所有的轻、重机枪都放在两侧山头上,以对山坡前和公路上形成交叉火力,同时,山头之间也可相互进行火力支援。"

"60炮呢?"

"两门60迫击炮放在阵地中间,由我亲自掌握,以便左右照应……"

毛张苗正说着,营部通信员匆匆跑来向陶妙根报告:"首长,团部有电话找你。"

陶妙根对毛张苗说:"作战部署就按你说的执行,有情况立即向营部报告。"说完刚要走,又看了看手表,对毛张苗和指导员胡衡说:"离天亮还有一个小时,可抓紧时间叫战士们休息一下,恢复体力。"说完,他就急匆匆下山去了。

营长走后,毛张苗就把4个排长找来布置任务。因天亮前高地上特别寒冷,毛张苗就把大家叫进了2排长陈小牛他们挖的一个防空洞里,防空洞里暖和多了,班里几个战士都在拼铺睡觉。毛张苗弯腰进去后摸了摸被子,问班长:"怎么样?"

班长说:"连长,这办法好。"原来拼铺睡觉也是毛张苗想出来的办法,因为很多战士没有棉被,晚上只能和衣而睡,这样极易冻伤。他便提出把被子集中起来,晚上大家一起睡觉,这样不仅能互相取暖,还可多出几条被子。然后,毛张苗发挥早年做过裁缝的特长,把多出的棉被剪开后,做成了一批手套和棉袜。这就是5连冻伤率大大低于其他兄弟连队的主要原因。

布置完任务,天渐渐亮了。从防空洞钻出来,一抬头,即有一股刺骨的寒风扑在毛张苗瘦削的脸上,令人产生利刃剜削般的疼痛,他本能地用手撸了一下自己的脸颊,但脸上已没有任何感觉了。

借着黎明的初光和白雪的映照,毛张苗看到山下一片平坦的雪原上,有序地排列着一大片三角状物体。这是美英军的帐篷,很显然,美英军的后续援军已经进抵山下了。

毛张苗事后才知道,此时被我军第9兵团包围在下碣隅里的美海军陆战第1师已被斩成了4段:柳潭里到死鹰岭一段,下碣隅里一段,古土里至真兴里一段,而美第7师31团则被围困于新兴里。在中国人民志愿军的持续打击下,麦克阿瑟在11月28日连续4次下令飞机掩护美军步兵猛攻我军第59师的阵地。在所有进攻均遭失败后,他如梦初醒:圣诞节前结束朝鲜战争的美梦已经破灭了。于是,便动起了撤退的念头。

11月29日,美陆战第1师师长史密斯在突围无望的情况下,严令古土里之敌北援下碣隅里。毛张苗在1355.7高地上看到的敌人,就是奉史密斯之命,去为被围困的美军陆1师解围的。

突然,随着山下发出的两抹橘红色火光,高地上落下了两发榴弹炮,接着,又是好几炮,敌人似乎发现了高地上有志愿军部队。

在断断续续的炮击中,5架美军飞机开始在空中作侦察性盘旋,但好像并未发现什么,胡乱投下几发炸弹后就飞走了。

不渝的忠诚
毛 张 苗 传

上午8时许，古土里的敌人开始向北增援了。美军在20架飞机的掩护下，以40辆卡车载运步兵，两辆吉普车和8辆坦克为前导，从长隘公路开进至小民太里我军阵地前。这支约有一个陆战营兵力的美军属于美陆战1团，因为此前尚未受到过失败和打击，这股美军竟傲慢地大摇大摆地沿着公路开拔过来。然而令他们想不到的是，当他们的前导车辆进入5连阵地的射界时，山头上的马克沁水冷重机枪开始"嗒嗒嗒"地怒吼了。

首先被击中的是第一辆吉普车。那失控的吉普车就像一只受伤的野兽，歪着头乱窜着，然后一个急转弯，就侧翻在公路的中间。几个美国兵惊恐地叫喊着，从车中连滚带爬地逃出来，还没来得及捡起地上的枪，就被1355.7高地上的机枪给"报销"了。

"好，打得好！"正在主阵地上的毛张苗伏在壕沟里，一只手举着望远镜，一只拳头使劲地锤打着面前的雪堆，"炮，60炮，快开炮啊！你们在搞什么鬼？"按部署，在高地的轻、重机枪向敌人射击时，主阵地上的两门60迫击炮是要配合射击的，但不知为什么，这两门迫击炮却哑了。

"崔班长，你怎么搞的，为什么不开炮？"毛张苗厉声吼叫着，脖子上的青筋一鼓一鼓的，模样骇人。

但是60炮还是没将炮弹打出去，原来炮班碰到了一个大麻烦，炮弹竟然塞不进炮管了。他们也搞不清究竟是炮筒小了，还是炮弹大了。

还是指导员胡衡比较冷静，说："大家不要慌，可能是炮管热胀冷缩的缘故。"

"那就抓紧弄啊。"眼看敌人要从眼皮底下跑掉了，毛张苗的心里怎能不急啊。这时炮班班长崔登山想出了一个办法，既然炮管是因为热胀冷缩，那只要把它焙热就可以了。于是他迅速把两支炮管取下来，然后埋到被美军炮击时炸松的热土里，焙了一阵后再把炮管取出来，架好炮管后，瞄准山脚下的美军，将炮弹往炮筒里一塞，只听"轰"的一声，炮弹就飞落在向山上发起攻击的敌群中。

这件事到后来才弄明白，原来我军当时不少60迫击炮的炮筒采用的是国产普通的无缝钢管，这些无缝钢管因材质和热处理工艺不过关，在极端寒冷的环境下，炮筒因热胀冷缩出现了变形。5连炮班的两门60迫击炮就属于这种情况。

前导吉普车中的指挥官被打死了，受到5连突袭的美军因失去指挥而发生混乱，尤其是那40辆卡车上的美军，跳下车后，因无人指挥，竟像无头苍蝇一样东奔西窜，大声呼叫。这就给高地上的5连提供了从容射击的机会。在1355.7高地居高临下的猛烈火力下，敌人一排排地倒下去。尽管敌人后来组织了还击，那8辆潘兴式坦克也向5连扼守的高地进行了射击，但敌人已无力再支撑下去了。最后，在那8辆坦克的掩护下，敌人仓皇撤回古土里去了。

激战古土里

经过激战的1355.7高地，平静下来了。只有几棵被敌坦克炮弹炸断的大树，在熊熊燃烧着，发出"毕毕剥剥"的爆裂声。原本笼罩在高地上的浓烈硝烟，在山风猛烈的吹拂下，也很快消散殆尽。

毛张苗坐在阵地的一个土坡上，原本就紫黑的脸上满是尘土和硝烟留下的痕迹，这使得他瘦削的脸庞上的神情看上去更加冷峻，甚至有些可怕。这时，他燃起了一支香烟，这烟是他入朝参战前在辑安的小镇上买的。他买了好几包，因为舍不得抽完，才留下半包在身上。其实他是一个烟瘾很大的人，最多时每天要抽两三包，这是受他父亲的影响。他父亲从早到晚，那只被土烟熏得乌黑的烟斗都是不离嘴的,就是在做衣服时也这样。近朱者赤,近墨者黑,慢慢地,他也就学会抽烟了。当然,最主要的还是长年不断的征战、严酷恶劣的环境、生死未卜的较量,加重了毛张苗的烟瘾。不过说来也怪,无论战斗多么激烈,生活多么困苦,只要一支烟在手,毛张苗的心里就会平静下来。

这不,一支烟抽完,毛张苗那紧绷着的脸就舒展开来了。他立起身,拍了拍身上的雪花,喊了声:"通信员,把几个排长都叫过来。"

扼守着各自高地的4个排长很快就沿着壕沟跑来了。这次毛张苗没有把大家带到防空洞里去,而是站在壕沟里。在询问了一遍各排的伤亡情况后,他说:"敌人虽然跑了,但他们很快就会进行火力报复,各排要抓紧时间修复工事,要告诉战士们,平时多花一点力气修工事,战时就多一点生存的希望。各排粮食怎么样?"

指导员胡衡说:"营里派人送来了一袋冻土豆,已经分到各排了。"

毛张苗说:"冻土豆也是好的,吃进去总是粮食。"

2排排长陈小牛说:"冻得像石头似的,太硬了,咬不动。"

……

正说着,敌人的一连串炮弹突然从山下打来,落在1排的工事边,毛张苗喊了声:"不好,敌人要开始报复了。"

毛张苗估计得没有错,敌人开始火力报复了。他们先是派出5架海盗式攻击机对5连扼守的1355.7高地和4连扼守的1236.5高地进行轮番扫射,然后投下数十枚高爆航空炸弹和凝固汽油弹。在滚滚烈焰下,高地成了一片焦土,尤其是山头上那些厚厚的积雪和冰块,在烈焰的炙烤下,瞬间汽化成冲天的水蒸气和白烟。在飞机扫射和投弹的同时,美军又集中数十门大炮对两个高地进行密集的轰击,企图通过飞机和火炮的狂轰滥炸,摧毁高地上的工事,打开北上通路,以救援被我军包围在下碣隅里的美军。

1355.7 高地和 1236.5 高地此时已成了一片火海，雨点般呼啸而至的炮弹和炸弹摧毁了两个高地上的大部分工事，一些战士被掀起的土浪埋在土里，有的被战友们用手刨了出来，有的窒息而死。此次敌人的火力报复对山头上的志愿军造成了重大伤亡，所幸在敌人的飞机轰炸和炮火覆盖前，毛张苗已将山头上的大部分兵力撤至安全地带，从而最大限度地保存了有生力量。

下午 2 时许，毛张苗从望远镜中看到，美军又在古土里的一片开阔地上重新集结起来，从密密匝匝的人群看，兵力足有 1 个加强营。之后，这些集结起来的美军在四十几辆坦克的掩护下，沿着长隘公路向 5 连和 4 连扼守的两个高地猛扑过来。

据战后一份军史资料称，参加此次救援行动的部队是由美军陆战第 1 师 1 团 3 营 G 连、美国陆军第 7 师 31 团 1 营 B 连和部分美陆战第 1 师师部的直属部队与英国海军陆战队第 41 突击队（其编制约 300 人，是一支专业型两栖侦察部队）混编而成，配有汽车 150 辆及美军陆战第 1 师师属坦克营的 29 辆 M-26 潘兴式中型坦克，整支编队的总人数为 922 人。为提高此次救援行动成功率，美军还将设在古土里的两个陆战队榴弹炮连的 20 门 105 毫米榴弹炮、海军陆战队第 1 航空联队的 30 余架海盗式对地攻击机配属他们行动。

这支美英军联合分队的最高指挥官是英国海军陆战队队长德赖斯代尔中校。按照美军习惯，这支美英联军被简称为德赖斯代尔特遣队。在出发前，美海军陆战第 1 师 1 团团长普勒上校对该特遣队下达的任务是：全力向北增援，前进距离约 18 千米，天黑前必须进入下碣隅里环形防御阵地⋯⋯

现在，人数近千的德赖斯代尔特遣队，在空地火力的猛烈掩护下，企图攻占由志愿军扼守的两个高地。虽然有飞机、坦克和大炮的支援，但他们攻击前进的速度并不快,因为上午在山脚下噩梦般的遭遇,令他们仍心有余悸。

吸取上午在山脚下被志愿军痛揍的教训,这次特遣队先派出了约一个连的兵力,他们兵分两路,呈散兵队形,向着 5 连扼守的 1355.7 高地和 4 连扼守的 1236.5 高地慢慢地爬了上来。

毛张苗举着望远镜,伏在 1355.7 高地的一处壕沟沿上,望远镜中美英军的一举一动全都展现他的眼前。看得出,这股美英军是有丰富作战经验的,他们尽量弯着腰,以最大程度缩小被射击面,为了保护自己的脑袋,将头上的钢盔低掩到眉际。然后,充分利用前面或身旁的各种地形地物,在确定自己未被高地上的对手锁定后,才跳跃着前进。但是他们身上的装备太多了,除了厚厚的大衣、沉重的皮鞋,还有杂七杂八的东西,使他们在没膝的雪地上爬坡时,显得笨拙又迟钝。

慢慢地,他们终于靠近了。最后,即便不用望远镜,毛张苗也能看清美国海军陆战第 1 师的头盔上的标识和前面几个士兵那被寒风吹得通红的高鼻子。

"大家都不要急,靠近了再开火。"毛张苗提醒道,"等等,再等等——打。"

还没待毛张苗的"打"字在耳际消失,扼守在 1355.7 高地的轻重机枪手们早已将枪膛里的子弹像暴风骤雨般地泼向了正在山坡上爬行的美国兵。几乎同时,1236.5 高地上的轻重机枪和各种武器也像爆竹一般地炸响起来。行进在最前面的十几个美军很快就被"报销"了,美军的攻击队形顿时出现了混乱,但是他们很快就调整了队形,然后,用手中那先进得多的汤姆逊冲锋枪、加兰德步枪(俗称"八粒快")和 7.62 毫米加拿大轻机枪及 M2.2 火焰喷射器等,向高地上的志愿军将士猛烈还击。一时间,1355.7 和 1236.5 高地上烈焰滚滚,火光冲天。

火力被压制的劣势这时显现出来了。这一点,毛张苗意识到了,山坡上的美军也意识到了。于是,更加激烈的生死博弈开始了。高地上的志愿军虽然受到了美军火力的压制,人员也有较大的伤亡,但人在阵地在,是不会让美军跨上高地一步的。半山腰的美军,见志愿军的火力被压制住,就乘着势头想往上冲,战斗一时呈胶着状。

离 1355.7 和 1236.5 高地不远的营指挥所,当然也看到了这两处阵地的战况。从地形上来看,因高地过于突出而对我方造成的压力越来越明显,加上 4 连指导员牺牲,连长负伤,为更加有效地杀伤敌人,也为了避免因我方阵地不利而遭美军火力打击出现重大伤亡,营指挥所根据团部下达的"2 营收缩防御面,重点防守主要阵地"的命令,要 4 连、5 连收缩兵力,5 连除留一个排坚守 1355.7 高地外,其余人员全部撤出阵地,向团主阵地 1714 高地方向后移靠拢。

"只留一个排?"毛张苗在电话中听完营长下达的命令后,心里觉得有些不妥当,于是说,"营长啊,这点兵力怎么顶得住敌人的进攻?到时候不仅阵地保不住,一个排的人可能也都没有了。"

陶妙根说:"那你说怎么办?"

毛张苗说:"我意见,不能撤,至少眼下不能撤。"

"为什么?"陶妙根的语气中似乎有一些不高兴。

毛张苗听出来了,但他依然坚持说:"现在敌机正在我们的头顶上盘旋,我们怎么撤?"

"这是团部的命令,你还是执行吧。"

"我执行没问题,但部队在撤退途中遭受损失谁负责?1355.7 高地丢失了谁负责?"毛张苗的倔脾气一上来,寸步不让起来。

"你……"

正在争执时,4 连那边的阵地出现状况了。

原来 4 连接到命令后,便按撤退路线,从 1236.5 阵地上开始下撤,但在后撤时，由于没有做好梯次掩护和火力配置，加上敌人发现了4连后撤的意图，于是集中排炮进行轰击，给4连造成了重大伤亡。正往山上攻击的美军见状后，便趁着4连的混乱一拥而上，乘机占领了1236.5阵地的部分山头。

原本相对稳定的战场形势，因4连的一时混乱而陡然紧张起来，更为严峻的是敌人占领4连阵地后，很快就凭借有利地形，准备向4连后面的5连阵地发起攻击。如果5连的阵地也被占领，那敌人就可居高临下，恣意杀戮正在撤退的4连、5连将士，甚至会威胁到离高地不远的营指挥所，真到那时，后果将不堪设想。

这时，4连有一部分撤退人员沿山梁经过5连扼守的1355.7高地，毛张苗拉住一位班长问："你们都撤出来了？"这位班长说："没有，还有一个排没撤出来。"

毛张苗说了句："坏了。"

毛张苗这时面临着两种选择：一是遵照营指挥所的命令，在阵地上留下一个排的兵力，然后率其他排迅速撤离1355.7高地。二是继续坚守阵地，如果要撤，也应在打退美英军、掩护4连安全撤退并在天黑后再撤。

幸好设在阵地防空洞内的电话机还一直畅通，毛张苗拿起话筒时，陶妙根营长在那边大声问："老毛，你们撤下来没有？"

毛张苗说："没有。"

"为什么？"话音还未落，敌人的一发炮弹正好落在防空洞外面，那轰然巨响把电话机那头陶妙根手里的话筒震得嗡嗡叫，陶妙根大叫，"喂、喂，老毛、毛连长……"

幸好毛张苗正在防空洞里面，但洞口却被炮弹掀起的泥石封住了。在壕沟附近阻击敌人的指导员胡衡带着几个人把毛张苗从炸塌的防空洞中扒出来，毛张苗说了句："妈的，憋死了。"

幸好电话线没被炸断,陶妙根还在那边的话筒里拼命大喊:"喂,喂,老毛、老毛,毛连长、毛……"

"喂,喂,营长,是我……"毛张苗连嘴巴上的泥土也来不及抹去,就赶紧接上陶妙根的话头,"营长,是我,毛张苗……"

"你没事吧,老毛?"

"没事,我的命大得很。"

"你刚才说什么,你们连还没撤下来?"

"对,我们还在阵地上。"

"为什么?"陶妙根的声音又大起来。

毛张苗说:"敌人已经占领4连的阵地,4连还有一个排未撤出来,现在敌人又开始向我们进攻了。"

前面说过,在关键时刻,陶妙根还是愿意听毛张苗的意见的。他问毛张苗:"那么,你是什么意见呢?"

毛张苗说:"我的意见是暂不后撤,先把5连的阵地稳固住,等4连那个排撤下来后再撤。"末了又加了一句"即便要撤,也要等打退敌人,天黑下来后再撤。"

陶妙根一听,当即表示同意,说:"好,就按你的意见办。你把4连的那些散兵也都收拢起来,听你指挥,有情况及时报告。"

"是!"

放下电话,毛张苗马上把营长同意5连坚守现有阵地,暂不后撤的指示告诉了指导员胡衡,同时又命通信员把营部的命令传达到各排。正在这时,又有部分从1236.5高地撤出的4连战士经过5连的阵地。这些战士在撤退时混乱无序,从而也给正在坚守阵地的5连部分战士造成了混乱。毛张苗见状,当即举枪连鸣数响,厉声大喊:"都给我站住,谁都不准乱动,我看你们谁敢再往后撤!"

他这一喊还真奏效,正在乱跑的人顿时都止住了脚步。

毛张苗乘机对4连、5连的战士喊:"都别慌,营部命令我们坚守阵地,没有命令谁都不准后撤,现在第4连也归我指挥,你们还有一个排没有撤出来,你们要和我们一起把敌人打下去,掩护你们那个排安全撤出阵地。"

毛张苗这么一喊,把刚才那些情绪慌乱的战士给镇住了。4连的一位班长说:"毛连长,别分你们我们的了,我们都听你的,你说怎么打我们就怎么打。"

"好。"

指导员胡衡也大声喊:"同志们,共产党员们,我们立功的时候到了!我们一定要把敌人打下去,坚决守住阵地!"

正当毛张苗根据战场态势,对1355.7高地的防守进行重新部署时,已占据4连阵地的美军未及喘息,就开始向5连扼守的1355.7高地发起了猛攻。他们首先扑向正扼守在阵地突出部的2排,企图由此撕开缺口,进而向纵深发展,瓦解整个5连的阵地。

毛张苗此前已预料到这一点,在美军占领4连阵地时,他就对2排排长陈小牛说:"你们排离4连的阵地最近,敌人定会首先向你排发起进攻,你得给我守住了。"

陈小牛说:"连长你放心,人在阵地在,美国佬休想从我的阵地前跨过一步去。"

果然不出毛张苗所料,美军占据4连阵地后没多久,就立即向2排扼守的突出部发起了冲击。首次发起冲击的美军只是试探性进攻,人数也只有数十人,在2排数挺轻重机枪的扫射下,很快就被打退了。

这时毛张苗带着4连和预备队的十几个战士来到2排的阵地上,一见到2排排长陈小牛就问:"伤亡怎么样?"

陈小牛说:"只有几个轻伤,连长你带这么多人过来干什么?"毛张苗听出陈小牛有轻视美军的味道,便举着望远镜叮嘱陈小牛说:"你别轻敌,这是敌人在作试探性进攻,马上就会给你颜色看。"

果然,十几分钟后,敌人的十几架海盗式攻击机就朝 1355.7 高地俯冲下来。与之前的地毯式轰炸不同的是,美机这次似乎专门锁定了 1355.7 高地的几个小山头,一飞过来,就围着这几个小山头又是扫射,又是轰炸。为寻找攻击目标,美机肆无忌惮地在高地上低飞盘旋着,有几架甚至贴着高地上的树梢咆哮而过。那强大的气流卷起积雪、泥尘和树枝,裹挟着浓黑的硝烟,将整个阵地搅得天昏地暗。

幸亏各排挖的工事发挥了作用,这次美机的轮番扫射和轰炸没有给 5 连造成太大的伤亡,但许多工事在这次轰炸中严重损坏,有的甚至被完全摧毁。

十几分钟后,12 架美机逐次离去,高地上又恢复了短暂的宁静,但这种宁静完全是假象,战士们都知道,它是敌人下一次攻击的前兆。故此,当毛张苗从一处被炸塌半边的防空洞中钻出来时,第一句话就是:"大家抓紧时间抢修工事,敌人马上又要上来了。"

果然,离 1355.7 高地数百米远的 1236.5 高地上,为防误伤而一直伏在工事中的美军,又开始向 5 连 2 排扼守的突出部发起了冲击。参加这次冲击的美军有几百人,很显然,他们想一举拿下 2 排这个突出部。

冲击从一开始就十分激烈,呈散兵队形的美军像野牛群一般往上涌,前面一排倒下了,后面的号叫着顶上来。2 排一字排开的两挺马克沁水冷重机枪的枪管都打得发红了,敌人还是继续往上冲。

毛张苗与 2 排排长陈小牛在一起,他一边伏在壕沟沿上指挥战士们以排子手榴弹打击来敌,一边根据敌人的攻击情况,及时调整阵地上的兵力部署。

"看到了吧,美国佬不好对付吧!刚才还说不要这么多人。"毛张苗一边说着，一边指挥壕沟里的战士们将手榴弹准备好，随着他一声令下，"投！"几十枚手榴弹就像雨点一样，从壕沟中飞向敌群。其中一枚手榴弹击中了离壕沟四五十米远的一个大个子美军指挥官，随着一记沉闷的爆裂声，那被手榴弹击中的美军军官，霎时就去见了上帝。

冲击中的美军士兵们见指挥官死了，且死状可怖，顿时惊慌起来，停滞了步子。离 2 排突出部最近的几个美军见后面的部队停止不前，哪里还敢再往前冲，也转过身子开始后退，他们一退，后面的美军也惊恐起来，纷纷转身后退。毛张苗见状，大喊："同志们，敌人要退了，快投弹啊。"话音未落，又有两波排子手榴弹从壕沟中飞出去，落在敌群中爆炸。这时的美军，真恨爹妈给自己少生了两条腿，有的连滚带爬，有的撒开腿猛跑，有的干脆找个弹坑躲起来……

死伤惨重的美军在阵地上留下数十具尸体后，终于败退回了 1236.5 高地。毛张苗看了看手腕上的表，时间刚过下午 3 点，他估计敌人不会就此罢休，一定会在天黑前再次进行反扑。于是他叫通信员把指导员和几个排长叫来，召开简短的阵前会议。在与指导员胡衡作了沟通后，毛张苗谈了四点：一是 5 连在 1355.7 高地的原作战部署不变；二是为伤亡较大的 2 排及时补充兵力；三是抓紧间隙修筑工事；四是根据美军前两次逐次增加兵力和进攻强度的情况，他认为敌人下一次的攻势必会更加猛烈，为减少伤亡，最大程度杀伤敌人，他决定根据战场形势，必要时可将正面阻击改为侧翼反击，以更好地掌握战场主动权。大家对毛张苗的四点意见表示同意。因时间紧迫，阵前会议未过多讨论，指导员及各排长迅速回到各自负责的小山头，抓紧修筑工事。

这时从预备队补充到 2 排的十几名战士也已进入阵地，毛张苗问 2 排排长陈小牛："小牛，等下侧翼攻击时，你准备叫哪个班上？"

陈小牛说："4 班。"

4班是5连的尖子班，共产党员和老战士又多，毛张苗当即表态说："好"。然后他又问陈小牛："火力配置你怎么考虑？一定要猛。"

陈小牛说："我想把排里的几挺轻机枪给他们。"

毛张苗说："轻机枪好是好，就是笨重了一点，换弹匣也不方便，我意思还是给他们配备汤姆冲锋枪，这家伙轻，换弹匣也快。"

"可是2排没这么多这种枪啊。"

毛张苗说："这好办。"当即，他就叫通信员到其他几个排，借来五六支从美英军手中缴获的汤姆冲锋枪，还有好几箱子弹。4班班长张灵坤领到枪和子弹后高兴地说："这次够美国佬喝一壶的了。"

在美军向1355.7高地2排扼守的突出部发起攻击时，被困在1236.5高地一时无法撤离的4连那个排，抓住了战机，向敌人一个防守薄弱部发起冲击。待敌人转身试图堵截这些被困的中国士兵时，4连这个排已冲出敌人的包围圈，向5连扼守的1355.7高地靠拢。在5连2排的火力支援下，4连这个排除少数几名战士伤亡外，大部顺利进入5连的1355.7高地，回到了自己的部队。

下午3时许，短暂平静后的1355.7高地又响起了密集的枪炮声，就如毛张苗估计的，敌人的第三次进攻又开始了。在经过前两次的惨败后，恼羞成怒的敌人似乎已经不惜手中的炮弹了。他们将榴弹炮、迫击炮和无后坐力炮等各种火炮对准整个1355.7高地，不停地向高地上倾泻着炮弹。被阻于山脚下的几十辆坦克也加入了炮轰的行列。一时间，这些炮弹像雨点一样落在1355.7高地上，将5连刚刚修筑的工事几乎摧毁殆尽。在火炮轰击的同时，有十几架P-51野马式战斗轰炸机也从下碣隅里的简易军用机场飞过来，对准1355.7高地，投下一波又一波燃烧弹。那熊熊的烈焰，把高地上的泥土和岩石都烤焦了。

毛张苗这时正与指导员一起在被炸毁的壕沟边指挥大家抢救伤员，突

不渝的忠诚
毛张苗传

然,有一架敌机伴着雷鸣般的声响低空掠过他的头顶,掀起的气浪差点将他掀翻在地。毛张苗喊了声"不好。"便看到一发凝固汽油弹落在离他身边十几米远的地方,凝固汽油弹随即爆炸,腾起滚滚烈焰。就在火焰不断扩散,向毛张苗直扑过来时,毛张苗就地一滚,躲开火焰,旁边的几名战士立即上去想扑灭火焰。但这火焰与其他火焰不同,扑又扑不灭,打也打不断,且一旦沾在物体上,怎么拍也拍不掉,让大家有些恐慌。

毛张苗大声说:"这就是凝固汽油弹,如果粘在身上,不家不要乱拍,迅速在雪地上打个滚就能灭掉,实在不行,就把衣服脱掉。我们连长、指导员都在这里,大家要沉住气,不用怕。等会儿天黑了,就是我们打夜战的时候了。"

正说着,2排排长陈小牛大喊:"敌人上来了,准备战斗。"

毛张苗估计得没错,这次向1355.7高地2排扼守的突出部攻击的美英军又有数百人。也就是说,为了在天黑前拿下这个突出部,美英军已倾巢而出了。因为美英军的出发地1236.5高地离5连扼守的1355.7高地的距离只有几百米,所以,美英军在离开1236.5高地向1355.7高地攻击时,各种武器就已开火了。他们的企图很明显,就是要从一开始就将5连的火力压制住。

战斗进行得异常惨烈,由于敌人火力凶猛,2排的伤亡在不断增加。毛张苗伏在一挺马克沁水冷重机枪旁边,指挥机枪手向敌人密集处扫射,尽管敌人一排排地倒下去,但在后面督战队的督战下,没有一个美英军敢退下去。

突然,一发子弹击中了重机枪手的脸,重机枪手一下子歪倒在地上,旁边的副射手立即扑上去,继续向蜂拥上来的敌人扫射,但副射手也很快牺牲了。见另一个战士要扑上去,毛张苗一把推开他,吼道:"你给我装子弹!"说着,就抓住机枪枪把左右移动着,朝不顾死活涌上来的美英军猛烈扫射。

这时,2排排长陈小牛弯着腰从壕沟中跑过来,对毛张苗说:"连长,这些美国佬疯了。怎么样,叫4班杀出去吧?"

毛张苗打得正起劲,头也不回地说:"等等,再消耗他们一下,要打就要往死里打。"说着又朝突出部下面山脊的美英军一阵猛射。毛张苗看到,在他的马克沁水冷重机枪对着那个山脊扫射时,正好有一个美军窜过来,起码有五六发子弹,全打进了他的身子里,那濒死的美军在重机枪子弹强大的冲击下,在山脊上翻滚了好几个筋斗,然后倒裁着滚下了山坡。

这时,在2排阻击的突出部下面,已横七竖八地躺了几十具美英军的尸体。渐渐地,美英军的进攻势头放缓了。正打得头上冒汗的毛张苗一推帽子,对2排排长陈小牛大喊:"2排长,叫4班杀出去,要快、要狠!"

"是!"

正蹲在壕沟内待命的4班班长张灵坤接到出击命令,朝身后的战士们吼了声"上!"就飞身跃出壕沟,从右侧扑向敌人。后面的战士们也几乎在同一时间跃出壕沟,紧随班长向敌人扑去。此时,12支平端齐射的汤姆冲锋枪,像12把利刃,突然插入了敌人的右肋。突遭袭击的美英军被打蒙了。他们纷纷避向左侧,但又在左侧遭到了5连1排的火力封锁,于是只好下撤。但要下撤也不容易,因为张灵坤已派4名战士持汤姆冲锋枪等着他们,敌人只好拼死反击。战士郭光华在冲击时被一英军士兵钻了空子。他见郭光华一路冲杀过来,就掏出一个手榴弹,猛地向他投去,手榴弹落在了郭光华的脚边。郭光华是个作战经验丰富的老兵,知道手榴弹落地后到爆炸有三四秒间歇,于是就敏捷地朝旁边一滚,待手榴弹爆炸后,又一骨碌滚回原地,然后迅速投出一个手榴弹,不仅炸死了那个向他投手榴弹的英军,还捎带炸死了另外两名美军。

尽管敌人这时已受到了重创,但敌人还在作垂死挣扎。在疯狂的还击中，4 班有几名战士牺牲了，班长张灵坤的手臂也受了伤，这造成了 4 班攻击力量的削弱，如果不在此时给敌人以致命一击，敌人仍有可能攻上高地。危急关头，张灵坤大喊一声："共产党员们，同志们，立功的时候到了，冲啊。"张灵坤喊毕，垂着一只负伤的手，另一只手持着汤姆冲锋枪，率先杀向敌阵，身后的战士们紧随着张灵坤，如猛虎下山一般扑向敌人。

这时，扼守在 1355.7 高地突出部的 2 排见敌人溃退下去，在毛张苗的率领下，也冲出壕沟，掩杀下去。敌阵大乱，纷纷溃退。

此时天近黄昏，古土里的上空又飘起了雪花，经过了一天的厮杀，5 连扼守的 1355.7 高地，依然顽强地屹立着。山风吹散了硝烟，依稀可见在起伏不平、千疮百孔的阵地前，横七竖八地躺着美英军的尸体和伤员，间或可以听到从山下传来的零星枪声和坦克的轰鸣声。

5 连连长毛张苗此时坐在一块被炸弹掀起的巨石上，神色严峻地望着山坡下，他的手里夹着一支烟，那张被硝烟熏黑的棱角分明的脸，在雪光的映衬下，泛着黝亮又冷峻的光。

这时，连部通信员跑来向毛张苗报告："连长，营长电话。"

年龄比毛张苗大 6 岁的陶妙根是个严肃的军事干部，他平时很少当面表扬人，但这次却用异常兴奋的语气对毛张苗说："老毛，你们打得好！把敌人拖住了！整整 8 个小时，敌人才前进了不到 4 千米，师、团首长表扬你们了，营里要为你、为你们 5 连请功。"

毛张苗说："请营首长放心，人在阵地在，我们坚决完成任务！"

陶妙根说："你们抓紧时间抢修工事，明天还有更艰巨的任务。"

"是！"

此时，距毛张苗的 5 连扼守的 1355.7 高地约 18 千米的下碣隅里，战斗正激烈地进行着，真兴里之敌也正在向古土里聚拢，企图解下碣隅里之围。根据敌情变化，第 20 军首长适时调整了作战部署，命令第 60 师加强长隘公路以东的机动力量，由第179团抽调兵力加强第178团的阵地，并以第180团的一个营于当晚袭扰古土里之敌。

试图靠强大火力打通古土里到下碣隅里这段"狭路"的美英军，在1950年11月28日这一天遭到志愿军第178团2营4连、5连的顽强阻击后，经8个小时的反复拉锯，付出了80余条生命的惨重代价，最后仅前进了不到4千米。如果照此推算，这支负有救援重任的特遣队要抵达下碣隅里，差不多还要10天时间。这10天当中，那被志愿军团团围困在下碣隅里等待救援的美第1师的最后命运将会如何，敌我双方的心里都十分清楚。

基于此，从11月28日一早开始，在1355.7和1236.5高地遭受了重创的美英军特遣队再次纠集部队，连续4次向5连扼守的高地及60师其他部队的阻击阵地发起冲击，均被击退。

据中国人民解放军第20军60师178团、179团团史载：毛张苗所率5连与其他兄弟部队一起在完成第一天的阻击任务后，又在次日与企图向下碣隅里靠拢的古土里之敌进行激战。下午1时，由堡后庄、真兴里过来的美军与古土里的美英军会合后，在29辆坦克、160余辆汽车及30余架飞机的掩护下，沿下隘公路朝下碣隅里方向强行突进。这期间，我1236.5以南的小高地曾被敌占领。下午3时，敌先头部队的数辆坦克企图穿过兄弟部队的1182高地，毛张苗的战友、第179团1营2连副连长寿志高率3排两个班冲上去迎击敌坦克。在这次恶战中，2连副连长寿志高、排长华永林及战士罗金山、徐忠启等27名勇士以血肉之躯抗击敌钢铁怪物，最后均壮烈牺牲。

战至黄昏，敌特遣队先头一部突入第179团1营扼守的乾磁开阵地，进至化被里两侧公路，企图以火力掩护其主力夺路增援，但遭第178团突然袭击，敌特遣队前进道路被阻，后尾部分队形大乱，其中大部分掉头逃回了古土里，有一部分被我军压缩在乾磁开公路以南的狭小区域内与我军对峙激战。为此，第179团团长张季伦下达了"不惜一切牺牲，坚决阻击，断其退路，加以歼灭"的命令。该团1营、2营以勇猛动作插上公路，准备将敌人截成几段予以歼灭。不料就在冲锋号响起，部队向特遣队发起最后冲击时，一颗炸弹在2营副营长毛杏表的身边爆炸，毛杏表当场牺牲，年仅34岁。

　　毛杏表与毛张苗同是浙江奉化县溪口镇石门村人，两人既是老乡，又是同一条战壕里的战友，从"林大队"第2中队，到浙东纵队"鄞奉中队"、第4支队，直到后来的第1纵3师9团，始终都在同一个部队。在解放战争鲁南突围后，第9团被撤编时他们俩才分开，毛张苗分到第7团，毛杏表分到第8团，但还是在同一个师。两人也经常见面，一起开会。毛杏表比毛张苗大9岁，参军也比毛张苗要早，因此，毛张苗一直把毛杏表看作自己的兄长和学习的榜样。尤其是在1948年6月发起的睢杞战役中，已担任副连长的毛杏表在身中4弹的情况下，仍坚持指挥部队向敌进攻。战后，毛杏表荣立特等功，并被授予"华东一级人民英雄"光荣称号。为此，毛张苗曾暗下决心，自己要向毛杏表学习，争取在未来的战斗中，也能立功受奖，当战斗英雄。不料入朝作战还不到20天，毛杏表等许多战友就牺牲了，包括同为"华东一级人民英雄"的连长杨根思和副连长寿志高等战友，这使毛张苗感到十分难过和痛心。

　　1950年11月30日，曾遭第178团和第179团重创的德赖斯代尔特遣队240余名美、英、土军及李伪军在乾磁开向第179团投降。除俘虏外，第179团还缴获和击毁了敌汽车74辆、坦克4辆、火箭炮11门、轻重机枪26挺、步枪200余支及其他弹药物资若干。这是中国人民志愿军入朝参战以来，通过军事攻势和政治压力，第一次迫使美军一个成建制部队集体投降的成功战例。

　　另据史料记载：这支人数为922人的德赖斯代尔特遣队，最终仅有300余人得以进入下碣隅里，由此可见当日战况之激烈。

1950年12月5日,毛张苗所率第5连与第178团其他4个连队随60师指挥部移至古土里、祥在洞以西一线高地,以阻击敌人南逃。其原先的防务,由第20军58师接替。6日,他们进至祥在洞一线,构筑工事,组织防御。从12月7日至9日,长津湖一带又连续刮起30多个小时的暴风雪,致使原本冻伤未愈的伤员的伤势更加严重,原本没有冻伤的战士也大部分被冻伤。尤为严重的是,由于补给线拉长,部队的粮食供应更加困难。以前补给线短时,可派部队机关人员翻山越岭几十里,以人力运输。现在补给线一长,再加上大雪封山、敌机轰炸封锁,要靠这种传统办法去背粮食已很困难,即使能背回一点,也是冻得像石头一样坚硬的冻土豆。但即便是这样的冻土豆,也十分稀罕,每人能分到两三个已算不错了。

12月10日,"联合国军"在遭到中国人民志愿军和朝鲜人民军的歼灭性打击后,继续南逃。下午5时,南逃之敌全部越过黄草岭,第20军首长决心乘胜追击。由于当时已无兵力可调,只好将第58师和第60师尚可行动的100余人组织起来,由第60师参谋长蔡群帆指挥追击。

这100余人中包括毛张苗5连的一个班,这是5连仅剩的有战斗力的一个班,他们在蔡参谋长的率领下,冒着极度的严寒并忍受着极度的饥饿,一路追敌。途中,毛张苗和全班从牺牲和掉队的战友们手中收集子弹和手榴弹,以补充自己的武器弹药。其中有个战士在一个牺牲战友的口袋里,发现了两颗他舍不得吃的冻土豆。见这个战士想取出来,毛张苗说:"留给这位战友吧,让他路上可以吃。"

12月11日凌晨,毛张苗他们终于在水门桥(志愿军称之为发电厂桥)的北端附近,追上了正在为撤退美军殿后的坦克群和陆战第1师师属侦察连。这时天还未亮,借着雪光,毛张苗看到殿后的几辆美军坦克正缓缓驶向大桥,于是,他率领战士们猛扑上去,大喊一声:"打!"刹那间,几十颗手榴弹、手雷及好几个炸药包同时投向敌坦克,有数辆坦克爆炸,动不了了。

不渝的忠诚
毛张苗传

这时，正准备过桥的美军陆战第 1 师侦察连士兵见中国兵冲上来，哪里还敢恋战，你推我撞地想逃过桥去。毛张苗又大喊一声："快打啊！"于是，十几支汤姆冲锋枪对着桥上的这些美军"嗒嗒嗒……嗒嗒嗒……"地持续扫射。有十几个在桥面上狂奔的美军侦察兵顿时倒地。这时，还有几辆美军坦克没有过桥，那些侦察兵为了活命，便撇下这些坦克，自顾逃过桥去。旁边有几个正持枪扫射的志愿军战士见状，立即爬上了这几辆无法动弹的美军坦克，然后将其点燃，坦克很快就燃烧起来。数分钟后，在坦克内被烈焰烤得无法忍受的美军坦克兵有的出来举手投降；有的试图做最后顽抗，被志愿军战士击毙在坦克的舱口；来不及逃出来的，就与坦克同归于尽了。在混乱中，5 辆未过桥的坦克的坦克手们见势不妙，干脆弃车而逃，向桥对面跑去。正当毛张苗要率战士追过桥去时，从桥对面突然射来一阵密集的子弹，毛张苗知道逃过桥去的敌人已经重新集结起来，把桥面封锁了。他的估计没有错，就在他观察敌人的动向时，突然从桥中间传来一声轰然巨响，当冲天的雪雾散去之后，毛张苗看到钢制的车辙桥梁已被美军工兵炸成两截，坠入了深谷。

这时天已放亮，望着侥幸逃出生天的美军乘着汽车和坦克在风雪中徐徐遁去，毛张苗恨恨地骂了一句："奶奶的，美国佬，老子今天追不上你，但总有一天，老子要收拾你。"

怀着同样遗憾心情的第 179 团因为追不上乘四个轮子的逃敌，只好停止追击。在返回时，他们遇到一个废弃的隧道，于是进入隧道以躲避风雪，不料在生火做饭时被敌机发现，引来 6 架敌机对隧道进行狂轰滥炸，造成数人伤亡。为避免敌机再次来袭，团部命令部队撤出隧道，分散到山上隐蔽。此时，被冰雪覆盖而又处于阴面的大山极为寒冷，加上饥饿疲劳，极度衰弱的战士们难忍严寒，伤亡严重。其中最为严重的是第 179 团 3 营 8 连，竟有四五十人冻死在山上。毛张苗的好友沈树根就是该连 3 排排长。

沈树根头脑灵活，出国时在一个垃圾箱旁捡了一床破棉被，剪开后缝成多双手套和棉袜，分给排里的战士们，从而避免了严重的冻伤和死亡。这与毛张苗在5连推广的集体睡觉取暖，将省下的棉被剪开做成棉袜和手套的做法类似，因此，也受到了上级的表扬和推广。

就在毛张苗和他的战友们在风雪交加中奋力追击南逃的美军时，11日下午，最后一名"联合国军"的士兵从真兴里撤出。

同日，"联合国军"总司令麦克阿瑟怀着沉重的心情飞抵南朝鲜，批准了美在兴南港登船撤退的计划。而事实上，就在这个计划被批准前，遭受中国人民志愿军重创、已惊慌失措的美军陆战第1师，已经争先恐后地逃入了兴南港。

但美军的厄运并未就此结束。12月23日中午，时任美军第8集团军司令的沃克中将在北上授勋的途中，所乘的吉普车被慌乱撤退中的南朝鲜军车撞翻，沃克将军当场死亡，他成为在朝鲜战争中死亡的军衔最高的美军指挥官。

12月24日，中国人民志愿军收复了元山。朝鲜战争第二次战役胜利结束。

次日，即1950年12月25日，是西方的圣诞节。这一天，是"联合国军"总司令麦克阿瑟宣称结束朝鲜战争的日子，也是他承诺让在朝鲜作战的士兵们回家过圣诞节的日子。然而他的承诺并未能实现，而且他的狂妄傲慢带给了"孩子们"灭顶的灾难。据美方报纸透露，在长津湖战役中，仅美军陆战第1师的战斗减员就达4400人，非战斗减员达7300人。至此，这支在第二次世界大战中横扫太平洋、自创建成军以来从未遭受过重大挫败的王牌师，在朝鲜的长津湖战役中惨败。尽管该师后来经过兵力补充和整顿，在当年4月底又出现在朝鲜战场上，但其战力再也没有恢复，成了一支唱配角的部队。

12月25日夜，在兴南港驶往南朝鲜大丘、釜山的军舰上，美海军陆战1师师长史密斯将军站在栏杆旁，在呼啸的寒风中，望着那些蜷缩在甲板上神情沮丧、士气低落的士兵，不禁悲从中来……

出击江口洞

在第二次战役中，毛张苗所在的第178团共歼敌321人，伤亡156人，冻伤263人，冻伤人数远超战斗中的伤亡人数。而毛张苗率领的5连冻伤人数远低于全团平均数，由此受到了师、团、营首长的表扬，之后他们的经验还在全军推广。

1951年1月8日，毛张苗率5连随营、团移至朝鲜东海岸的咸兴地区休整。

1951年1月14日，在咸兴地区休整的第178团开展了第二次战役的战斗总结和评功选模工作。毛张苗所率的5连因在长津湖战役阻击北援南逃的敌人中，起到了重要的作用，创造了对美军作战以少胜多的范例，鼓舞了部队对美帝作战的信心，荣立集体二等功。毛张苗本人也因指挥机动灵活，作战坚决勇敢，完成任务出色，荣立二等功。2月18日，由第20军召开的政治指导员以上参加的全军政治工作会议上，5连指导员胡衡在专门作了做好战时支部工作的典型介绍。在发言中，胡衡着重汇报了5连在扼守1355.7高地阻敌北援南逃的战斗中，遭敌强攻，阵地危在旦夕，全连共产党员在连长毛张苗的率领下，冲入敌阵，奋勇杀敌，最后击溃敌人，胜利完成阻击任务的英雄事迹。

在战后进行总结、评功选模的同时，针对连队新兵较多，而国内补充的老兵又未在朝鲜参加过实战的现状,在营、团的统一部署下,毛张苗抓紧时间在连队开展了突击练兵活动。训练的第一阶段约10天时间,以干部和骨干训练为主,以夜间山地进攻战斗的指挥与动作为重点。在训练中,毛张苗每天都与受训的干部和骨干们在一起,冒着酷寒,在冰雪和泥水中摸爬滚打,实地研讨。第二阶段约20天时间,以分队训练为主,利用缴获的美军反坦克武器,进行反坦克队形、阵地选择及火力配置等方面的研究和训练。通过训练,大家学会了各种反坦克武器的使用。在此基础上,连队又建立了反坦克小组。这时候,一批苏制武器装备运到连队,虽然大多为第二次世界大战时的武器,但比起战士们手中现有的武器,可谓鸟枪换炮,尤其是苏式冲锋枪和莫洛托夫反坦克手雷等,非常受战士们的欢迎。经过一段时间的训练和休整,部队的装备得到了改善,人员也得到了充实,连队将士面貌一新,士气高昂,战斗力得到明显提升。

1951年3月20日,正在咸兴休整的第60师接到志愿军总部发起第五次战役的命令。很快,师、团、营、连等各级便进行了广泛的动员。按部署,毛张苗还利用参战前的间隙,在5连开展老兵带新兵的"一帮一"和"在战斗中立功""反坦克立功"等活动。

1951年4月13日,第60师奉命从咸兴南移至平康以北的洗浦里一线集结,进行战役准备工作。部队在开赴途中,巧遇由廖承志、田汉等同志率领的中国人民赴朝慰问团到部队的宿营地进行慰问。慰问团不仅为战士们送来了慰问信和慰问品,还当场表演了精彩的节目,并与战士们亲切交谈、拉家常,极大地鼓舞了将士们的斗志。大家不约而同地振臂高呼:"打过'三八线',为朝鲜人民报仇,为祖国人民争光!"

1951年4月22日,中国人民志愿军在抗美援朝中规模最大、历时最久、战况最为复杂多变的第五次战役正式打响。毛张苗所在的第20军位于第9兵团的中路,负责首先从南朝鲜李伪军正面打开缺口,将敌东西割裂,协同友邻部队歼灭李伪军第6师及美军第24师一部,然后会同友邻部队歼灭美军第24师和第25师。第60师的部署是以第179团为主攻,攻击芳花洞之敌,第180团在第179团右侧,攻击上海峰之敌,第178团为师预备队,在第179团之后跟进。

22日下午5时,配属的炮兵首先向敌前沿阵地猛烈射击30分钟,尔后向后延伸,步兵发起冲击。第179团突破顺利,先后攻占荷吾舰、俭丹里、孟岱等要点。

毛张苗所率5连在战斗发起后,与兄弟连队一起越过孟岱,在上海峰附近加入战斗,同时向白云山方向攻击前进。途中,3营在525高地击溃李伪军第6师的一个大队。

23日上午,第20军军部发现美第24师有退却迹象,便命第60师主力经国望峰、道城岘,直插机山里。下午5时,志愿军首长命第20军以一个师插至西坡、抱川,切断公路,阻敌南逃。第20军军部遂命第60师执行这一任务。正在往西坡攻击前进的第60师在接到军部命令后,即经云岳山直插江口洞以截击逃敌。

25日8时许,第179团在云岳山附近发现有大量敌坦克、汽车搭载步兵正向西坡方向退却,已进至云岳山北侧高地的第178团亦发现江口洞有敌炮兵阵地。下午1时,敌主力南逃,第179团奉命依托云岳山向西出击,第178团向江口洞出击,先以迫击炮突然袭击敌汽车群和炮兵阵地,协同第179团歼敌后尾一部。在第178团1营击退敌多次反扑后,2营、3营将敌人压缩到一个狭小区域。

准备向敌发起进攻的毛张苗为准确掌握敌情,这时派出了一个侦察小组,靠近敌前沿阵地进行侦察。很快,侦察小组向他报告:敌人要逃。为掌握战机,截断敌人的退路,毛张苗来不及等到营部出击的命令,便命各排迅速向敌发起猛攻,给隐蔽在小山沟里准备逃跑的美军以重大杀伤。这时有一个战士跑来向毛张苗报告:"连长,前面还有美军的两辆坦克,他们要逃。"

毛张苗当即大喊:"炸掉它们。"边喊边冲向前去。这时,毛张苗此前在连队组织的打坦克训练发挥了作用,连队的反坦克小组熟练地接近坦克,用苏制的莫洛托夫反坦克手雷和火箭筒、炸药包将两辆冲过来的坦克炸毁,而反坦克小组无一伤亡。毛张苗高兴地喊道:"好!我要为你们请功。"这时,有个战士跑来向他报告。他们在向敌攻击前进时,有二十几个美军士兵竟扔掉武器,向我众投降。

"人呢?"毛张苗问战士。

战士指着一片树林说:"都在那边。"

毛张苗过去一看,只见这些美军士兵都垂头丧气地蹲在地上,他们的武器已被战士们收缴。有个战士过来向毛张苗请示:"报告连长,怎么处置这些俘虏?"

毛张苗挥了挥手说:"把他们交给团部战俘收容队。"

"是。"

这时,营长陶妙根带着通信员从旁边的阵地赶来,见到5连不仅毙伤了大量敌人,还炸毁了两辆敌坦克,俘虏了二十几个美军,他不但没批评毛张苗不等命令擅自出击,还高兴地表扬毛张苗:"好,5连又立新功了。"

毛张苗说:"我还准备接受营长的批评呢。"

陶妙根说:"批评什么?"

毛张苗说:"不等你的命令,就向美军开火。"

陶妙根拍了一下毛张苗的肩膀说:"老毛,你这是指挥灵活,主动出击。一个指挥员在关键时刻,就该这样。哎,你这望远镜哪里来的?"毛张苗的胸前挂着一只美军M3式6倍双眼黑色望远镜,这是他在击毙美军第24师一名少校后从他身上缴获的。

"怎么？陶营长喜欢的话，那就给你吧。"

"算了，口是心非。"陶妙根说完，向通信员挥了一下手，朝枪声激烈的4连阵地跑去。

这时的江口洞阵地上，杀声震天，硝烟弥漫，敌人要逃、要抵抗，志愿军要堵、要冲击，双方胶着在一起。美军飞机的轰炸声、地面坦克的轰鸣声、各种武器的射击声、炮弹的爆炸声以及敌我双方在厮杀时的叫喊声，交织在一起。整个战场火光冲天，地动山摇。

从下午2时25分开始，毛张苗率领5连与其他兄弟连队一起，在以火力分割截断逃敌的同时，集中连队火箭筒、枪榴弹、爆破筒、炸药包及手雷等各种反坦克武器，向敌汽车群和炮兵群实施突袭。指导员胡衡要求各排在阵地上开展打坦克的竞赛，并呼喊"打坦克立功""向打坦克英雄潘泽民学习"的口号。

潘泽民原是5连的战士，在咸兴休整时，第178团根据在长津湖战役中的战斗经验，利用当时缴获的一批美制火箭筒和部分反坦克弹药，成立了反坦克火箭筒连。潘泽民作为5连的骨干，被调入该连并担任副班长，第五次战役发起前，潘泽民率团火箭筒连反坦克小组配属5连一起行动。战斗发起后，潘泽民与装填手杨保共、弹药手鲁礼魁一起，发射9发火箭弹，7发命中目标，击毁敌坦克3辆。之后，潘泽民又与班长杨义才一起击毁敌坦克1辆，成为全团有名的反坦克英雄。战后，志愿军总部授予潘泽民"反战车英雄"光荣称号，并授予特等功。他率领的反坦克小组也荣获集体一等功。

经数小时激战，第178团共击毁敌坦克、装甲车20余辆，全团仅一名战士负伤。

美军在遭受志愿军的沉重打击后，纷纷抛下重装备不顾，往西翻山越岭而逃，毛张苗率5连与其他兄弟部队一起奋力追击，途中又俘敌30多名。此时部队已非常疲劳,为继续追击南逃之敌,有的战士干脆把身上背的米袋和一些较重的装备丢掉以减负。这时部队已越过三八线,后勤补给因战线拉长而变得非常艰难,如果把这些宝贵的粮食和装备丢弃,将严重影响部队的后续作战。为此,毛张苗和指导员遵照师政治部作出的要有针对性地开展正面教育的指示精神,在连队行军过程中展开了"五爱"教育,即爱人民、爱荣誉、爱同志、爱身体、爱物资。把开展"五爱"教育,尤其是自觉爱护物资与战斗立功结合起来,收到了良好的效果。从此以后,连队再也没有发生过战士丢弃粮食和装备的现象。

4月27日,正在追击南逃之敌的第60师得知在国望峰、永阳里以南尚有美第24师1部,即令第178团作为前卫,沿秘琴里、内马山里前往截击。28日拂晓,第178团到达780.8高地时,美第24师主力已撤至汉城及北汉江、昭阳江以南组织防御。美骑兵第1师西调,加强汉城的防御,并在汉城周围组织起密集的火网地带,企图诱我攻城,大量杀伤我军。我军亦因粮弹补给不及,在北汉江以北歼敌战机已失,遂于4月29日停止了进攻,第五次战役第一阶段结束。

尖刀猛插五马峙

1951年5月16日,以突破美韩联军的昭阳江防线为标志,中朝军队发起了抗美援朝第五次战役的第二阶段战斗。

在第五次战役第二阶段这场宏大的战事中,演绎出了一个堪称军事教科书级的经典战例——奇袭五马峙。

区区百余人的一个连,没有坦克,没有汽车,甚至没有一匹马,最具威力的兵器仅为60迫击炮。但是,他们怀揣着克敌制胜的坚定意志和必胜信心,只用了一个夜晚,竟然在敌阵中纵横穿越近百里,连打13仗。最终,他们按时夺占了战役核心要点,稳稳掐死了3万余敌人的命门,从而为我军立下奇功。

有一句话说得好:任何奇迹,都是由人创造的。而在此次战役中,这一"画龙点睛"杰作的设计者,是时任第20军代军长的廖政国以及他的指挥谋划团队,而精确地描绘出这"点睛"一笔的,则是英雄连长毛张苗和他的尖刀第5连。

军人的智慧与荣耀,总是与战场密不可分的。

5月9日,上级传达了进行第五次战役第二阶段的任务,打击目标为东线的南朝鲜军团。中朝联司及第9兵团决定,由第20军担负战役第二阶段正面突破的任务,其作战计划是:在麟蹄至九万里16千米宽的正面,突破昭阳江,向富坪里、美山里实施主要突击,割裂南朝鲜军第7师和第9师的联系,及时抢占战役要点五马峙,切断南朝鲜军第3军团的退路,协同朝鲜人民军围歼县里、龙浦地区的敌人。

此次作战最关键以及最艰巨的任务,就是要从南朝鲜军第7、9两师防线的中部实施深入穿插,以奇兵袭占位于敌防御纵深的咽喉要地——五马峙,以确保主力全歼敌人。这无疑是一步奇招,当然也是一着险棋。因为,对手的战场机动能力,要远远优于志愿军。

此计若成功,则必能达成整个东线战役的歼敌目标;而一旦失利,就将再次复制以往的"赶鸭子"局面,被敌人脱身溜走而致功亏一篑、前功尽弃。因此,这着棋决不能有任何闪失,它的成功或失利势必将影响到整个战役的成败。

为此,廖政国副军长(时任代军长)思谋良久,决定把这个任务交给第

60师。因为战役第一阶段，第60师在突破荷吾舰、穿插道马峙作战中，任务完成得不错，具备在敌后穿插作战的经验。为此，廖政国亲自给第60师的彭飞师长打电话布置任务，晓以利害。他知道彭飞指挥作战相当机智。接受任务时，彭飞回复他，此次作战将安排第178团担任前卫主攻团，其第2营为前锋穿插营。

接下来是排兵布阵。第20军的整个攻击正面宽16千米，因此，在兰田里至九万里的4千米正面，该军集中了8个团的兵力，却仅以第174团在12千米的当面，实施宽大积极的攻势防御。而在九万里至富坪里之间，属于第60师的宽仅2千米的突破地段上，廖政国把上级配属的炮兵第26、11、17团和第二梯队59师的炮兵，加上第60师的师属炮兵，所有的"开罐刀"都集中使用在这一方向上。

任务下达后，全军即奉命从史仓里出发向东进发。至5月12日早晨，抵达斗武洞、新月里地区隐秘集结。

5月16日下午4时30分，第五次战役第二阶段拉开了序幕。

在担任主攻的第60师宽约2千米的正面，集中了100余门火炮。一声号令，第60师对准昭阳江南岸的南朝鲜军第7师的阵地，实施了近一个小时的火力急袭。炮击过后，敌人阵地大部分被摧毁。

在强大的炮火支持下，担任首攻任务的第178团3营8连，于下午5时40分发起攻击。8连在越过大片开阔地后，奋勇强渡昭阳江。由于江水湍急，又遭到对岸南朝鲜军轻、重机枪的三面射击，8连伤亡甚大。但该连指战员不畏牺牲、勇猛前进，仅用9分钟就涉过宽达200米的昭阳江。首先冲上对岸的7名战士，立即猛扑南朝鲜军前沿，抢占滩头阵地，为大部队渡江打开了通道。随后该营第7、9两个连也紧紧跟上，沿富坪里以西的大山沟向南猛攻。到下午6时20分，8连已完全占领了南朝鲜军在阴阳里以北一线的 600 高地、704.2 高地等各前沿支撑点,打开了后续穿插部队向敌人纵深插入的缺口。战后,8 连因任务完成出色,荣获集体二等功。

当 3 营占领南岸一线阵地,正与南朝鲜军激战之时,担负向敌军纵深穿插任务的第 178 团前锋 2 营,趁着南朝鲜守军混乱之际,以迅猛的动作涉水过江,向敌纵深穿插。团指挥的第 60 师参谋长蔡群帆、师政治部主任徐放,亦随第 178 团迅速过江。

当晚 7 时许,靠前指挥的第 178 团副团长戚庆连和 2 营营长陶妙根一起,率部从友邻 3 营攻占的南岸阵地插入,向着前锋 2 营的预定目标——五马峙快速挺进。

五马峙,是位于东线之敌防御纵深的公路一侧的一座山岭。它是南朝鲜军第 3 军团部的驻地县里连通朝鲜中部重镇横城的公路要隘,第 3 军团及其所属第 3、9 师两师的补给与增援也必经此地,是典型的咽喉要点。五马峙的山势十分险要,南北走向的公路在这里绕了个急弯。五马峙一旦被我军攻占,盘踞在县里、龙浦地区的南朝鲜军第 3、9 这两个师,就会被截断退路,且将处于孤立无援的境地。

对于如何完成此任务,陶妙根的初始作战部署是:以 6 连为前锋尖刀连,沿预定路线直插五马峙,4 连为第二尖刀连,而毛张苗的 5 连作为营预备队,准备用于对五马峙进行攻击。

能够担任尖刀连,当然很光荣,也正是毛张苗所期望的。但上级领导对全局自有考虑,况且担任前锋营的预备队,也并不是一桩轻松的事。因此,毛张苗心里虽然稍有遗憾,但还是愉快地服从了,并且对 5 连做了预防性准备,还从连里抽调出 30 支枪榴弹支援前锋 6 连,自己仅留下了 4 支。

然而,战情的发展并不像战前预计的那般顺利。前锋 2 营在穿插敌后的路途中,遭遇了一系列始料未及的变故,以致危状迭出、险象环生。

5 月 16 日夜 9 时许,在急速行军中,正随队前进的 5 连连长毛张苗忽然听到有人喊他:"毛连长,毛连长……"

借着暗淡的光亮,毛张苗定睛一看,来人是自己的小弟毛张银。毛张银随部队出国作战后,被调至2营营部当通信员。

"什么事?"见是弟弟毛张银在叫他,毛张苗便停下来问道。

"营长让你立即去营部,有急事。"毛张银说。

毛张苗一听,向指导员简单交代了一下,就快步赶到了营部。此时部队正处在快速行进中,所谓营部,也只是路边一间无人居住的破棚子。只见靠前指挥的副团长戚庆连和营长陶妙根,正手持蒙着红布的手电筒,伏在一张地图上指指画画。

"报告!"毛张苗向他们敬了礼,问道,"有什么指示,两位首长?"

陶营长摇摇头立起身,紧锁着眉头说:"老毛,情况有些不妙,我们遇上大麻烦了,所以才把你找来。"

"营长,有什么麻烦事?"毛张苗问。

站在一旁的副团长戚庆连回答道:"真糟糕,毛连长,走在队伍前面的6连和4连,都先后搞岔了穿插方向,跑错了路。"

原来,担任前锋的6连向五马峙穿插时,在阴阳里遇上一股敌人,他们将敌人迅速击溃后,就一路紧跟着逃敌向南猛追,却在黑夜中不慎脱离了预定路线,错误地插往新丰里方向了。

陶妙根发现情况不对,立即派通信员去召回6连,同时命令担任第二尖刀连的4连接替6连的任务,朝预定方向继续前进。

4连进至所峙里,发现南朝鲜军一个营正在构筑工事,当即发起突袭将敌军击溃,但是在尾追溃逃的李伪军时,因贪图多俘获,同样脱离预定路线,向南直插而去。陶妙根发觉后,只得再派通信员前去召4连回转。情急之下,陶妙根与副团长戚庆连紧急商议,当机立断,令担任预备队的5连立即转任尖刀连。

不渝的忠诚
毛 张 苗 传

他们二人在作出此项决定时，情况十分复杂，时间也极其紧迫，已容不得有丝毫的迟疑。陶营长急切之下，只得使出撒手锏，好钢用在刀刃上，唯一的希望只能系于毛张苗和5连的身上了。

"毛连长，现在你们5连必须立刻顶上去。"陶妙根说，"而且必须保证完成任务！"

毛张苗心里也很明白，此刻5连在仓促中由预备队转为尖刀连，倘若仍未能完成预定任务，最终导致縠中之敌脱网而逃，这就不仅关乎2营的荣与辱，还关乎全团、全师，乃至全军将士们的血战拼搏会不会再一次功败垂成，甚至关乎整个东线战役的预计战果会否付诸东流。真是压力重如山、责任大于天啊！

毛张苗镇定地抬手看了看腕上的表，时针已接近上午10时，而他们当前的位置，距离预定的穿插目标五马峙，还有一大半路程。这也就是说，5连在接下尖刀连任务时，剩余的时间已经不多了。更令人担忧的是，由此地到前方纵深地域，还有敌方的多重筑垒阵地，并且地形陌生复杂，沿途必定还会遇到许多意想不到的情况。这一切，对一支在黑夜中担任穿插任务的部队来说，无疑是巨大的挑战。

值此千钧一发之际，只能随机应变、见招拆招。眼下，毛张苗所要做的，就是立即率领5连快速插入敌军纵深，夺占战役要点五马峙，一举扼住敌人的要害。想到此，毛张苗当即坚定地向陶妙根表示："放心吧，营长，我保证完成任务！"

"好！"陶妙根跨前一步，走到毛张苗跟前，说，"五马峙是此次战役能否截断敌人退路，继而全歼敌人的关键。你们一定要把准前进方向，途中如遇敌人，力争速战速决，绝不能与敌人恋战缠斗、贪图缴获。要迅猛穿插到位，越快越好。我们相信你！"

"是！我们5连坚决完成任务！"

天降大任于是人也！战争进程在最关键的节点上，选择了毛张苗。那么，毛张苗此番能够不辜负战争之神的眷顾吗？

"要路不要人"

新任尖刀连连长毛张苗受领任务后，一路小跑着返回连队，神情严肃地对指导员胡衡说："没时间开会了，路上边走边说吧。"

这时，夜雾更浓了。毛张苗在途中简略地向5连的干部们通报，因6、4两连相继迷路，5连已受命担任尖刀连，队伍必须加快行军速度。为了避免再次发生迷路的状况，毛张苗决定，由自己亲率尖刀3排和60炮班为前卫，指导员率后续班排，按尖刀排所标记的行军路线尾随跟进。

在情况突变的紧急时刻，毛张苗之所以能够如此镇定自若、胸有成竹，是因为在战前，他已经预先做了准备。

原来，在战役发起前、上级尚未明确由谁来担任尖刀连时，毛张苗已经考虑到，无论结果如何，第5连都必须有所准备。于是他抓紧时间分析地图，详细研究并绘制了多张穿插路线图，上面标示出从部队出发地到五马峙的路线，也标记出了前进途中的村落、高地、河谷、岔道以及沿途的敌军位置等。他还到部队驻地附近，找朝鲜老乡核实过这些标记物的可靠性。在确认无误后，他把自己绘制的草图分发给了几个排长，并将5连同样按尖刀连的要求，在作战会议上进行明确分工和编组：如果由5连担任尖刀连，就指定3排为尖刀排，7班为尖刀班，自己的位置在尖刀排并掌握60炮班，指导员率1、2排跟进。

后来，5连虽未能担任尖刀连，但毛张苗还是觉得很值得。因为他认为，无论是否担任尖刀连,都应该理解上级的作战意图,如果有可能,还应该了解作战的全局。因为战场是敌我双方激烈博弈的场合,常常会发生意想不到的变故。作为一个指挥员,即便是基层指挥员,要在事先对可能发生变故的战况,作出必要的预估和准备,才能以不变应万变,掌控战场的主动权。

所以,当毛张苗临危受命,率5连向五马峙穿插奔袭时,因为事先有准备,作战的主动权其实已经掌握在他的手中了。

为汲取兄弟连队因盲目追逐敌人而走错路的教训,毛张苗对各排提出的要求是:在掌握好方向的前提下,以赶路为主,只要敌人没发现我方,就不得开枪。如遇敌人阻拦,能绕开的就绕开,能赶走的便赶走,不得贪图俘虏和缴获,以免弄岔方向或耽误前进的时间。只要按时到达五马峙,就是成功。

一句话:"要路不要人,插入敌人心脏就是胜利!"

5连的100多号人,就是按照连长毛张苗的这一要求,在1951年5月16日这个细雨纷飞的夜晚,如同一柄利剑,从数万名敌军的防御间隙,悄无声息地插向目的地——五马峙。

虽然是深夜,却不能打手电,加上沿途都是山路和小道,队伍中不时有人被石块或树枝绊倒,甚至还有人滑落到路边的溪坑或沟渠里,尽管破皮流血,却无人抱怨。不是自己默默地爬起身来,就是被一旁的战友搀扶起来,随后再快步赶上自己的班、排。

对率尖刀排行进的毛张苗来说,摔跤或掉进溪沟里都是小事,眼下最令他头疼的,还是如何把握前进的方向。因为是深夜,走的道路又多是在人迹稀少的山谷,途中几乎没有朝鲜老乡可以打听,即便他原先绘制的草图准确,但在黑夜里也难以辨认。如何前进,全凭借着他作为一个老游击队员的经验来识别与判断。

而且，身为连长，在前往五马峙的路上，毛张苗除了要辨别方向避免走岔，更为严峻的是应对敌情。在5连的前方，要穿过敌军的多重筑垒防线，稍有差池，这样一支孤军深入的小部队，不仅到不了目的地，还可能被敌人"吃掉"。果然，不久后，正当第5连在夜色中颠簸着向前猛插时，在727.1高地前，前卫班组却突然停了下来。原来，他们发现高地上有敌人正在修筑工事。

"怎么办？"3排副顾红昌靠过来询问毛张苗。毛张苗没吭声，他正在仔细地辨析敌情。不一会儿，只听毛张苗说："听动静，高地上的敌人并不多。咱们这么办，7班悄悄摸上去，猛打他一下。"

7班班长包志唐正转身要走，毛张苗又把他叫住，说："你们的火力要猛，速战速决，击溃敌人后不准恋战，注意监视周围的敌情，等全排人都过去后，你们再跟上来。"

"是！"包志唐率尖刀班很快摸到了727.1高地，正在高地上修筑工事的南朝鲜军士兵丝毫没觉察到志愿军已经摸到了他们的眼皮子底下。眼见他们正一面聊着天，一面修工事，尖刀班的几支冲锋枪突然开了火，暴雨般的子弹洒向十几米远的敌人。猝不及防的南朝鲜军士兵还没弄清是怎么回事，已有一多半被撂倒在地，没被打死的赶紧撒丫子就跑，有的滚下了山坡，有的趁乱钻进了附近的树林里。率队隐蔽在高地一侧林子里的毛张苗，待枪声略一停顿，便朝身后猛地一挥手，低低喝了声："走！"

刀锋穿透敌纵深

深夜11时许，5连接近了一座村庄，村子里火光闪烁、人影幢幢。毛张苗从怀中取出路线草图一看："嗯！这是亭子里，是个大村子。包志唐，你让刘焕仁小组过去侦察一下，快去快回。"

尖兵组很快就返回来报告："村子里有不少敌人，都是南朝鲜伪军。所有道路都已被封锁。这股敌人似乎发现了什么，刚才还向我们开了几炮，听爆炸声，像是化学迫击炮。敌人的迫击炮阵地就设在村子东头，估计村里的敌人不少于一个连。"

毛张苗经过仔细观察和思索后说："这里会有点麻烦，应该是敌人的筑垒据点。趁着目前敌人还摸不清我们的底细，我们要一下子猛杀过去，彻底打垮他们，然后夺路而行。如果让他们清醒过来缠住我们，麻烦就大了。"

接着，他对各班组的攻击方向和行动步骤作了详细部署，末了他说："记住，一是动作要猛，要快，要乱中取胜；二是不要恋战，趁乱冲进去，打垮他们就是胜利。大家以我的枪声为号，各班按我的布置发起攻击。好，现在，各就各位。"

各班组领命，分头进入攻击位置。果然，这一场突袭打得干净利索。毛张苗枪声一响，各班分头从两侧迂回，如猛虎般扑向敌人。毛张苗亲率8班、9班从正面发起攻击，以吸引敌人的注意力，然后又指挥60炮班找出敌人的重炮位置，实施连续射击。炮班班长崔登山为不被敌人发觉我方火力位置，机动灵活地边打边前进。为了发炮快捷，他干脆弃用炮架和底座，把炮筒抱在怀里打，连打15发炮弹，敌方的重迫击炮一时竟被5连的60小炮给压制住了。

包志唐率领7班趁乱从右翼猛插敌人侧后，以突然火力杀伤敌人30余名，直取敌炮兵阵地。在异常凶猛的两面夹击下，敌人动摇了、溃退了。仅用了十几分钟，毛张苗就率尖刀排占领了亭子里，共活捉敌人30余名，毙伤敌人50余名，并缴获了3门化学迫击炮。

残敌趁着夜色仓皇溃散，连已经煮熟的饭菜都来不及吃，热气腾腾地留在了伙里,成了 5 连战士们的战利品。据俘虏交代,今晚驻扎在亭子里村的,是南朝鲜军的一个团级指挥所及一个营。他们是奉命向五马峙方向退守的,不料还未到五马峙就被第 5 连击溃了。

敌人如此不堪一击,倒是毛张苗事先没有想到的。

收拢队伍后,毛张苗不容有半分停顿,又率部快速向五马峙挺进。孰料未行多远,断后的指导员派人向毛张苗报告,说在队伍后面跟着一支小部队,听口音像一伙南朝鲜军,估计是错把 5 连当成自己人了,还派人上前来与 5 连的后卫进行联络。

毛张苗一听,说了句:"自投罗网!告诉指导员,送到嘴边的肉,不吃白不吃,让后卫趁其不备干掉他!"

于是,指导员胡衡指挥后卫班和炊事班,悄悄地埋伏在道路两侧,等这伙敌人不明就里地过来后,随即来了个突然包围,又顺手捉了 18 个南朝鲜军俘虏。

过了亭子里不久,正在前头探路的尖刀班班长包志唐,神情紧张地跑回来向毛张苗报告:"连长,前面的路线好像不对啊?"

毛张苗马上派通信员通知后续跟进的指导员,要他们停止前进,就地隐蔽,然后问包志唐:"嗯?怎么不对?"

包志唐说:"前面有 5 条岔路,图上却没有,不知道该怎么走。"

毛张苗对顾红昌说:"走,到前面看看。"

来到岔路口,毛张苗从挎包中拿出指北针和自己绘制的行军草图,揿亮蒙着布的手电筒,发现草图上标记的的确只有 3 条路,自言自语道:"是啊,地图上只有 3 条路,这里怎么会有 5 条呢?"

他转身问 7 班班长包志唐:"附近能找到朝鲜老乡吗?"

包志唐说:"找过了,鬼都没有一个。"

毛张苗的心一下子收紧了,他心里很清楚,如果 5 连在此摸错方向的

不渝的忠诚
毛张苗传

话,那就不仅是 5 连是否能够完成任务这么简单了。若不能按时扎住五马峙这个袋口,大量的溃敌将会涌过这个缺口悉数南逃,这给整个战役全局带来的不良结果,是无可估量的。

想到这里,毛张苗感到自己后背的衣服已经被冷汗浸透。但他很快就冷静下来,平静地对众人说:"大家都不要慌,我们一起来仔细分析一下。"说着又揿亮了手电筒。

顾红昌对照行军草图,指着面前的两条岔路说:"这两条路朝西,肯定不对。"又指指中间两条路说,"这两条也不像。"最后指着左边一条小路说,"嗯!这条路的方向有点偏向东南,有可能通向五马峙,但乱草长得很多,说明走过的人不太多……"

顾红昌还未说完,蹲在一旁的包志唐就打断他的话,说:"五马峙是敌我必争之地,通往五马峙的路不会是小路,我估摸着中间这条大路有点像,而且被踩得这样平坦光溜,没错,一定是通往五马峙的。连长,没时间了,不能再犹豫了,走吧。"说罢就提着枪站了起来。

"等一等!"毛张苗蹲着的身子仍然没动,他一边反复地看着行军草图,一边拿着指北针,对准方位作反复的测定,然后对顾红昌和包志唐说:"根据地图标示,通往五马峙的这条路起先还应往南走一段,尔后再转向东南,但眼前这五条路没有一条是朝南的。"

毛张苗站起来,走到岔路口,细致观察并思考片刻后,指着左边一条小路对顾红昌和包志唐说:"顾排长刚才说的这条小路,虽然乱草杂树很多,看似很少有人走过,但经过指北针测定,它的大方向是向东偏南的,这与地图上标示的方向大致上相符。根据我的经验,这条路才应该是通向五马峙的。"

顾红昌表示同意:"我也觉得是这条路。"

"那好,我们就走这条路。"毛张苗边站起身也对包志唐说,"7 班长,马上做好明显路标,以便指导员他们跟上我们。"

"是!"

在确定通往五马峙的方位后,5连又开始快速向纵深挺进。这时已快接近零时了,也就是说,离天亮只有六七个小时了,而他们距离五马峙还有20多千米。这时的每分每秒,对5连来说,都万分宝贵啊!

"通知后续部队,加快前进速度。"毛张苗命令通信员。

"是!"

正走着,身后的顾红昌对毛张苗说:"连长,我琢磨着这条路好像也不大对头啊?"原来跑着跑着,部队仿佛进入了人迹罕至的原始森林,四周都看不出有人走过的痕迹。但毛张苗坚信自己的判断,他说:"我觉得应该不会错,大家继续往前走。"

果然,又走了一段路,有个战士折回来向毛张苗报告:"连长,我们在前面路上捡到一顶帽子。"

毛张苗接过帽子用手电筒一照,一眼就认出这是南朝鲜军戴的军帽。他高兴地对顾红昌说:"现在已经可以肯定,这条路我们的确没有走错,刚才那伙敌人,正是从这条小路向五马峙方向逃窜的。马上用灯光信号通知指导员,部队继续加快行军速度。"

说完,他率领尖刀排,快速消失在漆黑的夜幕中。

这样一路走、一路打,途中还遭遇过多股敌人,但毛张苗的原则始终是,能不打的尽量不打,能绕的就绕,实在行不通必须打的,一定要速战速决,绝对避免与敌人缠斗而影响大局。

正赶着,顾红昌跑来向毛张苗报告:"连长,又发现情况了。"

"又有什么情况?"

"前面是一个村庄,里面有不少南朝鲜兵在村前集结。"

"他妈的!"毛张苗轻轻地骂了句,"怎么一路都是李伪军?"他又问顾红

不渝的忠诚
毛 张 苗 传

昌："被敌人发现没有？"

顾红昌说："看他们稀拉散漫的模样，应该没有。我觉得我们可以不惊动他们，悄悄地绕过去。"

"好，那我们不打了。往后传话，谁都不准发声，我们绕过去。"

说完，毛张苗命令顾红昌向侧翼派出警戒，并告诫后续部队谁都不得发出声响，紧随尖刀排从村庄的另一侧悄悄绕过去，敌人竟丝毫没有察觉。

绕过村庄后，毛张苗一看手表，指针已接近凌晨3时，也就是说，离天亮只有3个小时了。他对指导员说："老胡，时间已经不多了，但在天亮前我们必须赶到五马峙。我看这么办，我带尖刀排跑步前进，你率领后续部队抓紧跟上，注意保持联络。"

指导员胡衡说："毛连长，你放心往前走吧！我们不会掉队，绝不会拖尖刀连的后腿！"

"好！"

于是，连长毛张苗在前，指导员殿后，大家咬紧牙关，爬山岗、跃沟壑、穿密林、蹚河流，跌倒了爬起来再跑，受了伤咬着牙不吭声，一口气竟跑了十几里地。稍事歇息时，毛张苗点验人数，除了向后续部队交接俘虏的一个班正在赶上来，无一人掉队。

"嗯！大家都是好样的。"满头是汗的毛张苗用帽子扇着凉风，满意地说道，"按这样的速度，在天亮前一定可以赶到五马峙。"

3排排副顾红昌却还是有些担忧，他说："不知道路上会不会再遇到敌人，连长，为保险起见，还是应该抓紧赶路。"

"你说得对，"毛张苗站起身来说，"走！"

时间已接近5月17日拂晓，当5连到达直洞以北的700高地下面时，却发现在这个高地的山顶各要道上，都已据守着敌人，高地四周还构筑着工事，并设置了蛇形铁丝网。

"怎么办?"7班班长包志唐悄悄掩至毛张苗身边问。

毛张苗仔细地观察了高地上敌军的部署,凝神思索了一番后说:"这个高地是我们的必经之路,现在守敌居高临下,控制着有利地形,绕是绕不过去了,只有杀上去,消灭他们。这么办,你带7班摸上去,先悄悄弄掉障碍物,我让炮班和8班、9班用火力支援你们。"

"是!"尖刀7班在班长包志唐的率领下,悄悄地向高地上的敌工事靠近。包志唐命尖兵组组长刘焕仁去剪敌人的铁丝网,不料刘焕仁刚把铁丝网剪开,就被高地上的敌人发现了。敌人当即向刘焕仁小组进行猛烈的射击,刘焕仁和两名战士迅速钻过铁丝网,然后滚入敌人的散兵坑进行还击。这时包志唐也率7班上来了,他们以迅雷不及掩耳之势扑向敌人,被打蒙了的敌人还没回过神来,就已死伤了十几个。但是,逃进掩体里的敌人很快就开始反扑,战斗呈现出僵持状态。

毛张苗考虑到久拖易生变,必须以强力攻击快速解决战斗。于是,他亲率3排从侧翼迂回过去支援,3排以密集的手榴弹砸向堑壕中的敌人。他又命令60炮班和机枪组,以不间断的火力支援7班。炮手为便于射击,把炮筒夹在两腿中间,边打边前进。机枪手将机枪挟在腰间,对敌进行猛烈扫射。同时,他又命令8班插至敌人背后,9班则配合7班作正面强攻。遭到前后夹击的这伙敌人,很快就招架不住,只好丢下阵地逃往直洞方向。

说来也巧,经过毛张苗的判断,敌人的逃跑方向正是5连的穿插方向。有敌人在前面"带路",何乐而不为呢?于是,在敌人的"引导"下,第5连一气尾追了敌人十几里地,一直追到一个叫柏子洞的地方,敌人才四下溃散。

天色初明。一夜奔袭60余千米,沿途还进行了大小10余次战斗的5连,蓦然间,目睹目的地五马峙已近在眼前,部分战士一下子就瘫倒在地。

"休息5分钟。"毛张苗下令道。

是啊,此时能够休息5分钟,都是弥足珍贵的。因为战士们实在是太累了。但是越在这种关头,越无法让战士们畅快歇息。目的地虽已近在咫尺,但五马峙的"袋口"却尚未扎住,溃败之敌仍有机会由此逃出牢笼。因此,必须鼓起最后的气力夺占五马峙,为大部队最终全歼敌军创造最有利的条件。

插入敌人心脏的利刃

毛张苗一面命通信员尽快向正往五马峙赶来的副团长戚庆连和营长陶妙根汇报情况,一面嘱咐各班、排将缴获的武器弹药充实到每个战士手上。对60炮班,他要求全班8名战士每人配一支美式"八粒快"步枪,以便在炮弹打完时,能用步枪与敌人进行战斗。同时,为便于指挥和减少通信员的伤亡,他还把从南朝鲜军手中缴获的几部手持无线步话机分发到了各排。

布置完毕,正要赶往五马峙,营长陶妙根赶到了。

"辛苦了,老毛。"陶妙根一见到毛张苗,就紧紧地握住他的手说道,"你们5连真是好样的!怎么样,奔波一夜了,是不是让同志们先歇息一下,我让4连顶上去?"

原来4连走岔路后,已被营部派人追了回来,也正从后面赶上来。

"战机不等人啊,营长。"毛张苗忙说,"早一分钟抢占五马峙,就多一分截住敌人的把握。"

"现在5连的全体官兵正士气高涨,我们保证能完成任务。"站在一旁的5连指导员胡衡也说道。

"行,那我就等着你们拿下五马峙的好消息。"陶妙根紧紧握住毛张苗的手说,"我们五马峙见!"

"五马峙见！"毛张苗向陶妙根敬礼后，随即转身命令顾红昌，"尖刀排立刻出发，目标五马峙，快速前进！"

此时一架美军侦察机穿出云层，即将飞临5连的上方。再要隐蔽已不可能，毛张苗灵机一动，急令3排将昨夜在途中缴获的对空联络布板取出来，然后平铺在地面。果然，那架美机飞至5连上空后仅斜了斜机翼就飞走了。或许，他把下面这群人当成"自己人"了吧。

5月17日上午7时许，穿插、作战一夜后，5连的最终目标——五马峙，已被他们踏实地踩在了脚下。呈现在毛张苗眼前的五马峙，是一座林木茂密的陡峭山峰，在它与对面的原始山岭之间，横斜着一条土筑公路，地形极为险要，颇有"一夫当关，万夫莫开"之势。这里是南来北往的必经之路，敌我双方都清楚，谁控制了五马峙，谁就掌握了战场的主动权。

因此，急行至五马峙的5连来不及喘口气，就按照毛张苗的命令，立即向五马峙上的少量敌军发起了猛烈攻击。指导员胡衡率1、2排在分别扫清了两侧高地上的敌人后，一举抢占了制高点。

毛张苗则率3排及60炮班居高临下，控制住公路的拐弯处。战士们刚进入掩体中，就见南朝鲜军第9师的一长列南逃的汽车队，如一条长龙在滚滚烟尘中，"呜呜呜"地驶了过来。

"哇！不见首尾的汽车长龙，这么多敌人啊！嘿嘿！连长，咱们这是要发大洋财了吧？"

隐蔽在公路拐弯口边的顾红昌小声嘀咕了一声。他正守在一挺缴获的加拿大机枪旁边，一旦战斗打响，他将会指挥这挺机枪，居高临下地射击敌人。

毛张苗没吭声，他举着望远镜，密切观察着敌军车队，估算着不断变化的敌我距离。

"好啊,来得多好啊,反正敌人来多少,我们就收下多少,还不给打收条。"

毛张苗放下望远镜,回答顾红昌:"嗯!我特喜欢吃'大肥肉'。"

他嘴上虽然这么说,但心里其实正在琢磨,靠他手头这点兵力,要想截住这支车队和对付车上的敌人绝非易事,毕竟双方的力量差距太悬殊了。他必须认真思索对策,正确选择战术。

俄顷,他有了办法。

毛张苗把顾红昌和炮班班长崔登山招至身边,对他们吩咐道:"你们两个听着,一会儿打起来,只要一头一尾的汽车被打坏,敌人就跑不掉,至少跑不远,对不对?这样,我们的任务就能完成。"

对毛张苗的判断,两人都频频点头。

"所以,一会儿开打时,顾排长,你要告诉机枪手和枪榴弹手,以火力控制住先头的那辆汽车,炮班要负责击毁敌人末尾的车辆。记住,只要车队的首尾两头不能动弹,这伙南朝鲜士兵就休想逃出我们的手掌心。"

毛张苗刚调度完毕,南朝鲜军车队已进入1排和2排的射程之内。那边指导员一声令下:"打!"两翼山头上的轻、重机枪和各种自动武器一齐开火,车队的敌军指挥官顿时被打蒙了。有好大一阵子,他们甚至都在怀疑自己情报部门提供的情报是否属实,因为那份情报清楚明白地标示着:直到昨夜9时许,志愿军部队的位置仍在昭阳江北岸的麟蹄。而从昭阳江北岸到五马峙,至少有60千米的路程,况且雨夜山高路滑、沿途障碍重重。

"突然出现在这里的中国兵,难道是长翅膀飞过来的吗?"

正当南朝鲜军官还在纠结时,车队的前导车辆已被枪榴弹击中起火,燃烧的前车堵塞了后车的通道。须臾间,末尾的车辆也被炮弹击毁。

于是,整个车队前堵后拥、乱成一团,近百辆汽车都堵塞在山谷间这一段狭小的公路上,动弹不得。南朝鲜军官兵纷纷跳下车来,四下躲避如飞蝗般袭来的子弹。

毛张苗见敌军已阵势大乱,便命3排留一个班扼守公路拐弯口,自己则亲率两个班从公路正面压过去,扑向南朝鲜军车队。在5连的火力猛击下,公路上的敌人死伤惨重,尚未中弹受伤的都乱哄哄地钻入了卡车的肚皮底下……

至此,毛张苗和他率领的5连,已经稳稳守住了五马峙的两翼阵地,牢牢掐住了南朝鲜军第3军团的咽喉。

此时的五马峙及四周,漫山遍野都是成群惶恐无措、如惊弓之鸟般夺路而逃的南朝鲜第9师的残兵败将。出于求生本能,为了能逃离死神,几乎所有人都全无顾忌地随手扔掉一切被他们认为是累赘或无用的东西。这其中包括汽车、大炮、马匹和成箱的食品弹药等,甚至随身携带的步兵武器和装备。那可是配属给整整一个作战师团的作战辎重和清一色的新制美式装备啊!然而,敌军一切都已顾不上了,眼下要紧的只是能够逃出死地,跳入生门……

在这片风卷残云般席卷而去的溃逃洪流中,似乎没有任何一人,还能稍稍顾及一点自己的身份和军阶,似乎也没有任何一人仍想稍稍保持住自己的哪怕是最后一点军人尊严。因为害怕被活捉,几乎所有的军官都不约而同地率先摘下了自己的军衔、徽章,并随手扔掉,以至于校、尉等各级军衔俯拾皆是。

至于那些士兵,业已完全抛掉了身为军人的所有约束,只顾争先恐后地夺路飞逃。其实到了此时,几乎所有的公路和大道,都早已被中朝联军逐一堵截或切割封锁,铁壁合围已然形成……

胜利的尾声

关于这次奇袭战斗,第 60 师 178 团的战史中有如下记载:

在此次战斗中,5 连在 12 小时内,历经大小战斗 13 次,在敌腹中前进 30 余公里,及时与友邻形成了合围,截断了伪 3 师、伪 9 师向钻桥方向的退路,造成了歼敌的有利条件。因而在战后,我团荣获"志司"的通令表扬;第 5 连荣立集体一等功,并荣获"尖刀五连"的光荣称号;连长毛张苗经志愿军政治部批准,荣立一等功(二次),被授予"一级战斗英雄"称号。

此战三天后的 5 月 20 日,志愿军第 20 军 60 师,以全体师首长签名的方式,给第 178 团 2 营发出了嘉奖令。

此份嘉奖令的原件,目前仍然保存在中国人民革命军事博物馆,并且,在 2020 年军博"纪念志愿军出国作战主体展"上,向公众再一次展示。

嘉奖令全文如下:

嘉奖令

五月二十日第五号

我一中二分队在此次担任全师尖刀营任务中,表现积极负责,敢于大胆迅速穿插敌后,完成了穿插阻敌任务。当时该分队当亭子里北战斗后,因四、六连摸错方向,即由五连担任穿插开路尖刀连任务,在该连连长毛张苗、三排副顾红昌沉着机敏果敢指挥下，部队勇猛顽强坚定迅速，沿途经亭子里、柏子洞、五马山等大小十余次战斗，俘伤敌各一部，于次日晨六时半即抢占后坪里、五马峙、六九四·一高地要点。切断敌退路，并由一二排机动出击，缴获敌物资汽车七十余辆，榴弹炮七门，该连连长、副政指积极使用俘来司机，当即开走弹药车六辆，创造了我穿插敌后英勇范例，为该单位能及时总结经验，迅速请功评功，并号召我全体同志共同向他们学习。

特此嘉奖

师　长　彭　飞　　政　委　杨家保

副师长　陈玉才

参谋长　蔡群帆　　主　任　徐　放

五马峙被攻占，令盘踞在县里地区的南朝鲜军第3军团及第3师、第9师陷入了极大的恐慌和混乱中，为我军围歼这两个师创造了极为有利的基础。最终在中朝联军的奋力合击下，被围南朝鲜军3万余人大部被歼，全部重型装备都被丢弃，我军缴获颇丰。

刘载兴的南朝鲜第3军团由于作战指挥不力遭致惨败，而其辖下的3万余人几近覆灭。因而，获此消息后的"联合国军"总司令李奇微，在惊怒交加之下，竟不顾第五次战役仍在进行之中，断然下令撤销了南朝鲜第3军团的军中建制，下属师团改由美军将领直接指挥。不久，他又取消了南朝鲜军指挥官的战场指挥权。

5月18日傍晚，5连又接到命令：继续完成40多里的穿插任务，迅速插到一个败敌集结地月屯谷去。天雨路黑，5连摸黑走了十几里路，翻过山岭后，一条大溪横在面前。溪边的密树枯藤横七竖八，像一堵墙壁，另一边是水深流急的溪涧。战士们就沿着溪中的乱石路前进，有的石块比房子还高。他们只得像瞎子一样,摸索到一条石缝,再用手攀上去。有的战士没有攀牢,把腿和裤子都跌破了。后面的人吸取了教训,两脚站上别人的肩头,把手伸给石头顶上的人,这样一个接一个地爬上去,一个小时才跑了两里路。这时,尖刀班突然发现山腰闪着许多束手电光,判断是敌人在连夜逃命。

尖刀班一发现敌人,急忙把队伍散开,派人向连长报告。毛张苗根据当时的任务与情况,下令:"天这样黑,只要我们不讲话,敌人就不会发觉我们是什么人。大家都沉住气,迅速往前插。"

在这条山路上,5连和两边的敌人在进行着行军比赛。

部队刚跑到山口,天亮了。山口外的庄子里挤满了敌军士兵,毛张苗率第4班一个猛扑,就活捉了30多个南朝鲜士兵。只见这批军人的钢盔左边画着一个白色骷髅头,右边画着两根交叉的骨头,原来这是当时南朝鲜军中所谓"敢死队"(第3师18团),诨名"白骨团",据说是至死不降的"精锐之师",现在却乖乖向我军投降了。

5连占领该村后,派出一个排过河,去解决对岸小山堡里的敌人,之后营长也赶到了。大家边走边打,活捉了"白骨团"很多官兵。到最后,这些丧魂失魄的"懦夫",只需我军战士们招招手,向他们示意我方有吃的,他们就马上乖乖地举起手来。这一批饿得面黄肌瘦的"白骨团",真的个个都成"白骨头"了。

5月19日早上8时,5连穿插到了月屯谷。敌人全都被包围在月屯谷里面,中午12时,待后续的兄弟部队赶到,5连就与其一起搜山抓俘虏。

在第五次战役第二阶段,第60师178团2营5连先后两次实施穿插与奔袭,都出色地完成了任务。尤其在第一次穿插中,准时抢占战役要点五马峙,截断了敌人南逃之路,对我军围歼南朝鲜军3万多人,发挥了至关重要的作用。对此，中朝军队联合指挥部在战役仍在进行中时，就即时发出了由彭德怀司令员、邓华副司令和朴一禹副政委联名签署的嘉奖令电报对"第20军第60师第178团，勇敢地迂回分割断敌退路的勇敢精神予以通令嘉奖"。

就这样，英雄连长毛张苗和他的尖刀5连，在经历无数的风雨冰霜、血火肆虐和九死一生的战火淬炼之后，终于光彩夺目地走在了这支伟大人民军队的前列。这也意味着，当年的这支小小的四明山游击队——"鄞奉中队"，在党的领导下，在家乡英雄和烈士们无私献身精神的感召下，在多年的艰难磨砺中脱胎换骨，一步一个脚印，踏踏实实地迈向了自己的巅峰。

名胜洞阻击战

战场形势瞬息万变。

1951年5月21日，抗美援朝第五次战役第二阶段胜利结束。经历了6天时间的苦战，战士们总算可以撤回后方休整一下了。

志愿军司令部首长当时认为：经第五次战役后，敌虽遭到了严重的打击，特别是南朝鲜李伪军受到的打击更大，但美军尚未整师、整团被歼灭，仍保持着实力并有可能择机北犯。而我军经连续作战，部队已极度疲劳，粮弹已尽。且雨季将至，江河沼泽又在部队后面，一旦山洪暴发，交通中断，部队的补给将更加困难，不如后撤使主力得到休整，以逸待劳，寻机歼敌，更为主动。故此，志愿军总部遂下令全线部队于5月23日起，有序后撤至三八线附近，也就是第五次战役发起时的位置。

毛张苗所在的第20军奉兵团命令，于23日起从南朝鲜的县里、麟蹄北移,在北渡昭阳江后,沿富坪里、华川、山阳里,预定到达金化以东地区休整。而毛张苗他们出发的时间则是24日晚,行进的路线是:先经富坪里过昭阳江,再由杨口绕道到达预定地点。

那一天,志愿军政治部派了一个摄影组到第60师,他们要拍摄第60师过昭阳江的实战场景,第60师遂按原路返回昭阳江进攻出发地。经昼夜行军,25日,第60师前卫180团抵达昭阳江边上的富坪里,正要渡江,忽然发现有一股美军伞兵出现在附近的山头,这使得第180团首长大惑不解,也顿时警觉起来:昭阳江一带是我军的防御纵深,美军怎么会突然出现在这里呢?这个突发情况,不仅令团首长感到诧异,也让军、师首长也觉得十分纳闷。

事情很快就有了答案。原来,这是美军又一次施展的所谓"磁性战术",即在我军撤退之时,抓住我后勤补给不足、继续作战能力受限等不利因素,利用其快速机动能力和我后撤部队掩护组织不周而出现的空隙,以空降伞兵插进我后撤部队的纵深,给我正在后撤的部队造成混乱,并以此切断我军撤退的通道,进而歼灭我军。

毛张苗所在的5连,正是在这样的背景下,于5月27日绕道大酒店,经3天急行军,赶到北汉江以西、金城以南、后洞里和梨船洞以东地区参加阻击作战。而此时,第58师已在华川地区顽强阻敌7天了。

6月4日,第178团奉命与军特务团接替第58师643.2高地至佑长洞一线阵地,准备向下好音洞、日山实施反击,以围歼冒进至佑长洞以东955.4高地一线之李伪军第6师1部。

5日,毛张苗率5连与其他兄弟连队一起进入进攻出发地,不料被敌发觉。敌便以猛烈炮火进行攻击,并以两个营的兵力向2营阵地实施猛攻。当时,5连在4连的后面。毛张苗在望远镜中看到,4连扼守的其中一个山头将要被敌人占领,情况万分危急,便对指导员胡衡说:"不行,得去支援他们一下。"

这时连部通往营部的电话线已被炸断,而通信员又另有任务,于是毛张苗对胡衡说:"指导员,得请你去营部报告一下。"

胡衡说:"你不能离开阵地,还是由我带人去支援他们。"

"别争了,来不及了。"毛张苗说完抓起一支汤姆冲锋枪,冲出连部,大声命令,"4班、7班,跟我走。"

冲到那个将被敌占领的山头,毛张苗乘敌人不备,指挥两个班从敌人的侧背悄悄摸上去,然后出其不意地对快爬上山头的敌人一阵猛射。敌人很快就被反击下去,丢下了3挺重机枪和1部电台。冲到山顶,毛张苗发现阵地上只剩下4连指导员一人在顽强阻敌,但是他也负伤了。毛张苗一边命卫生员给他包扎,一边叫大家抓紧修复工事。

这时接到报告的营长陶妙根也赶到了4连的阵地说:"好你个毛张苗,不经请示同意,就来增援4连,不过我还是要表扬你。"一见面,陶妙根就一拳打在毛张苗的胸脯上,开了句玩笑。

毛张苗说:"营长,你不该来这阵地上。"

"只准你来,就不准我来?"陶妙根反驳了一句,边说边察看阵地上的工事。

毛张苗说:"你的阵地在营指挥所,如果你相信我毛张苗能守住这山头,就请你马上回去。"

陶妙根自知拗不过毛张苗,说了句"我反正说不过你",就下山回营指挥所了,但没走几步,他又转过身来,对7班班长包志唐说,"7班长,我交给你一个任务,你得把你们连长给我保护好,他若是擦破一点皮,我就找你算账。"

包志唐看了看毛张苗,咋舌说:"他是连长……"

"连长怎么啦?"陶妙根声音大起来,"我是营长,这是我的命令。"

"是,"包志唐"啪"地立正说,"坚决执行命令。"

这一天,4连和5连与优势之敌激战终日,给敌人以重大杀伤。在4连的另一个山头上,担任连前哨任务的该连6班战士程九龄,在战友伤亡的情况下,孤身一人,坚守阵地。一个人轮番使用1支自动步枪、1支卡宾枪、1支转盘枪、34枚手榴弹、9枚手雷,独自坚守前哨阵地1天,击退敌人6次进攻,歼敌40余人,创造了一兵多用、孤胆作战的典型战例。战后,志愿军司令部授予他"孤胆英雄"的光荣称号。

同样,5连的战斗也打得异常惨烈。在此后的658.4高地阻击战中,兄弟部队9连的阵地因友邻752高地失守被敌控制,伤亡重大,遂奉命撤至658.4高地,与毛张苗的5连合并建制,对敌人作战。

6月28日,第178团当面之敌在攻占友邻部队高地之敌的策应下,分三路强攻602.2高地。设在该高地反斜面的2营指挥所由于时间仓促、伪装不佳,被美军的炮火校正飞机发现。美机引导地面炮火向2营指挥所进行射击,在短短数十秒之内,3发155毫米榴弹炮炮弹直接命中2营指挥所,将圆木和泥土构筑的指挥所炸塌。其时营长陶妙根、教导员杨家骏和副教导员罗敬良还在指挥所里面。待大家奋力把他们扒出来,陶妙根、杨家骏和罗敬良3人均身受重伤,经营部卫生员全力抢救,教导员杨家骏和副教导员罗敬良生还,营长陶妙根因伤势过重,当场牺牲。因此时602.2高地即将失守,准备撤出阵地的部队无法将陶妙根的遗体及时运走,只得含泪将他草草埋在602.2高地上。

此时,在其他阵地上,敌人的进攻也十分猛烈。在602.2高地和第60师警卫连据守的阵地相继失守后,敌约1个营的兵力由752高地向5连扼守的658.4高地发起进攻,造成658.4高地腹背受敌,陷入包围。在危急关头,毛张苗临危不乱,组织部队奋力拼杀,几次与敌进行白刃战,然后选择有利时机,率部突出重围。之后,5连机动绕至602.2高地以北继续与2连的一个排阻敌一天，打退敌人数次进攻。最后全连战至仅剩两个步兵班，遂于29日奉命后撤至古乃洞整训。

回到古乃洞，毛张苗才知道陶妙根营长牺牲的消息，这对毛张苗来说，是无法接受的。虽然对每位战友的牺牲，毛张苗心里都难过，但对陶妙根，他却有着特殊的情感。陶妙根比他大6岁，虽然参军时间比他迟，但进步比他快，尤其是在解放战争中，陶妙根曾5次立功受奖。其中他在淮海战役中曾荣立二等功一次，在解放上海战役中被授予"三级人民英雄"光荣称号，在1950年2月全国英雄总评时，又被授予"二级战斗英雄"，可以说，陶妙根就是毛张苗身边每天都见得着、摸得到的英雄，既是毛张苗的兄长、战友，又是他尊敬的领导。1950年10月，当他从第178团3营8连调到2营5连时，毛张苗是十分激动的。2营是一个屡建奇功的英雄营，尤其是在淮海战役中，杜聿明兵团逃离徐州时，2营曾紧追其后，在储庙追上了敌人，当晚就对敌发起了攻击，与兄弟部队一起歼敌两个营，又击溃增援之敌两个营。故此，能在这样的英雄营和这样的英雄营长手下当连长，毛张苗备感骄傲和自豪。此外，个人关系上，毛张苗与陶妙根也非同一般。毛张苗是陶妙根手下的连长，在部队，下级服从上级，是一条铁的纪律，他也要求他的部下必须这么做。但在战场上，他自己却又多次"抗命"。因为毛张苗认为，战场形势瞬息万变，战斗的时机又稍纵即逝，作为在战斗最前沿指挥作战的指挥员，不能机械地执行上级的作战命令，而应该根据不断变化的战场形势，灵活机动地调整作战部署，以最大程度地消灭敌人。正因如此，他才在入朝后不久的长津湖古土里阻击战及后来的名胜洞阻击战等战斗中，根据战场上敌情的变化，适时地调整了营部下达的作战部署，甚至"先斩后奏"。作为营长的陶妙根，事后不仅没批评他，反而表扬他，还为他请功，这样的领导风格和气度，着实令毛张苗深受感动、深为佩服。而现在，这个兄长般的战友和领导就牺牲在离5连阵地不远的602.2高地上，连遗体也未运回来。一想到这里,毛张苗,这个平生极少流泪的硬汉子,也禁不住转身默默地落下泪来。

但这时候的毛张苗,过多悲伤时间也没有了,因为5连经过几次恶战,伤亡重大,连的建制基本上成了虚架子。其他兄弟连队的伤亡情况甚至比5连更加严重。为了再战,第178团甚至启用了团里的"宝贝疙瘩"——骨干营(部队为了保存骨干,以利再战,从各营抽调一个连组成的一个营,不到万不得已时,不轻易动用该营参加战斗),加上归队的轻伤员及军、师调来的勤杂人员等,又组成了两个营。如此,5连和1、2、7连等4个连队的建制才重新得到恢复,并在不久后,又与北犯之敌在战场上厮杀。

1951年7月14日,在华川以北地区30千米的防御正面上阻敌50天的第20军,圆满完成了"志司"交给的防御作战任务,于7月15日零时,将防务移交给第27军。

7月20日,毛张苗所在的第178团奉命到元山西南王老里一带休整,同时担负朝鲜东海岸的防御任务。在此期间,毛张苗和指导员参加了团党委召开的党委扩大会议。会上,他们学习了军、师两级召开的党委扩大会议精神,分析了抗美援朝一年来所取得的巨大成就,研究了朝鲜战场的特点和敌我双方的主客观条件,从而更加坚定了持久作战的思想。

回到连队后,毛张苗向全连干部、战士传达了团党委扩大会议精神,并组织开展了认真的学习和讨论。在提高思想认识的基础上,连队转入紧张的军事训练,如山地进攻战中单兵、小组、班的战术训练,以及爆破、扫雷、反坦克、山地投弹、射击五大技术的训练。

9月,针对敌人不断在朝鲜东海岸进行的袭扰活动,为了准备打击可能登陆之敌,毛张苗率领5连参加了在高岩1030、1177等高地第二线阵地的构筑。

▶ 1951年5月,第五次战役进入第二阶段,中国人民志愿军第20军60师178团2营5连在连长毛张苗的带领下翻越云岳山(张崇岫摄)

▶ 1951年5月,中国人民志愿军第20军60师178团2营5连战士们追击敌人(张崇岫摄)

▶ 1951年5月17日,中国人民志愿军第20军60师178团2营5连一夜奔走120里,赶到朝鲜县里地区五马峙,截击逃窜的李承晚部队(张崇岫摄)

不渝的忠诚
毛 张 苗 传

▲ 荣立集体一等功的第 178 团"尖刀 5 连"

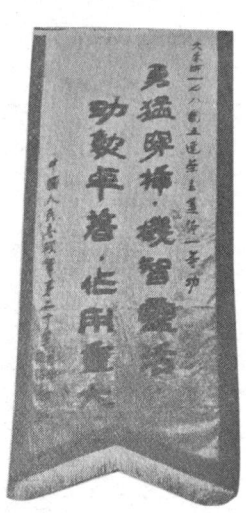

▲ 左图 "尖刀 5 连"所获奖旗
▲ 右图 1952 年,第 178 团 2 营营长毛张苗(右二)与教导员胡刚、副教导员平涛等在朝鲜坑道指挥所

英雄凯旋

在欢迎的海洋里

1952年的新年到了。

1月的朝鲜东海岸,又进入了漫长而寒冷的冬季,极寒天气似乎是这里永恒的现象。但现象是可以改变的。对中国人民志愿军来说,1952年的冬季,与刚入朝时的那个冬季比,无论是抵抗寒冷的服装、部队的装备还是弹药粮食的补给等后勤保障,都不可同日而语了。尤其是与"联合国军"的较量,中国人民志愿军已经扭转了一开始被动的局面,已掌握了战争的主动权,胜利的天平已经向中国人民志愿军和朝鲜人民军一侧倾斜,"联合国军"企图占领朝鲜全境的美梦已经破灭。

在不断取得胜利的日子里,中国人民志愿军第二批归国代表团回国的日子临近了。据中国军事百科全书编辑室编的《中国人民志愿军归国代表团》一文中称:

> 抗美援朝期间,中国人民志愿军应中国人民保卫世界和平反对美国侵略委员会的邀请,曾先后两次派代表团归国,向祖国人民汇报朝鲜战场情况,介绍志愿军协同朝鲜人民反抗美国侵略的英勇事迹。第一批归国代表团10人,由第38军政治部宣传部部长柴川若率领,于1951年2—9月,先到北京,后赴全国24个省,172个市、县作报告,听众达4475万余人。第二批归代表团170人,代表团团长为第39军政治委员李雪三,于1952年1—

5月，先到北京，后赴全国6大行政区，28个省（市、自治区）、1054个县（市），390个乡镇，作报告5589场，听众达3660余万人；组织广播大会335次，听众1534万人。同时，在31个城市举办了从朝鲜前线带回的抗美援朝战争的实物和图书展览，观众220万人。归国代表团还慰问了志愿军烈士家属、军人家属和归国休养的伤病员。代表们所到之处，受到地方党政机关和人民群众的热烈欢迎，有的大、中城市欢迎群众达数万至数十万人。广大群众主动给代表写慰问信，捐赠慰问金、慰问品、慰问袋和书刊及其他珍贵礼品。

1952年5月23日，毛泽东主席，朱德、刘少奇副主席，周恩来总理等党和国家领导人，接见了第二批归国代表团全体成员。此外，在朝鲜停战前，中国人民志愿军还组织过4次五一国际劳动节和国庆节观礼代表团归国。这些归国观礼代表团同样受到了祖国人民的热烈欢迎，并向各界同胞作过多次生动感人的报告。

归国代表团的汇报活动，使祖国人民了解了朝鲜战场的情况和志愿军官兵的英雄事迹，密切了祖国后方与朝鲜前线、志愿军官兵与祖国亲人之间的关系，激发了全国人民加紧建设祖国、支援抗美援朝的热情。归国代表团返回朝鲜前线，向部队报告祖国建设的成就和祖国亲人的问候，对鼓舞志愿军官兵斗志起了积极作用。

时任中国人民志愿军第20军60师178团2营参谋长、"一级战斗英雄"毛张苗就是第二批归国代表团的一员。代表团成员由朝鲜前线的志愿军英模代表组成，如特等功臣梁庆有、战斗英雄黄金明、平太信，战地模范报务工作者陈贵，护理伤员的功臣刘剑辉等。

代表团从朝鲜前线启程时,彭德怀司令员亲自到场欢送,并委托归国代表团带给祖国人民一封用毛笔写的亲笔信。信中说:"为了感谢伟大的祖国人民对于志愿军的热烈支援,必须继续坚决打击美国侵略军,保卫祖国的安全。"然后,他与每位归国代表团成员握手送行。

穿着厚厚的新冬装,离开冰天雪地的朝鲜,当列车通过鸭绿江,一路向南,飞驰在广袤无垠的东北原野时,毛张苗将头上的皮帽摘下了,之后又将大衣脱下了。尽管这时候的东北还是千里冰封,万里雪飘,但毛张苗却感到自己身上的热血在涌动。是啊,他回来了,又回到了祖国的怀抱!作为一个经历了血火和生死考验的幸存者、一个被党和军队授予了崇高荣誉的战斗英雄,此时此刻,他怎么能不兴奋,不激动,不热血沸腾呢?

这时,有人在车厢里轻轻地哼起了战士们在战壕里常唱的《歌唱祖国》:

　　五星红旗迎风飘扬,
　　胜利歌声多么响亮。
　　歌唱我们亲爱的祖国,
　　从今走向繁荣富强。
　　……

一开始,歌声还是低低的,只有几个人在轻轻哼唱。后来,越来越多的人加入歌唱的行列中,最后,有人干脆站起来,放开歌喉唱了起来。歌声是最能打动人、感染人的,尤其是当唱到:

　　越过高山,
　　越过平原,
　　跨过奔腾的黄河长江,

> 宽广美丽的土地,
>
> 是我们亲爱的家乡……

许多人禁不住流下了热泪,毛张苗也流泪了。有人说,"英雄有泪不轻弹",可是,当你回到久违了的祖国,当你马上就要见到"亲爱的家乡",当你想象年迈的父母正手搭凉棚靠在门框上盼你回家时,你又怎能不心潮澎湃、热泪盈眶!这才是真正激动的泪水,幸福的泪水啊!

1月18日,列车抵达北京站。一下火车,毛张苗和归国代表团的战友们就被欢迎的人群包围了。他的战友、志愿军归国代表曲竟济在后来所写的一篇题为《首都十日》的文章中记述了当时的情景:

> 到达首都的那天(1月18日),我们被欢迎的人群拥出北京车站,数不清的工人、学生、青年、妇女像潮水似的涌上来,围着我们每一个人。老大娘们包围了打红旗的田静同志,走在前头的一个60多岁的老大娘抢过"中国人民志愿军归国代表团"的红旗,骄傲地扛起来,青年们一拥而上把田静抬起来,祖国人民也以同样高度的热情欢迎和我们并肩作战的朝鲜朋友们,人民军的一位女同志也被抬起来啦。握手啊,拥抱啊,分不清掌声和欢呼声……

在接下来的10天时间里,毛张苗和归国代表团及朝鲜的同志们每天都处在欢迎的海洋里。在首都石景山发电厂,在学校、市郊、中山堂及劳动人民文化宫等,他们一场接着一场作报告,一次又一次地感受着祖国人民高涨的热情和真挚的情感。首都农业大学的一位女同学听完报告后,当场给志愿军归国代表团写了一封信,其中有这么一句话:"每当我有些累的时候,我便会马上想到我们最可爱的人——志愿军在冰天雪地、北风刺骨的战场上昼夜地打击敌人……真奇怪,我的精神马上就来了。"一个叫徐永仁的小朋友在听了报告后,也写了一封信给志愿军归国代表团,信中说:"当我们在报上看见你们又在朝鲜战场上立了许多功劳,我们高兴地跳起来,看到美帝国主义残杀朝鲜人民的消息时,气得肺都要炸了。"首都石景山发电厂职工为支援抗美援朝,在1951年10月完成增产15亿元后,又从当年11月起的50天内,超额增产100吨小米。

在首都的10天时间里,毛张苗除了每天作报告,还要接受《人民日报》等多家报纸的采访。

1月24日,《人民日报》在显眼的位置上发表了访问毛张苗的文章。文章以第一人称叙述,标题为《英雄手记:插到敌人心脏,就是胜利——中国人民志愿军归国代表一级战斗英雄毛张苗》。

愈战愈强的中国人民志愿军英勇作战的事迹是很多的,在这里我只讲一下我亲身经历过的一次战斗。这次战斗中,我率领的第5连一夜穿插敌军纵深百余里,经过大小13次战斗,俘敌263名、毙敌180余名、缴获汽车72辆、榴弹炮7门。

在五次战役时,我是5连连长,我们的任务是开辟前进道路,插向敌人层层防御的中心——五马峙,切断敌人退路。在战斗前,我们积极学习兄弟部队的作战经验,全连进行了多次讨论,定出穿插作战的计划。5月16日下午5时半,对敌攻势开始了,我连担负了尖刀连的任务。山地地形是复杂的,曲曲弯弯的一条又一条的山沟。我在军用地图上找到了我们前进的方向——东南,部队肃静地迅速搜索前进。

敌人最怕我们的包围战术。他们在亭子里(去五马峙中途的一个村子)周围山上布置了一个团的兵力,进行堵击。我们的部

不渝的忠诚
毛 张 苗 传

队抛开两侧敌人，猛插敌人心脏。几位炊事员与敌人遭遇了，我们即派6班增援，炊事员配合6班打垮了惊慌失措的敌人，活捉敌人18名。这时，正面与侧面都打起来了，我们是三面受敌，敌人的炮火封锁我们的前进道路，情况十分紧急。但是，我知道敌人是不了解情况的，他们在恐慌地盲目地打枪打炮，只要我们动作迅速，坚决插进去，就会造成敌人的更大混乱。"插到敌心脏，就是胜利！"我下定了决心，立即进行攻击部署。晚上可以清楚地看到敌人的火力点，我立即布置六〇炮班长崔登山对敌人重炮位置射击。崔登山为了不被敌人发觉我的火力位置，机动地边打边前进。为了动作快，他不用炮脚炮板，把炮筒抱在手里打，连打15发，敌人的重炮阵地被我六〇炮压倒了。我又命令7班插入敌人侧后，相机解决敌炮兵阵地。7班长包志唐率领全班以突然的火力杀伤敌30余名，直插敌人炮兵阵地。我率领8、9班火力猛击正面敌人，在我们两面夹击下，敌人动摇了、溃退了，我们很快地占领了亭子里。这里共活捉敌人30余名，毙伤敌50余名，并缴获3门化学迫击炮。

继续追击敌人。这里山沟交错，地形更复杂了，敌人无法阻碍我们前进。我们靠着军用地图和指北针，又向柏子洞前进了。柏子洞西边700高地是伪3师一个营在守备。我们搜索组扑到铁丝网边，敌人还未发觉。我布置8班迂回左侧，7班攻击主峰，全连用突然动作打得敌人没来得及反击，便被一阵密集的手榴弹打垮了。

全连经过几次战斗，弹药打光了，我们立即捡起了敌人丢弃的弹药武器，不少同志换上了敌人的自动步枪。一路经过了大小13次战斗，敌人阻挡不住我们的前进，我们一直插到五马峙。西边是600公尺的高地，下面是由此向南的一条宽广平坦的公路。在我各路大军攻击下向西南奔逃的敌人,正是人困马乏,汽车炮车乱成一团,我们突然出现在敌人面前,使敌人更加混乱了。到达了指定地点的全连同志情绪特别高涨。1排2排迅速占领了公路两侧的高地,2班长冯玉安率领全班与敌混战,活捉美国顾问3名。我率领3排插到600高地南端,惊魂未定的敌人再也没勇气抵抗了,丢掉大批辎重,纷纷南逃。6时半,我们胜利地占领了五马峙阵地。

在北京作报告暂告一段落后,志愿军归国代表团和朝鲜人民访华代表团便离开了北京,他们分成6个分团26个小组,分赴全国广大城乡。

因为毛张苗是浙江人,他被分配在华东分团。据中国人民抗美援朝总会浙江省抗美援朝分会一份资料称,华东分团的代表们于1952年2月至4月间,在志愿军归国代表团团长李雪三、朝鲜人民访华代表团团长洪淳哲的率领下,来到浙江。志愿军归国代表团的领导除了团长李雪三,还有副团长、时任第9兵团副司令员的陶勇。中朝两国代表团华东分团的代表人数为37人,他们被分为6个小组,分赴山东、安徽、苏南、苏北、福建及浙江等地进行巡回宣讲。

华东分团离京后,曾在南京停留了一周,因为毛张苗等英模们要参加华东军区暨第三野战军的第一届英模代表大会。在英模大会期间,毛张苗和几位志愿军英模到驻宁部队作了好几场报告,每到一处,都受到夹道欢迎,欢声雷动。

结束了南京的行程,毛张苗又随华东分团来到了上海。上海是毛张苗曾经战斗过的地方,在朝鲜的志愿军当中有很多上海兵,而在毛张苗所在的第20军当中,上海兵更是占了很大的比例。现在,短短的两年多时间,上海已发生了翻天覆地的变化,毛张苗真想马上写封信,告诉正在朝鲜前线与敌激战的上海籍战友们,让他们也一起来感受伟大祖国日新月异的变化，分享人民美好幸福的生活。

　　2月14日晚，志愿军归国代表团华东分团冒雨来到上海人民广播电台，以广播大会的形式，向华东人民作报告。当晚有14万人收听了这次广播。报告首讲人是华东分团团长李雪三，他报告了志愿军在朝鲜前线取得的胜利，同时也汇报了志愿军战士在后勤补给遭美军破坏、物资极度匮乏的情况下，克服困难，厉行节约，最后战胜敌人的感人事迹。广播大会开得十分活跃、热烈。许多人听了广播后，连夜打电话给正在广播电台作报告的志愿军归国代表团，向全体志愿军表示了衷心的感谢并倾诉自己的心声。宝山县委一位领导在长途电话中对志愿军归国代表团说，听了晚上的广播，更提高了全县人民对"三反""五反"的认识，鼓舞了全县人民的斗志，他们一定要做好各项工作，作为给最可爱的人的献礼。家住吴淞路332弄的梅淑纯女士是一名志愿军家属。那天她刚从织布厂下班，在路上听到志愿军归国代表团的英雄事迹报告后，连晚饭也来不及吃，就冒着大雨赶到广播电台，兴奋地握住代表团同志的手说，她丈夫是朝鲜前线的汽车兵，她希望代表团的同志给她丈夫捎个信：她在上海的工厂工作，他在朝鲜前线打仗，两人的岗位虽然不同，但目标却是一致的。为了使新中国更繁荣、更富强，人民更幸福，他们一定要加倍努力，开展竞赛，多做贡献。

在杭州

　　告别了上海，下一站就是浙江了。列车从上海老北站出发，经过3个多小时的行驶，抵达了志愿军归国代表团华东分团作宣讲报告的第一站——杭州。

浙江是毛张苗的故乡,杭州更是毛张苗渴望一游的地方。今天,这个被人誉为"上有天堂,下有苏杭"的美丽城市终于向这位载誉归来的英雄游子敞开了胸怀。

尽管下着霏霏细雨,尽管春寒依然很浓,但这丝毫不影响杭州人民对志愿军归国代表团的热烈欢迎。在人山人海的杭州火车站月台上,欢迎的人们簇拥着每位代表团成员,一束又一束的鲜花塞满了代表团成员的胸前。笑声、掌声、欢呼声、歌声和"中国人民志愿军万岁""向志愿军英模代表学习致敬""欢迎志愿军归国代表团来浙江"等口号响彻车站上空。

这时候,不知谁泄露了一个"秘密"——代表团成员中有位叫毛张苗的"一级战斗英雄"是浙江人。于是,欢迎的人群便很快将目光投向代表团成员中那个高个子年轻军官。"他就是英雄毛张苗!"月台上不知有谁喊了声,一时间,欢迎的人群沸腾了。大家呼喊着:"向英雄学习!""向英雄致敬!"随着此起彼伏的口号声,毛张苗被人们抛了起来……

初春的杭州,在向人们展示美丽的同时,更向人们展示着她对志愿军英模的热情和崇敬。

因为时间关系,志愿军归国代表团华东分团在杭州的日程安排非常紧张,因为除杭州外,华东分团还要赴绍兴、宁波、金华等15个城市和集镇进行宣讲报告。

2月26日,即志愿军归国代表团华东分团和朝鲜人民访华代表团抵杭数天后的一个上午,毛张苗急切地要去省高级人民法院看望一个人,他就是毛尹。毛尹与毛张苗是同村人,1943年毛张苗从国民党部队逃出来,投奔共产党领导的第6大队,就被分配在由毛尹任中队长的第2中队,从此,毛张苗就一直跟随着毛尹,两人一起在四明山打游击,一起被编入浙东游击纵队第4支队,一起参加北撤,一起被编入华东野战军第1纵队。在革命的道路上,毛张苗一直把毛尹看作自己的兄长、老师和引路人,没有毛尹当年对他的关心、帮助和教导，也就不会有后来的毛张苗。

毛尹在1947年7月滕县战役中，对被俘的国民党军官兵训话时，突遭国民党残部的山炮袭击而身负重伤，后被战地医院抢救过来，背上却留下了5条大伤痕。从此，他便与毛张苗分别了。1949年9月，上海解放后，毛尹转业到地方，任宁波专署司法科科长，后调任浙江省人民法院秘书组长等职。对于昔日的老部下毛张苗在朝鲜战场上的英雄事迹以及他参加志愿军归国代表团回浙江老家作巡回报告的消息，毛尹早就从有关新闻报道中获悉了。他急切地盼望着想见一见毛张苗，没想到毛张苗竟先来找他了。老战友相见，真的是分外高兴、分外激动，两双久别的手紧紧地握在一起，一直不肯松开。数小时之后，毛张苗要告辞了。临行，他对毛尹说："老首长，我们一起合个影吧。"毛尹一听，当然十分高兴。于是，毛张苗抱起毛尹两岁的儿子毛瑞虎，与毛尹和他的夫人冯曼如、毛尹的警卫员葛志英及省法院的两位同志来到照相馆，拍了一张珍贵的"全家福"。数天后，毛尹派人将印好的照片送到毛张苗手上。他在照片背面写下这样一句话："让我们永远在一起，亲爱底战友，为志愿军代表毛张苗同志荣旋祖国，1952年2月26日于杭州，毛尹"。

从毛尹处回到代表团华东分团驻地后，毛张苗受代表团领导的委派，到杭州的华丰造纸厂去作志愿军英雄事迹的报告。华丰造纸厂是一家百年老厂，该厂的创始人竺梅先生和他的夫人也是宁波奉化人，这便使毛张苗产生了一种"老乡见老乡"的亲切感。当然，毛张苗去作报告并非因为竺先生夫妇是他的奉化籍老乡，而是华丰造纸厂在抗美援朝战争开始后，增加劳动日，增产节约，一下子为志愿军捐献了3架战斗机。为了表示对该厂的感谢，代表团的领导才安排毛张苗到该厂作报告。数月之后，毛张苗又回到了朝鲜，但他的心里依然惦记着华丰造纸厂的工人师傅们，在华川前线战斗的间隙，他还写信给该厂的工人师傅们。

除了到工厂、学校、机关、部队及农村等作报告，毛张苗他们在杭期间还有一个重要的活动，就是登门看望志愿烈军属。这是归国代表团离开朝鲜时，彭德怀司令员特别交代的。

这是一个飘着细雨的早晨，毛张苗他们来到了位于杭州市南山路上的武民小学。在这所小学的楼上，住着一位光荣妈妈邓妈妈。在邓妈妈家的客厅里，这天还聚集着来自杭州市的12位志愿军家属。听说志愿军归国代表团的同志们要来看望邓妈妈，他们便早早来到邓妈妈家等候，希望能见一见来自朝鲜前线的同志们。

当李雪三团长向志愿军家属们汇报在过去的15个月中，志愿军共歼敌51万余人，打落3000多架敌机的辉煌胜果时，家属们都激动地欢呼起来，在一旁的邓妈妈含着眼泪说："嗨，真光荣啊，我的孩子们！"

这时，李雪三团长和毛张苗等几个志愿军归国代表团成员都站了起来，他们摘下别在胸前的大红花。李雪三说："全国人民把我们志愿军称为最可爱的人，你们是最可爱的人的父母，你们是最光荣的人。今天，我们谨将杭州人民献给我们的鲜花再献给我们最亲爱的父母们，同时，代表你们在朝鲜作战的儿女们，来看望你们，慰问你们。祝亲爱的光荣爸爸、光荣妈妈们身体健康，永远光荣。"李雪三说毕，就与志愿军归国代表团其他成员一起，将手中的鲜花送到了光荣爸爸和光荣妈妈的怀抱里，令接到鲜花的光荣爸爸和光荣妈妈们倍感温暖、热泪盈眶。

慰问志愿军伤残军人也是这次志愿军归国代表团的一项重要任务。1952年3月27日早晨，李雪三团长带着毛张苗等志愿军归国代表团华东分团的同志们，来到了浙江荣军学校第一分校，这是国家拨款3亿元于1951年建成的可容纳近千名学员的学校。学校的校长，就是毛张苗的老首长、在1946年10月台枣线反击战斗中被流弹击中头部导致双目失明的王水林。

在学校宽敞明亮的教室里，志愿军归国代表团华东分团的同志与荣军

不渝的忠诚
毛 张 苗 传

学员们见了面。昔日同在一条战壕里并肩战斗的战友，今天在荣军学校里重逢，大家百感交集，分外高兴，握着的手紧紧不愿放开。

二等功臣、荣军学员李汉民拉着毛张苗的手说："听说你们来了，我们真是盼啊盼啊，今天终于盼到了。我虽然残疾了，不能与你们一起上前线杀敌，但我并不因此而悲观。现在我要完成党交给我的另外一个任务，就是要拿出以前打敌人一样的战斗精神来学习文化。我永远不会忘记是谁打断了我的腿。看见我的伤口，我就想起了美国强盗，所以我要好好学习，提高自己，做好工作，来支援前线的战友们多杀敌人。"

一等残疾荣军学员杨奎超说："虽然我的肉体残疾了，但我的思想永远不会残疾，我时刻都在想念着前方的战友们。现在，我只有很好地学习，才对得起党和上级对我的关怀，才对得起正在前方浴血奋战的战友们。"

荣军学校的领导告诉李雪三团长和在场的志愿军归国代表团的同志们，现在学校的374名学员都是从朝鲜战场下来的受伤严重的残疾军人。他们再也不可能重返战场与敌人拼杀了，但他们却始终保持着志愿军的荣誉，保持着高度的爱国热情。他们以另一种方式来支援前方的战友狠狠地打击敌人，来支援伟大的抗美援朝战争。学校一位叫胡成书的荣军学员为此捐出了全部的残疾津贴和慰劳金，以响应抗美援朝总会发出的捐献飞机大炮的号召。在他的带动下，全校374位学员共捐款2200多万元，书刊350多本，还有数量众多的鞋子、衣服、毛巾等物品。一个叫李棉的荣军学员在捐了残疾金和津贴费之后，提出以后他不吸纸烟了，而要改吸黄烟[1]把省下来的钱支援抗美援朝。他们要求志愿军归国代表团的同志将这些钱和物品带到朝鲜去，交给在前线作战的战友们，替他们狠狠打击美国侵略者。

在结束对浙江荣军学校第一分校的慰问后，志愿军归国代表团的领导

---

[1] 即土烟。

在这天下午给大家放了半天假。

这天下午,毛张苗与梁庆有、黄金明及平太信等几位英模代表相约一起外出。但他们一到西湖边,"麻烦"就来了。因为毛张苗和几个英模的胸前都挂着多枚军功章和志愿军归国代表团红黄两色的标识,有人一眼就认出了他们。这一下可不得了,原本都在西湖边上观景的游客"呼啦"一下围了过来,将毛张苗他们围了个水泄不通。这时有个人高喊了一声:"请英雄给我签个名。"随即就有人向毛张苗塞过来一个笔记本。毛张苗刚签好,又有十几只拿了纸和笔的手向他伸过来。毛张苗和几个英模签名后,正要"冲"出去,又有一波游人涌过来。他们有的握住毛张苗和几位英模的手,嘴里连连说"英雄好,英雄好"或"英雄们辛苦了",有的干脆呼起了口号:"向志愿军英雄学习,向志愿军英雄致敬!"有一个小伙子,挤到毛张苗跟前,也不打招呼,伸手就摸了摸毛张苗胸前的军功章,然后笑着大喊:"我摸到英雄的军功章了。我摸到英雄的军功章了。"有个脖子上挂着红领巾的小女孩,也从人群中挤过来。她认真地向毛张苗敬了一个礼,说:"英雄叔叔,请您给我签个名好吗?"可是小女孩的手里并没有纸笔,小女孩急得哭起来。毛张苗说:"小朋友,不要哭,叔叔给你想办法。"说着就从袋里摸出一张纸,签了名后交给小女孩,然后护着破涕为笑的小女孩,挤出了人群。

午后的西子湖畔,游人如织,久雨之后,太阳终于露出了笑脸,给人送来一种温暖的感觉。

"真是名不虚传啊,太美了。"毛张苗和归国代表团的几位英模一边走,一边欣赏着西子湖畔的美丽景色。

"这就是我们要保卫的国家,"旁边一位英模说,"美帝国主义想破坏它,做梦吧!"

"是啊,所以说,我们的流血牺牲,值!"

"值,太值了!"

不渝的忠诚
毛张苗传

说话间,毛张苗和几个英模来到了昭庆寺广场。站在广场的高处向西望去,古朴精致的断桥、垂柳成行的白堤、翠绿掩映的宝石山和俊秀挺拔的保俶塔尽收眼底。

"不知道这几天朝鲜东海岸的天气怎样了?"自从回国后,毛张苗常会想起在朝鲜东海岸坚守阵地的战友们,尤其在今天,在美丽的西子湖畔,沐浴在祖国和平的阳光下,他又情不自禁地想起了前线的战友们。

"那里一定还是冰天雪地吧。"一位英模代表说。

"是啊,要是他们知道我们在西湖边上玩,那该多羡慕啊。"另一位英模代表说。

大家说着话,不知不觉来到了昭庆寺旁弄堂口一个专做"葱包桧"的摊位前,那扑鼻的葱香把大家的脚步勾住了。毛张苗摸了下口袋,口袋里正好有几元刚发下来的津贴。"今天我请客。"毛张苗笑着对几位英模战友说。

"对,毛参谋长是浙江人,是该尽尽地主之谊了。"大家说笑着来到小摊前,一个大妈正在低头忙碌着。

"大妈,给我们来4份。"

大妈应了声,很快把4份"葱包桧"装在纸袋里,递给了毛张苗。就在毛张苗将一张纸币递给大妈时,大妈的手停住了,很快缩了回去。"啊,是志愿军英雄啊,"大妈的脸上绽开了笑容,"志愿军英雄来吃我的'葱包桧'了。我太高兴啦!"

"大妈,请收钱。"毛张苗又将钱递给了大妈。

不料大妈竟连连摇着手,说:"不,不,我不能收志愿军英雄的钱。你们来吃我做的'葱包桧',我真的是太高兴了。"

"不行啊,大妈,我们部队有'三大纪律,八项注意',你一定得收下钱。"旁边一位英模代表说。

这时,旁边的游客听到了志愿军英模与大妈的对话,便"呼啦"一下围过来,说:"大妈你做得对,志愿军英雄的钱不能收,我们要向你学习。"

另一个人说:"大妈,你做小本生意不容易,志愿军英雄的钱我付了。"说完从袋中掏出几元钱,塞给了大妈。大妈哪里肯收,正在推让时,毛张苗赶紧把钱往大妈摊位上一放,说了声:"大妈,请把钱收好。"就拉着旁边的几个英模战友跑了。

到了宝石山,这里游人很少,毛张苗对三位英模战友说:"我有一个建议,不知你们同意不同意。"

大家问:"什么建议?"

毛张苗说:"今天你们都看到了,杭州人民太热情了,他们看到我们胸前的军功章,我们进公园、喝茶水、吃'葱包桧',他们都不收钱,这怎么行?"

一位英模战友说:"是啊,我心里总觉得不安。"

"我们虽然在前线立了功,可如果没有祖国人民的支持,能打胜仗吗?"

另一位英模战友问:"毛参谋长,你说怎么办?"

毛张苗说:"我的意见是把我们胸前的军功章都拿下来,我们不能给杭州人民添麻烦了。"

"我同意。"

"完全同意。"

就这样,这四位英模代表,为了不给热情好客的杭州人民增添麻烦,将军功章藏了起来,然后,又悄悄地融入午后西子湖畔滚滚的人流中。

壮士十年归

负责接待此次志愿军归国代表团华东分团赴浙江作巡回报告的主管

机关，是共青团浙江省委机关。为加强对此次接待工作的领导，团省委专门派出副书记兼学校工作部部长李培增具体负责此项工作，又专门从下面的地市调了两名文化程度较高的年轻女同志给李培增当助手，并组成了一个工作小组。其中一位是来自温州团地委的卢鹤春同志，一位是来自绍兴团地委的刘肖竹同志。刘肖竹还兼任此次志愿军归国代表团在全省各地活动的速记员。

根据统一安排，志愿军归国代表团华东分团在杭州等地作巡回报告告一段落后，将继续赴绍兴、宁波等地作巡回报告。这天早晨，毛张苗他们在团省委副书记李培增、助手卢鹤春及刘肖竹的陪同下，乘坐由浙江省军区司令部派出的3辆喷涂一新的美式吉普，出杭城，过钱塘江，沿宁绍公路向绍兴、宁波方向进发。

早春的宁绍平原此时已是绿意盎然，在广阔而又平整的田野上，勤劳的农民们正在埋头劳作着。向远处眺望，城乡大地处处呈现出一片生机勃勃的景象。

"回来啦！"一直坐在副驾驶座位上的毛张苗突然轻轻地吐出了一句话。

是啊，回来了。从1945年10月北撤离开浙江，到1949年5月上海解放时，毛张苗是有回家的机会的。虽然，那时候母亲已经过世，但父亲和两个弟妹都还在。正当毛张苗想择机请假回家看望父亲时，突然传来父亲去世的噩耗，且这时候部队已在崇明岛开展紧张的渡海作战训练，身为连长，他是无法离开的，只好委派弟弟毛张林代为奔丧。之后就更没有机会了，因为抗美援朝开始了。屈指算来，从1943年离家参加革命到现在，他已有9年没有回家了。这9年间，家里发生了多大的变化啊，父母亲不在了，当然是令人难过的。可值得高兴的是，两个弟弟和一个妹妹在他的影响下，都参加了革命，成为人民军队的一份子。更值得高兴的是，他们为之浴血奋斗的新中国成立了。中国人民从此站起来了。

美式吉普车在宽阔的宁绍公路上疾驶着。突然,从毛张苗的身后传来一个细细甜甜的声音:"毛参谋长,你奉化老家还有亲人吗?"

听到声音,毛张苗转过身子,发现是团地委的刘肖竹在问他。

毛张苗说:"没有了,母亲在我参军不久后就去世了,父亲是解放上海那年去世的。他们去世时我都不在家,也没法去奔丧,现在想起来,真的很难过。"

"那都是战争造成的,你也别难过,我想两位老人家一定会理解你这个儿子的。"刘肖竹这句话,触到了毛张苗的内心深处。他是一个不太流露情感的人,或许是天生的性格使然,或许是残酷的战争环境养成了他刚毅的性格,他看上去总是冷峻威严、不苟言笑。但是这一次,毛张苗的脸荡开来了,因为他感到了一种温暖,甚至是一种遇到知己的感觉,而这种感觉,他在之前似乎从未体会过。

正因为如此,坐在副驾驶座上的毛张苗突然萌生了一个念头,他想再看一看坐在他身后的这位浙大农学院园艺系的高材生,因为在此前,他的确没有仔细地看过她。于是,趁着吉普车在沙石路上颠簸的某一瞬间,毛张苗调整了一下自己的坐姿,然后,以他军人特有的锐利目光,扫视了一下身后的刘肖竹姑娘。这回总算看清了。映入毛张苗微张的眼睛中的,是一位端庄秀丽的姑娘,大大的眼睛,白皙的皮肤,配着一身干净合身的浅蓝色工作装,浑身都散发着一种南方姑娘高雅秀美的气韵。尤其是姑娘脸上那灿烂的笑容和乐观开朗的性格,使毛张苗突生相见恨晚的感觉。

毛张苗的心跳有点加快了,脸也有一点发烫,但是他很快就把自己的思绪从半空中拉了回来,有点自嘲地调侃了自己一句:"开玩笑。"

正在这时,他渴望听到的细细甜甜的声音又从他的背后传来:"毛参谋长,战斗英雄沈树根与你是同一个部队吗?"

"他是179团的,"毛张苗转头回答说,"怎么,你们认识?"

"不认识,去年 10 月份他作为战斗英雄代表参加了志愿军国庆观礼代表团,报纸上登了他很多消息。"刘肖竹说。

"是的,他是我们 60 师 4 个一级战斗英雄之一,诸暨人,我们是浙东纵队的老战友。"

"毛参谋长,我有一个问题想问你。"刘肖竹在背后说。

"问吧,什么事?"

"你打仗的时候怕不怕死啊?"

毛张苗一听便仰着脖子笑起来,说:"怕啊,怎么不怕?还有尿裤子的时候呢!可后来就不怕了,因为怕没有用,只有更多地消灭敌人,你才能保存自己,才能活下来。"

"真羡慕你们啊!"刘肖竹语含敬佩。

"羡慕什么?"毛张苗转头问刘肖竹。

"羡慕你们能在前线打美国佬,羡慕你们当英雄啊。"刘肖竹调皮地开了句玩笑。

毛张苗一听便笑起来,也开了句玩笑,说:"好啊,欢迎刘肖竹同志到朝鲜前线来,我们全营的干部战士列队欢迎你。"

"到时你给我一杆枪,我也去消灭几个美国佬。"

"好啊,志愿军未来的女英雄!"

"哈哈哈……"

大家说笑间,车子已进入绍兴地界了。突然,在前面响起了一阵锣鼓声,毛张苗探头一看,只见前面过来了一支秧歌队,为首的是一个六十几岁的老大妈。刘肖竹在后面说:"这是绍兴团委的同志组织的秧歌队,来欢迎战斗英雄了。"

"我们受之有愧啊,"毛张苗说,"我们不过是在战场上多消灭了几个敌人,可祖国人民却给了我们这么高的荣誉,心里想想真是不安。"

"这是你们应该得到的！祖国人民才应该感谢你们。"车子在秧歌队的前面停下后,毛张苗和代表团的同志们都下了车。与在其他地方一样,代表团的同志们一进入欢迎的人群中,就被包围起来了。于是,又是握手,又是欢呼,又是献花,又是签名。如果不是刘肖竹他们在旁边护着,毛张苗和他的战友们又会被欢迎的人群高高地抛起来。

好不容易挤出了包围圈,不料又被几个中学生拦住了,不过他们不是来请毛张苗签名的,而是来报告自己的学习成绩的。一个女同学说:"志愿军叔叔,昨天我们学校考试了。我考了满分,全班第一。"一个男同学说:"英雄叔叔,我们要向您学习,学好知识,保卫祖国。"另一个高个子同学说:"叔叔,我身体很好,也想去当志愿军,您愿意收我吗？"

毛张苗一听就笑了,像大哥哥一样搂住他们的脖子说:"愿意,愿意。不过同学们要记住,保卫祖国需要枪杆子,也需要笔杆子。你们眼下最重要的是,要多学知识,学好知识,这样,长大了才能更好地报效祖国。"

因为团省委的精心安排下,毛张苗他们这次在绍兴地区的活动行程排得很紧凑,除了巡回作报告,还参观了工厂、学校,以及鲁迅故居。

结束了绍兴的行程,志愿军归国代表团华东分团和朝鲜人民访华代表团的同志们就向毛张苗的老家宁波进发。汽车驶入余姚地界后,毛张苗的眼睛就瞪大了。这时候,他心跳的频率开始加快。这里的每一座山、每一道河、每一条路,甚至每一棵树,都让毛张苗特别熟悉和亲切,因为当年在浙东游击纵队时,他和战友们就在这些地方战斗过、生活过、学习过。这里,不仅留下了他和战友们的汗水和鲜血,还长眠着许多与他并肩战斗过的战友:中共章水区委书记李敏、章水区区长徐婴、梅园乡工委书记陈晓云、区中队副中队长严培远、鄞奉中队首任指导员石可民……即便在今天,在过去多年之后,这些战友的音容笑貌还常浮现在他的眼前。

而今天,他回来了。他是一个幸存者,更是一个胜利者。他见到了无数先烈为之梦想、为之奋斗的这一天,因此,从某种意义上来说,他更是一个幸福者。而他们,那些先烈,那些长眠在浙东大地上的战友,却没能看到这一天。想到这里,毛张苗的心里顿时涌上一股隐隐的疼痛和酸楚,他不由自主地揉了揉有点发涩的眼睛。

"毛参谋长,你怎么啦,不舒服吗?"他的背后又传来了那个细细甜甜的声音。

"噢,没,没……眼睛里可能飞进了沙子。"毛张苗极力掩饰着自己的情绪。

吉普车在宁绍公路上快速地飞奔着,庄桥到了,宁波到了……再过去,就是他的老家奉化了。

车子在宁波军分区的大院里停下。按行程安排,毛张苗和几位英模代表在宁波紧张活动了三天。最后一场报告结束后,团省委的李培增副书记对毛张苗说:"毛参谋长,宁波的活动差不多了。到了家门口,你不想回去看一看吗?"

毛张苗笑笑说:"怎么不想啊,可要求作报告的单位这么多,我这毕竟是私事啊。"

李培增开玩笑说:"哎,你这话不对啊。英雄回家,怎么能说是私事呢?这不仅是公事,更是大事。"说着便大笑起来,笑完,正经地对毛张苗说:"这样,毛参谋长,我已与宁波军分区的首长商量过了。今天你不用参加集体活动了,回你的老家石门村去看一看,明天中午12时前归队。"

毛张苗一听,高兴得连忙握住李培增的手,连连说"谢谢!谢谢!"

李培增这时把旁边的刘肖竹拉过来,说:"不要谢我,应该谢她。"见毛张苗有些茫然,李培增笑着说:"你的行程,都是刘肖竹同志安排的。"

到这时,毛张苗才知道,原来还在杭州时,刘肖竹就代表团省委与宁波军分区进行了联系,并具体落实了毛张苗回家的时间、陪同的人员及路上的交通工具。按双方拟定的方案,此次毛张苗回老家石门村将由宁波军分区派一辆日式三轮摩托车随行,除驾驶员外,军分区保卫科还将派出一名保卫干事同往。毛张苗见这阵势,觉得有一点大了,便对李培增说:"李书记,派摩托车送我一下我同意,可叫军分区保卫科的同志陪同前往,没必要了吧。"

李培增笑着说:"这事我做不了主,这是军分区首长安排的。"

于是,毛张苗又找到军分区保卫科张科长,说:"张科长,现在军分区各项任务都很繁重,人手又少,我不过是回家看看,又不是什么大事,保卫科就不要派人陪同了吧。"

张科长是个很认真的的人,听毛张苗说不要派人陪同,便严肃地说:"哎,你这话不对。这怎么不是大事?英雄回家就是大事,不仅是大事,还是政治任务。这可不是我说的,是军分区首长的指示。"

"问题是没必要啊,张科长,我不能再麻烦组织了。"毛张苗还是坚持自己的意见。

"没必要?毛参谋长,你知道宁波这里的敌情形势吗?告诉你会吓一跳。宁波解放已快两年了,可山上的残匪并没有死心,潜伏下来的特务没有死心,你老家溪口镇石门村一带的坏人也没有死心,从宁波到你老家的这段路还不太平,常出事。刚刚出门时,军分区刘政委还再三叮嘱我,一定要保证你这次回家不出事,你说我能麻痹大意吗,同志哥?"

毛张苗一听便笑起来,说:"没那么严重吧,张科长。我打了这么多的仗,还怕这几个土匪毛贼不成?再说奉化这一带的地形我也很熟悉,即便真的遇到土匪来打劫,我一个人对付他三五个根本没问题。我倒并不是麻痹大意,而是考虑到影响。"

"影响?"

"对啊,我好不容易回一次家,就这样又是开车,又是有人保护,村里的

不渝的忠诚
毛 张 苗 传

父老乡亲见了会怎么说？摆阔？扬威？还是说明我毛张苗了不起？"

毛张苗这么一说，倒是有点说动张科长了。他于是不停地搔着自己的后脖颈，嘴里嘟囔着："也是，也是……那你说怎么办？"

"要我说，很简单，既不能违背首长的指示，又要保证我的安全。"

张科长是个急性子，听毛张苗这么一说，便嚷道："我说同志哥，你说怎么办？直说。"

毛张苗说："我的意思是保卫科就不要派人跟我去了，你就把你的驳壳枪借我一下，另外再给驾驶员配一支冲锋枪，我保证今天顺利到，明天安全回。"

张科长倒是很干脆，说："我同意，不过我得请示一下刘政委。"说着就跑到楼上，没一会儿就跑下来，说："刘政委同意了，但你得保证，除了石门村，其他地方你不要去。"

"是！"

备好了武器，枪膛里压满了子弹，毛张苗向李培增副书记和张科长握手告别。在向刘肖竹握别时，毛张苗加了一句话："肖竹同志，谢谢你的精心安排，明天见。"

刘肖竹有点不好意思地说："毛参谋长，明天我们就见不到了，我另有任务要先回杭州了。"

毛张苗有点失望地"哦"了声，说："那我们就在杭州见。"说完转身要登上三轮摩托车，突然又想起一件事，便走到刘肖竹跟前，从随身的军用挎包里拿出一包用纸包着的东西，说："没什么可送的，这个你收下，当个留念吧。"

这是毛张苗在朝鲜战场上从敌人身上缴获的战利品：一对银质西餐刀叉，在刀叉的手柄上，刻着这样一行字：US·N（美国海军）。

刘肖竹的脸"腾"地红了，说："这是你从敌人手里缴获的，太珍贵了，我怎么能收啊？！"

旁边的李培增副书记开玩笑说:"正因为贵重,毛参谋长才送给你啊,收下吧。"

张科长也开玩笑说:"这是我们的英雄用生命换来的礼品,送给肖竹姑娘,意义不一般啊。"

"这才叫英雄配美女嘛。"一直在旁边笑嘻嘻地听大家说话的卢鹤春这时也忍不住冲出了一句,把大家一下子逗乐了。

挂着部队牌照的墨绿色日式三轮摩托车已停在宁波军分区司令部的大门口,待毛张苗坐进车斗后,驾驶员发动车子一踩油门,摩托车向前一窜,顿时消失在大家的视线中。

出城以后,摩托车就驶上了通往毛张苗老家溪口镇石门村的鄞奉公路。鄞奉公路是条砂石路,不仅弯道很多,还坑坑洼洼的。摩托车行驶在上面,仿佛一只在海浪中挣扎的小舟,一会儿将坐在车斗中的毛张苗高高地抛起来,一会儿又重重地摔下去。有时为了紧急避让公路中间的深坑,驾驶员采取制动已来不及,只好来个"S"形大转弯,将这辆老旧的日式摩托车折腾得"嘎嘎"直响,仿佛随时都会散架似的。车子过后,公路上尘土弥漫,久久不散。

"奶奶的,这鬼路。"山东籍的摩托车驾驶员一边骂骂咧咧,一边全神贯注地紧握着车把子,尽可能将摩托车开得平稳些。

但毛张苗却对鄞奉公路糟糕的路况并不在意,他此刻正回忆着当年发生在鄞奉公路两侧的许多往事上了。是啊,9年过去了,许多事情都已淡忘了,可有些事情是难以忘却的,因为它深刻在自己的心里。

透过公路两侧飞速后掠的行道树,毛张苗极力在群山连绵、河网纵横的鄞奉公路两侧寻找和辨认自己当年战斗过的足迹。哦,找到了,找到了。翻过那座山,就是他误入国民党小分队的地方,也是他逃离敌人魔窟的地方。越过那条河,有一个隐蔽的小山村,他曾在此找到了真正的抗日部队

不渝的忠诚
毛张苗传

"林大队",并与后来的战斗英雄毛杏表分在同一个中队。瞧,那里有一个小山包,他在那里参加了第一次战斗,并向阵地前面的日伪军放出了第一枪。对了,在前面那座大山的山腰间有一片竹林子,在入伍一年后的一次战斗的间隙,他躲在这里悄悄写好了入党志愿书,然后交给了指导员。几天后,指导员高兴地告诉他,支部大会已通过了他的入党申请。从这一天起,他成了一名光荣的中国共产党员。这一年,他18岁。

毛张苗在老家待的时间虽然并不长,但这里是他生命的摇篮。他生在这里,长在这里。这里也是他人生的起点。他在这里参加了革命,接受了党的教育,并最终成为一名忠诚的共产主义战士。

三轮摩托车在鄞奉公路上颠簸了一个多小时后,进入了陡峭的大雷山山谷。山谷狭长而幽深,因谷口两侧陡立着危岩与石壁,酷似一扇天然的"石门",石门的名称由此而来。山谷中间有一条大溪,叫石门溪。石门溪两边,集聚着一个小小的山村,叫石门村。毛张苗的老家就是这里。

当摩托车行至溪旁一处平坦的地方时,坐在车斗中的毛张苗直了一下身子对驾驶员说:"停车,到了。"

其实这地方离山村还有一段路,但是毛张苗却叫驾驶员把摩托车停住了。从车斗中下来,他掸了掸身上的尘土,又整了整军帽、军装和左胸前挂着的军功章。然后,他便站在这个生他养他、他曾十分熟悉而如今又有些陌生的山村前,久久地凝视着。此时此刻,他究竟在想些什么?是因为离家太久,心中顿生想见亲人又怕见亲人的复杂心情?就像古人说的"岭外音书断,经冬复历春。近乡情更怯,不敢问来人"?还是想起了自己的母亲?是啊,母亲永远是毛张苗心里最思念的人。

当年,他逃离国民党部队,在东躲西藏的日子里,母亲每天为他担惊受怕,寝食不宁。最后一次见面,母亲送了他十几里地,分别前,都流下了眼泪。没想到那次分别,竟是永诀。

也许，毛张苗此刻想起了父亲。父亲在他参加共产党领导的抗日游击队之后，成了当地日、伪、顽眼里的"匪属"，从此便吃尽了苦头。日伪和国民党几次把他投进大牢，多次用刑，要老人说出儿子的下落。老人却咬紧牙关，片字不吐。直至宁波和奉化解放，他才被解救出来。

也许，他想起了自己的战友毛杏表。毛杏表也是石门村人，他参加革命和提干的时间都比毛张苗要早，可以说是毛张苗的革命领路人。1949年，毛杏表就已是中国人民解放军"华东一级人民英雄""一级战斗英雄"。然而，在抗美援朝长津湖战役中，已任中国人民志愿军第20军60师179团2营副营长的毛杏表在乾磁开战斗中壮烈牺牲，年仅34岁。如今，他就长眠在长津湖畔的山坡上。

也许……

一丝温热正不断地顺着毛张苗那瘦削的脸庞流下来，滴落在他脚下绿草如茵的土地上。泪眼蒙眬中，毛张苗仿佛看到父亲和母亲正微笑着站在家门口向他招手，看到大门门楣上悬挂着的由当地人民政府颁发的"国家柱石"四个闪着金光的大字，看到全村父老乡亲正站在路旁热情地向他挥手……

归心似箭、心潮澎湃的毛张苗抹去泪水，再次整了整军帽、军装和勋章，然后，挺起胸膛，迈开大步，向着面前这个孕育了他生命的血脉之地走去。

原本偏僻而静寂的石门村，因为毛张苗的突然回来而轰动了，村里的男女老少闻讯后几乎都是奔跑着来到村里的一处空地上。大家团团围住这个年轻英俊的军人，感到既陌生又熟悉。不错，他就是当年那个突然消失的又瘦又矮的少年毛张苗。现在他回来了，穿着崭新的军装，腰里别着一支驳壳枪，左胸前挂着闪亮的军功章 —— 只有那一口浓浓的奉化乡音，还是没有变。

消息就像长着翅膀一样飞速地传开了。就在毛张苗回到石门村不久，

不渝的忠诚
毛张苗传

四邻八村的乡亲们也都闻讯赶来了。小小的石门村，顿时成了热闹非凡的英雄与乡亲的对话会现场。在村中那块不大的空地上，大家紧紧地围着毛张苗，向他提出许多新奇而又充满激情的问题，比如："张苗，你打仗的时候怕不怕？""你一共打死过多少敌人？""张银、张林在干什么，也当官了？"又比如："你现在当的什么官？"甚至还有人问他："你现在有老婆吗？"除了竭尽所能回答这些问题，毛张苗还要微笑着接受一些人热情的抚摸。有人会突然伸出手来摸一下他的军装，有几个年轻人干脆挤到前面边摸他胸前的军功章，边连连说："了不起，了不起，我要是能参军就好了。"有一位白发老者，隔着人群喊："小伙子，有出息！石门村出了两个大英雄，光荣啊！"他旁边一位老婆婆则抹着眼泪说："可惜了老夏水，辛苦了一世，没有看到这一天，唉……"

毛张苗的家在石门村的下村头，在村干部和村民们的簇拥下，毛张苗沿着村中石门溪一侧鹅卵石铺成的小路，向上走去，不一会儿就来到了家门口。

毛张苗的家，因为没有人居住，加上多年没有人打理，看上去有些破败和萧瑟。木门已油漆剥落，木门的门扣上，挂着一把蒙着积尘的铜锁。这铜锁毛张苗是认得的，当年家人外出时，就是用这把铜锁锁门的。如今铜锁犹在，物是人非，这令毛张苗生出一丝伤感。

木门门楣的正上方，挂着一块大匾额，中间刻着烫金的雄劲浑厚的字：国家柱石。匾额看上去还很新。

毛张苗久久地凝视着面前的这块匾额，胸中百感交集，热血涌动。他知道，这不仅是国家对他们这个家庭的最高褒奖，更是授予所有为民族的解放事业做出贡献的人的最高荣誉。作为其中的一份子，他感到骄傲，感到自豪，感到无上的荣光。而此时此刻，他最想的就是把这份殊荣告诉九泉之下的父亲和母亲，因为这份殊荣也有他们的一份力。这样一想，毛张苗就转身离开老屋，在村干部和几位年长乡亲的陪同下，朝着后山竹林处父母的墓地走去。

请毛主席签名

在老家宿了一夜的毛张苗于次日早上回到了宁波军分区。因为代表团在宁波另有重要活动，所以毛张苗原本想去看望战友毛杏表烈士家人的愿望没有实现，这使他感到十分遗憾。毛杏表父母早亡，牺牲时才34岁，新中国成立后，组织上考虑他已到适婚年龄，曾介绍他与一名护士相恋，但不久朝鲜战争爆发，他便把婚事放下了，毅然报名参战。其实根据毛杏表当时的伤病状况，他可以不赴朝参战，但毛杏表却坚决要去。故到牺牲时他还没有结婚。后来毛杏表的侄子毛夏庆为继承英雄叔叔的遗志，也毅然报名参军，去了朝鲜战场。可以说，毛杏表家是一门忠烈。对于这样的忠烈之家，毛张苗不会忘记，祖国更不会忘记。

结束了在宁波的活动后，代表团便回到了杭州。在两个多月的时间里，志愿军归国代表团华东分团的英模们除了参观、考察、学习，还在杭州、绍兴、宁波、金华等15个城镇的部队、学校、农村及工矿企业中做了129场报告，直接听众12.3万人，收听广播的有39.4万人，同时在杭州参观抗美援朝实物、图片的有7.7万人。

1952年4月底的一天，志愿军归国代表团华东分团及朝鲜人民访华代表团在圆满完成在南京、上海、浙江等地的各项任务后，终于要离开杭州了。

4月是春意渐浓的季节，大自然是这样，人又何尝不是如此？在离别前的最后一个晚上，战斗英雄毛张苗与团地委的才女刘肖竹就漫步在西子湖

不渝的忠诚
毛 张 苗 传

畔婀娜多姿的垂柳下。微风吹来，似醉非醉，柔和的月光如水般泻下来，将毛张苗魁梧的身姿和另一个娇小的倩影投射在银色的湖堤上。

"明天我就要走了，没有什么送你，送一张照片给你吧，留个纪念。"毛张苗说着从袋中摸出一张2寸黑白照，照片是这次在杭州新拍的，因为洗去了战场的烟尘，照片中的主人公比先前英俊多了。在照片的正面，毛张苗用钢笔工整地写着：为祖国，为世界和平，让荣誉永远鼓舞着我们前进。在照片的背面，毛张苗则写上：送给肖竹同志留念。毛张苗于杭州。

刘肖竹接过照片，她的心狂跳得厉害，脸也烫得很，幸好夜色掩饰了姑娘的羞涩。与上次在宁波接受毛张苗送给她的那副美国海军的银刀叉不同，这次她要接受的是毛张苗的一张签名单人照。这可是一位未婚英雄的照片啊！接受这样的照片意味着什么，刘肖竹和毛张苗心里都清楚。

"可是我没有什么东西送你啊。"刘肖竹羞涩地笑着说。

毛张苗笑笑，然后说了一句意味深长的话："那就下次吧，我相信我们一定能够再见面的。"

"好，下次一定送给你。"

"那就一言为定！"

"一言为定！"

毛张苗随志愿军归国代表团和朝鲜人民访华代表团回到北京后不久，又被安排去鞍山钢铁公司、旅顺露天煤矿、哈尔滨亚麻厂及一些农村的集体农庄进行参观、考察。通过参观和考察，大家切身感受到祖国的繁荣与伟大，同时也深感自己作为一名志愿军战士所担责任的重大与光荣。

转眼间，5月就到了。一天，刚刚从北京城内参观回到招待所的毛张苗和志愿军归国代表团的同志们接到一个通知，要他们立即去会议室开会，首长有重要事情要传达。到了会议室，只见归国代表团的李雪三团长和朝鲜人民访华代表团的洪淳哲团长已经在会议室就坐。人到齐后，李雪三团长站起来讲话,他大声说:"同志们,告诉大家一个特大的好消息,刚刚接到中央办公厅的通知,再过几天,我们伟大的领袖毛主席和朱德副主席、刘少奇副主席、周总理要接见我们了!"

李雪三的话刚一说完,坐在会议室中的174名中朝两国代表团的人员顿时欢呼起来。有位志愿军英模还紧紧地抱住了旁边的毛张苗,流下了激动的泪水,嘴里不停地说:"我太幸福了,我太幸福了……"还有的甚至呼起了口号:"毛主席万岁,志愿军万岁。"

李雪三向大家挥了挥手,会场便安静下来,他笑着说:"是啊,我也很兴奋。这是我们全体志愿军将士最大的光荣啊。现在,我就有关中央领导接见时的注意事项,提出以下要求:第一,接见时,除了笔和纸,不能带其他任何物件。第二,保持军容风纪,着装干净整洁。第三,中央领导来到面前时,首先要立正敬礼,不许大声喧哗,中央领导没有伸手之前,不得主动上前握手。同志们,你们不仅是我们志愿军的英模,也是中国人民解放军的楷模。我们一定要在毛主席、中央领导和全国人民面前展现志愿军的良好风范,能不能做到?"

"能!"174名中朝代表齐声回答。

等待是漫长的。5月23日上午,代表团按计划参观北京市市容。正当大家要登车向北京的王府井大街出发时,突然接到了中央办公厅的通知,叫志愿军归国代表团和朝鲜人民访华代表团在原地待命。大家敏锐地意识到,那个激动人心的时刻就要到来了。果然,李雪三团长又把大家召集起来,兴奋地正式宣布:下午4时半,伟大领袖毛主席要在中南海接见大家了。于是,会议室再次沸腾了。

吃过午饭,离出发的时间还早,毛张苗和几个英模代表就迫不及待地来到会议室等候。

李雪三团长见状,笑着对大家说:"离出发时间还早,大家还是回房间休息一下吧。"

毛张苗说:"不回房了,反正也睡不着,我们就在这里等。"

特等功臣梁庆有说:"3天前我就睡不着了。"梁庆有是辽宁省桓仁县铧尖子乡川里村人,在朝鲜上防浦战斗中,率领全班打退敌人9次冲锋,他一人就打死、打伤敌人90多名,最后守住了阵地。在志愿军归国代表团分团时,他与毛张苗等一起被分在华东分团。2月13日,上海《新闻日报》专门采访了梁庆有,并发表了《特等功臣梁庆有》的文章,介绍他的英雄事迹。

二级战斗英雄平太信说:"真想不到毛主席还能接见我们,想起来真像做梦一样。"

"是啊,像我们这样的穷苦人,等会儿竟能与毛主席握手了,真的不敢想象啊。"战斗英雄黄金明感慨地说。

"是的,"战地模范报务工作者陈贵说,"今天晚上我一定要给家里写封信,报告这个大喜讯。嗨,我太激动了。"

大家正说着,团部来通知出发了。于是,大家登上统一的大客车,在专程前来迎接的中国人民保卫世界和平反对美国侵略委员会副主席彭真和中国人民革命军事委员会总政治部副主任肖华的陪同下,前往中南海。

5月的北京,春意盎然,花团锦簇。整座城市,无论是大街两侧路灯的柱子上,还是沿街的商铺屋檐下,无论是高楼大厦的顶端,还是一般民居的屋顶上,处处都飘扬着鲜艳的五星红旗。

汽车穿过回荡着《志愿军战歌》的长安大街,很快就驶进了中南海。这时车内的人都瞪大了眼睛,生怕眨一下眼睛就会漏看珍贵的东西。

汽车停下后,大家就在怀仁堂前面的大草坪上列队等候毛主席和中央领导同志的到来。此时大家说话的声音都很低,可是每个人的心里却热血沸腾。

刚过4点半,有人轻轻地喊了声:"啊,毛主席来了。"顿时,热烈的掌声打破了刚才的沉静，整个草坪上沸腾起来了。在雷鸣般的掌声和欢呼声中，毛主席魁伟的身影出现在大家的面前。毛张苗使劲地拍着手，激动的心快要从嗓子眼里跳出来。这时候，在场所有的志愿军英模，他们有的来自硝烟弥漫的战壕，有的来自冰雪覆盖的坑道，有的来自与敌对峙的前沿……他们都肩负着一个重托，那就是要代表他们所在的部队当面向毛主席问好。

毛张苗也肩负着这样的重托。在师、团首长与他握手送行时，师长说："小毛啊，见到毛主席，一定要代表我们60师全体指战员向他问好啊！"现在，毛主席正微笑着向他和列队鼓掌的英模们走来，并和英模们一个一个握着手。当毛主席走到毛张苗身边时，毛张苗先向毛主席敬了一个礼，正要向毛主席问好，毛主席已向他伸出了手，毛张苗一紧张，赶紧握住了毛主席的手，还没来得及向毛主席问好，毛主席已向其他英模走去了。

接下来是志愿军归国代表团团长李雪三和朝鲜人民访华代表团团长洪淳哲向毛主席致词。致词结束后，志愿军的4位女英模和朝鲜人民军的4位女代表上前向毛主席、朱德副主席、刘少奇副主席、周恩来总理献花。

4位志愿军女英模中有一位梳着两条大辫子的女战士，叫解秀梅，河北人，志愿军第68军202师政治部文工队队员，是抗美援朝战争中唯一荣立一等功的女战士，后来拍的电影《英雄儿女》中那个叫王芳的女文工队员，就是以她为原型的。当时毛张苗站在第二排，他认识这位女英雄。解秀梅出列后，跑到毛主席的跟前，先敬了一个标准的军礼，然后代表全体志愿军将士向毛主席献花，毛主席接过鲜花，伸出手来握住了解秀梅的手，解秀梅激动地说："毛主席，志愿军同志们问您好。"毛主席微笑着回答说："好，谢谢志愿军同志们！"这时候，激动万分的解秀梅再也控制不住自己的感情，突然伸开双臂，扑上前去，紧紧地抱住了毛主席，泪流满面。当时在场的摄影记者吕厚民抓住了这个难得的机会，拍下了这张珍贵的照片。从而为后人留下了共和国领袖与一名志愿军女战士亲切拥抱的历史瞬间。

接着,毛主席、朱德副主席、刘少奇副主席、周恩来总理等中央领导来到了志愿军英模和朝鲜人民代表团中间,与大家一起合影。

合影之后,毛主席发表了即席讲话,他勉励全体志愿军将士继续努力,争取抗美援朝的最后胜利。毛主席讲话结束后,最前排的几个志愿军英模代表就从袋里掏出纸笔请毛主席、朱德副主席、刘少奇副主席和周恩来总理等中央领导签名。站在第2排的毛张苗其实早做好了准备,现在前排的英模们请毛主席签名了,他便趁了个空隙,一下子挤到了正在签名的毛主席跟前,并迅速从袋中摸出一张毛主席的照片,向毛主席递上照片和钢笔。毛主席看了看自己的照片,又看了看胸前挂着志愿军"一级战斗英雄"勋章的毛张苗,微笑着提起笔,在照片的背面签上3个草体大字:毛泽东。

1952年6月,《解放军画报》刊登了3张毛主席、朱德副主席、刘少奇副主席、周恩来总理等中央领导接见志愿军归国代表团和朝鲜人民访华代表团全体团员的照片。在这3张不同角度的照片第2排中间位置,可见一位年轻英俊的高个子志愿军军人微笑着在鼓掌,他就是毛张苗。

重返战场

志愿军第二批归国代表团及朝鲜人民访华代表团于1952年1月18日从朝鲜前线回到祖国首都北京,经过4个多月的参观、考察、学习和巡回报告,圆满完成了志愿军总部交给的任务后,开始分批返回朝鲜战场。

当时,毛张苗所在的178团正在朝鲜的东海岸构筑野战工事并进行为期6个月的"三反"运动和整党鉴定评级工作。其间,因为第178团在驻地发现美军投放的4个细菌弹及大批的昆虫、老鼠等动物,所以全团又开展了反细菌战的斗争,因预防和灭杀工作做得好,全团未发生一起细菌感染事故。待毛张苗返回部队时,反细菌战已经结束了。

此时敌我双方在东海岸并无大的战事,因此,当毛张苗从祖国回到朝鲜前线的消息传开后,广大指战员迫切地想知道祖国的消息,各单位便纷纷邀请毛张苗去他们那里作报告。

对志愿军归国代表团回朝鲜前线后向部队作报告这件事,彭德怀司令员也十分重视。他曾对志愿军政治部主任杜平说:"要很好地组织。传达报告作不好,就对不起祖国人民捐献飞机大炮支援前线的热情,对不起祖国人民送给我们的'最可爱的人'的光荣称号。应该使全体志愿军同志牢记,我们的荣誉,是和祖国人民的热烈支援分不开的。"同时他又说:"传达报告一定要组织好,要向部队说明,我们在前线作战,背后有强大的祖国,这是我们志愿军打胜仗的力量的源泉。我们每个同志必须以实际行动来感谢祖国人民对我们的热爱和关怀。"[1]

根据师、团的统一安排,毛张苗首先在本团作巡回传达报告。为防敌机偷袭,传达报告通常被安排在驻地附近的树林里进行,大家在树干上挂上毛主席的像,周围的树木上贴上各种颜色的标语,听讲的战士们都穿上崭新的军装,胸前佩戴着军功章和抗美援朝纪念章。有一次,天正好下起雨,毛张苗建议等雨停后再讲,可战士们说:"等不及了,下雨也要听。"有一次,毛张苗在团部作传达报告,天又下起了大雨,有个离团部较远的连队就冒着大雨跑过来,连午饭也不吃,一直听了五六个小时。传达结束后,一位干部连连说:"带劲,带劲,如果允许的话,这样的报告听100次我也要听。"

---

[1] 杜平著:《在志愿军总部》,解放军出版社,1991年3月版,第335页。

不渝的忠诚
毛 张 苗 传

有位战士说："听到毛主席和中央领导的身体那么健康，我都激动得要哭了。"另一位战士说："啥也不用说，咱现在就想多消灭几个美国佬，向毛主席，向祖国人民报喜。"有个连队在听毛张苗的传达报告时，正好有几个战士生病了，连队本打算让他们身体康复后再听，可这几个病员坚持要马上去听，连队无奈，只好派人用担架把他们抬到听报告的树林里。听完报告，有个病员对同班的战友说："你说奇怪不奇怪，听了毛参谋长的报告，我的胃病都好了一半了。"旁边有个战士开玩笑说："那你明天再去听一次，你的病就完全能好了。"战士们一听，都开心地笑起来。

最令毛张苗感动的是有一次去一个兄弟团作报告，战士们从山上采来了很多野花献给他，当他讲到他在北京作报告时，有个十几岁的小学生从人群中挤进来，紧紧地握住他的手，然后又挤出人群，边跳边喊"我握过志愿军叔叔的手了，我握过志愿军英雄的手了……"的情景时，许多战士激动得哭了。报告结束后，很多战士拥到毛张苗的身边，一位战士紧紧地握住毛张苗的手说："毛参谋长，毛主席真的给你签过名吗？能不能拿出来让我们看一看？"当毛张苗将毛主席签名的那张照片递给这位战士时，这位战士使劲地在衣服上擦了擦手，生怕弄脏了照片，然后捧在手心里，端详着，嘴里自言自语道："啊，我一个普通的战士，也能看到毛主席的亲笔签名，真的太高兴了，太高兴了。"说着便流下了眼泪，旁边的战士们也都激动得热泪盈眶。

在马不停蹄地赴各部队作传达报告的同时，毛张苗的心里还一直牵挂着回国时曾作过报告的一些学校、工厂和单位，尤其牵挂正在为支援抗美援朝而日夜奋战的工人师傅们。1952年7月10日，毛张苗利用在部队作巡回报告的间隙，给杭州华丰造纸厂的工人师傅们写了一封信。他在信中说：

亲爱的华丰造纸厂全体工人同志们：

我们分别已有好几个月了，在杭州期间，您们这样热烈地欢迎与爱戴我们,尤其是您们在忘我的劳动下,创造新纪录,替国家增加财富,支援我们,使我们留下了极深的印象和得到了莫大的鼓舞。亲爱的工人同志们!我们现在已经胜利地到达前方,我们在离开杭州后,又到过北京及东北各地,参观了很多工厂,亲眼看到了祖国解放三年来工业建设的伟大成就和美好前景,更使我们感到做一个毛泽东时代的战士,为保卫祖国安全和世界和平事业而奋斗的光荣,更进一步加强了我们斗争的信心。尤其是我们把您们的生产热情和爱国主义行动向部队报告后,起了很大的作用,同志们反映:"祖国的工人兄弟,真是祖国的建设者。"亲爱的工人兄弟姐妹们!前方的情况一天一天在好转,前方各首长和同志们身体都很健康,请您们放心,目前敌人还是拖延停战谈判,空中强盗会轰炸我们鸭绿江发电厂及朝鲜长津江发电厂等,想扩大战事,但这些都没有用,我们中朝人民军队决不会被美帝国主义各种阴谋所吓倒,相反我们准备得更充分,随时随地可反击美帝国主义新的进攻,我们完全有把握战胜敌人。亲爱的工人同志们!在这几个月里,您们一定又出现了很多新纪录吧,又取得了更大的成就了吧!请告诉我们,让我们前后方互相鼓励,以您们增加生产,来加紧建设,以我们战斗胜利,打败美帝国主义,来保卫祖国安全,使我们伟大的祖国和祖国的五万万父母兄弟姐妹们生活得更美好,使我们祖国能迅速走上社会主义和共产主义社会。

您们的战友毛张苗
7月10日

就当毛张苗在东海岸的坑道里给浙江杭州华丰造纸厂的工人师傅们写信的时候,他所在的部队在黑云吐岭、818.9高地、682高地与敌激战正酣。而几乎同时，在离朝鲜东海岸数百里远的开城来凤庄，有几辆插着白旗的美军代表团吉普车开进了停战谈判地。

1952年9月，正在朝鲜东海岸执行打坑道任务的第178团接到上级"交防回国"的命令，将第178团的防务交给第23军的某团。这时，毛张苗由第178团2营参谋长提升为2营营长的任命也下来了。新官上任，刚好碰上了交防回国这样的大事，好在与他搭档的教导员胡钢和副教导员平涛，都是共事多年的老战友，他们经验丰富，指挥有方。因此，在短短十几天的时间里，营部坚决贯彻执行上级提出的"四不走"的指示精神：交不清不走、接不完不走、有情况不走、接防部队有意见不走，精心组织，精心实施。同时宣布了保密纪律，使交防工作做到上级满意、友邻满意、自己满意。

1952年9月底，第178团奉师部命令，由驻地出发，在朝鲜安州车站改乘火车，当夜就渡过鸭绿江。在军列驶过鸭绿江大桥的时候，毛张苗站在两扇大门的中间，从大门的缝隙处远望，见到在我国安东市一侧闪烁着的明亮灯火和在堤岸上走动的影影绰绰的行人。曾几何时，安东市也遭受到美机多次的轰炸，安东人民死伤惨重。麦克阿瑟要将"联合国军"推到鸭绿江边的狂言犹在耳边，可短短两年多时间，麦克阿瑟的狂言就被彻底击碎，朝鲜的战局得到了根本扭转。此刻，在朝鲜开城来凤庄那间普通的平房里，美军谈判代表正被迫坐在朝鲜人民军和中国人民志愿军的谈判代表面前，进行停战谈判。

满载着第178团全团官兵的"闷罐子"军列此刻放慢了速度，在"隆隆隆"的轰鸣声中，向着祖国的安东市一侧行驶着。

"营长，那天过江时，我还喝了几口鸭绿江的水。"毛张苗听到背后有人说话，回头一看，发现是5连的一个老战士，山东人，原是渤海地方部队的，入朝参战前在山东邹县集训时补充到5连，现在已提为班长了。

"我也喝过。"

"还有我。"

"我。"

毛张苗看到,在他的身后,战士们都站了起来。借着车厢顶部马灯的灯光,毛张苗扫视了一下面前的这些战士。曾担任了3年5连连长的毛张苗,极力地想从中辨认出那些熟悉的老面孔,那些在1950年11月11日拂晓从鸭绿江畔的辑安镇与他一起渡江入朝参战的老战士,有的是与他朝夕相处一起从浙东北撤出来的,有的曾跟随他南征北战,是与他多年出生入死的老战友,有的则是入朝参战前从兄弟部队补充进来的。作为一连之长,他不仅能叫得出全连100多名战士的名字、了解他们的个性,还知道他们在战斗中的优点和缺点。他与他们情同手足,生死与共。而现在,在载着5连100多号人的车厢里,他只找到了4个与他一起从辑安镇入朝参战的老兵,除了面前这位山东籍班长,还有两个安徽籍副班长和一个浙江籍老兵。那些与他一起入朝参战的老兵,多数已长眠在朝鲜的土地上。想到这里,毛张苗感到有一股锥子钻心般的疼痛遍及全身。

"营长,你哭了?"

"嗯?我哭了?没有。"毛张苗别过头去,然而,那早已蓄满眼眶的泪水再也控制不住地流了下来。

归　家

第178团在抵达安东后,进行了短暂的休整。

10月16日,随后跟进的第179团等部的兄弟部队也抵达了安东。在安东市举行的欢迎志愿军凯旋大会上,毛张苗见到了他在浙东游击纵队时的老战友沈树根和余新发等人。沈树根是诸暨人,入朝时是第179团3营8连的排长,在第五次战役后的鹫峰阻击战中,率全排33名战士坚守阵地3个昼夜,打退敌人13次轮番进攻,以全排仅1人牺牲、3人重伤的代价,歼敌300余人,他一人就歼敌100余人,最后,突破了敌人2个营的重重包围,率全排返回部队。战后,志愿军总部授予他"一级战斗英雄"和"鹫峰阻击英雄"的荣誉称号。余新法是浙江余姚人,是第20军58师的排长,他在第五次战役的千佛山阻击战中,忍着一天拉10余次肚子的病痛,指挥全排奋勇杀敌,歼敌120余人,战后荣立特等功,获"一级战斗英雄"的荣誉称号。

在入朝作战的日子里,大家虽然经常在同一战场上作战,有时甚至近在咫尺,但却难得见面。今天,回到了祖国,大家终于久别重逢,心里真有说不出的高兴。当说起共同的战友毛杏表、寿志高、陶妙根等烈士们的英雄壮举时,大家又唏嘘不已。

1952年10月17日,毛张苗所率的2营奉命随第178团及其他兄弟部队乘车南下,于20日抵达上海郊外的真如车站。他们在车站感受到了上海人民的热烈欢迎。在雷鸣般的掌声、鞭炮声和欢呼声中,毛张苗率部走出了车站。这时的车站广场上,真的是人山人海,彩旗飘扬,人们手持小彩旗,唱着、跳着,许多人为了把鲜花送到凯旋的英雄手里,几乎把道路堵塞。正当大家缓慢行进时,有一个姑娘突然挤到了毛张苗跟前,把一大束鲜花塞到了他手里。毛张苗笑着接受了鲜花,然后交给了身后的通信员。不料正走着,通信员突然在后面叫起来:"营长、营长……你看。"毛张苗回头一看,只见通信员的手里正拿着那位姑娘的一张照片,照片的背后写着那位姑娘的家庭地址和电话。

"怎么办?扔了吗?"通信员尴尬地看着毛张苗问道。

"不能扔,"毛张苗认真地说,"人家是真心实意地热爱志愿军。这样,明天你去交给团政治处。"

"是。"

第178团出站后,当天就前往上海郊外的罗店地区驻防并作短期休整。至此,中国人民志愿军第20军参加抗美援朝出国作战的伟大任务,终于胜利完成。

12月5日,第178团奉师部命令,由上海罗店移至浙东海防前线的海门地区,担负守备黄礁、琅玑、白沙、海门等岛屿与港口的任务。

12月23日,毛张苗率2营与其他兄弟营一起接收防务完毕。然后,根据团党委指示精神,在全营开展了"发扬传统、保持荣誉、常备不懈"和"战备观念好、军政纪律好、团结友爱好、文体活动好"等活动,收到良好效果。同时,营里还专门请来岛上的渔民控诉蒋匪罪行,有力地提高了干部战士对形势和任务的认识,激发了对敌仇恨,克服了松懈麻痹思想。全营干部战士纷纷表示"一定要打好回国第一仗,争取立功获奖"。

1953年1月下旬,毛张苗所在的第178团奉命将海岛守备任务移交给中国人民解放军公安军第16师,于2月10日移驻浙江台州地区的黄岩,进行战备整训、整编改装,并担负随时支援公安第16师及舟山、闽浙沿海和上海地区机动作战的任务。

2月16日至19日,全团整编完毕。毛张苗所率的2营扩编了一个机炮连,即由原来的三三制改为四四制[1],由此进一步提高了部队的战斗力,为以后完成"边打边防",尤其是为解放一江山岛等沿海岛屿的战斗打下良好的基础。

---

[1] 即一个团4个营,一个营4个连,一个连4个排,一个排4个班。

不渝的忠诚
毛张苗传

▲ 1952年，志愿军英模与第20军领导邱相田（前排左二）合影。后排右一为毛张苗，后排右二为沈树根

▲ 1952年，第9兵团干部部部长谢云晖（左四）、第20军军长张翼翔（左三）在第二届英模代表大会上向英模们（左一为毛张苗）敬酒

英雄凱旋

插到敵人心臟，就是勝利！

中國人民志願軍歸國代表 毛張苗

一級戰鬥英雄

愈戰愈強的中國人民志願軍英勇作戰的事蹟是很多的，我在這裡只講一下我親身經歷過的一次戰鬥。這次戰鬥中，我率領的第五連一夜穿插敵軍縱深百餘里，經過大小十三次戰鬥，俘敵二百六十三名，斃敵一百八十餘名，繳獲汽車七十二輛，榴彈砲七門。

在五次戰役時，我是五連連長，我們的任務是開闢前進道路，插向敵人脣齒防禦的中心——五馬峙。在戰鬥前，我們積極學習兄弟部隊的作戰經驗，訂出穿插作戰的計劃。五月十六日下午五時半，全連進行了多次討論，我連擔負了尖刀連的任務。山地地形對敵攻勢開始戰鬥，我在軍用地圖上找到了彎彎曲曲的一條又一條的山溝——東南，部隊靜靜地迅速地前進。

他們在亭子裡曲曲蠻蠻的一條又一條的山溝上找到了我們前進的方向了。我連擔負了尖刀連的任務，我在軍用地圖上曲曲彎彎的一條又一條的山溝找到了我們前進的方向——東南，部隊靜靜地迅速地前進。

他們在亭子裡敵人搜索我們的包圍戰術。我們的敵人最怕的一個村子，我們的部隊拋開兩側敵人，猛插敵人心臟。幾位炊事員配合六班打垮了驚慌失措的敵人，我們即派六班活捉敵人。

增援，炊事員與敵人遭遇了，這時，我的砲火封鎖我們的前進道路，我知道敵人是不了解情況的，只要我們動作迅速，他們是三面受敵，十分緊急，堅決插進去，就會造成敵人的更大混亂。

到敵人心臟，就是勝利！我下定了決心，立即進行攻擊部署。晚上可以清楚地看到敵人的火力點，我立即佈置六〇砲班對敵人重砲位置射擊。崔登山為了不被敵人發覺我的火力位置，不用砲脚砲板，機勤地邊打邊進，為了勤作快，連打十五發，他把敵人的重砲陣地，打得火力猛擊正面敵人，潰退了。七班長包志唐率領全班以突然動作插入敵人砲兵陣地，斃傷敵五十餘名，並繳獲砲八九班打搖了敵人的砲，我又命令七班插入敵人側後，在我們兩面夾擊下，我率領的火力砲筒抱在手裡打，直插敵人砲兵陣地。我六〇砲班火力猛擊三十餘名，我率領的火力砲筒抱在手裡打，很快地佔領了亭子裡。

這裡山溝交錯地形更複雜了，敵人無法阻礙我們前進。我們靠著軍用地圖和指北針，繼續追擊敵人。我們搜索組撲到鐵絲網邊，柏子洞西邊七〇〇高地走偽三師一個營在守備。我佈置八班迂迴左側，七班攻擊主峯，全連用突然動作將敵人還未發覺，一陣密集的手榴彈打垮了敵人，不少同志沒來得及反擊，便被一陣密集的彈藥打光了。我們經過幾次戰鬥，彈藥打光了，全連用突然動作的彈藥武器，一路經過了大小十三次戰鬥。西邊是六百公尺的高地，下面是由此向南的一條寬廣平坦的公路，我們一直插到五馬峙。在我們的前進路上，我們突然出現在指定地點的全部敵人面前，使敵人更加混亂了。到達了指定地點，二班長馮玉安率領三排插到六〇〇高地南端，丟掉大批輜重，連同美國顧問三名，驚魂未定的敵人紛紛南逃。六時半，我率領全班與敵混戰，活捉敵人，我們勝利地佔領了五馬峙陣。

▲ 1952年，志願軍歸國代表毛張苗在《人民日報》上發表的文章

不渝的忠诚
毛张苗传

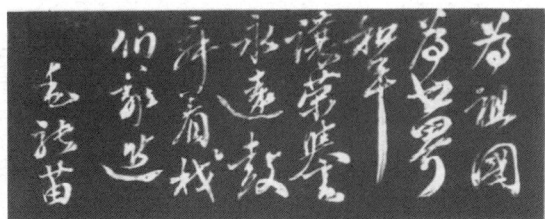

▲ 1952年，部队为志愿军归国代表、战斗英雄毛张苗拍摄的英雄照

▲ 1952年2月，毛张苗（前排左二）与毛尹一家合影

英雄凯旋

▲ 志愿军归国代表团在杭州，前排左四为毛张苗

▲ 志愿军归国代表毛张苗在北京北海公园给中学生讲战斗故事

不渝的忠诚
毛张苗传

▲ 毛张苗荣获的朝鲜自由独立二级勋章

▲ 毛张苗荣获的朝鲜三级国旗勋章

▲ 中国人民军事博物馆收藏的毛张苗在第五次战役江口洞战斗中缴获的美军望远镜

剑指一江山

东海战云聚

1953年7月，历时3年的抗美援朝战争即将停战，于是，因朝鲜战争而被暂时搁置的解放东南沿海敌占岛屿、继续追歼国民党残余军队的任务，又被中央军委重新提上了议事日程。

此时的东南沿海，敌情已十分严峻。几年来，败逃至台湾的蒋介石集团，一刻也不曾放弃"反攻大陆"的梦想。在美国第七舰队的策应下，国民党军凭借其未曾遭受严重打击、尚算完整的海空军，利用大陆正专注于抗美援朝战争、无暇兼顾之际，积极组建由特务武装、逃亡地主、渔霸和海匪等构成的所谓"反共救国军"，窃据福建的金门、马祖，浙江的南麂和上、下大陈等东南沿海诸岛，对大陆沿海城镇和南北航道频繁实施武装偷袭与骚扰，对长江出海口、杭州湾、台州湾及椒江出海口等都造成了极大的制约或直接威胁，严重干扰了上海及华东地区的经济发展，更时常危及东南沿海人民群众的生产作业和正常生活。

位于浙江省台州湾椒江口外的大陈列岛，距台州黄岩的海门渔港约40千米。从地图上往东看去，大陈列岛兀立在东海之滨，它连同附近的东矶列岛、披山岛等岛屿，紧挨着大陆沿海南北往来的海上交通要道，就像是一串牢牢扼住椒江出海口咽喉的锁链。

自败退台湾后，对于念念不忘"反攻大陆"的蒋介石来说，大陈列岛正是他实现这一梦想的最佳桥头堡与跳板。因此，国民党军以上、下大陈岛为核心，构筑起一系列海岛防御体系。面对大陆，大陈列岛前有东矶列岛

不渝的忠诚
毛 张 苗 传

和一江山岛为屏障，旁有披山岛，大、小鹿山及积谷山等岛屿在侧翼拱卫，经由美国中情局支持下的西方公司不遗余力的精心设计和大力扶持，数年之间已赫然成为国民党军部署在浙东沿海的海上防卫中心。

国民党及胡宗南的"浙江人民反共游击总指挥部"和伪浙江省政府，就堂而皇之地分设在上、下大陈岛上。

而大陈岛的屏障——地势险要、易守难攻的一江山岛，借用当时台湾防务部门负责人俞大维的话来说："一江山岛是大陈岛的门户，一江不保，大陈难守；大陈不保，台湾垂危。"可见其地位之举足轻重。

然而，卧榻之侧岂容他人酣睡！

几年来，我华东军民强烈要求廓清沿海门户，尽快消灭国民党的残余势力，彻底解放东南沿海岛屿。正是在这样的背景下，遵照毛主席的指示，在华东军区陈毅司令员的授意下，华东军区参谋长张爱萍主持制订了"在海、空军的直接协同下，首先攻占一江山岛，同时佯攻披山岛，得手后，全力进攻大陈本岛"的作战方案。

起先，在关于先打大陈岛还是先打一江山岛的问题上，我军内部的争议颇大，是张爱萍力排众议，坚持首先从一江山岛动手，而且强调：要用"宰牛刀杀鸡"，务必一战克敌。

一江山岛位于浙江省黄岩县（今属台州市）椒江口外的东南方，隶属东矶列岛，距大陆的黄岩海门港35千米，北至头门山岛8千米，南距大陈岛11千米。一江山岛由北、南二岛组成。北一江山岛稍大，东西长约1.9千米，南北宽100米至700米，面积约0.88平方千米。南一江山岛东西长约1010米，南北宽约300米，面积约0.35平方千米。一南一北两座岛屿隔海耸立，相距约150米，好似夹着一条江，故名一江山岛。

一江山岛的山势陡峭险峻，海岸线曲折回旋、礁岩嶙峋。岛上的203、180高地，分别为南北二岛的制高点，最高点海拔约130米。登临其上可俯瞰全岛。但岛上既无居民，也无天然水源，光山秃岭，地质坚硬，岛屿四周多系陡壁岩礁，部分陡崖高10至40米。北一江山岛东北部及南一江山岛的南岸坡度较陡，一般都在40至70度。北一江山岛西部、西北部和南一江山岛西部海岸的坡度较缓，约在35度。可供登陆的地段全长不足1000米。近岸水深7米至8米，海水多"回旋"和"岩头浪"。整座岛屿易守难攻。

对于这样的要塞岛屿，不战则已，战则必克。然而，决定最后胜利的毕竟是步兵，那么又该由谁来担当这出大戏的主角呢？

夺岛首问点将谁

早在1952年12月，归国不久的第20军就接到中央军委命令，进驻以宁波为中心的浙东沿海地区，而浙东人民的子弟兵——第60师，则奉命部署到了面对大陈列岛的临海、黄岩一线。

华东军区的兵力部署有着极强的针对性，其用意显而易见。

浙东是第60师的发源地和成长地。第60师的许多干部和战士生于斯、长于斯，与浙东人民水乳交融。在几十载的战火洗礼中，第60师已从一支地方游击队淬炼成了作风顽强、战斗勇猛、攻得上、守得住、打得赢的精锐主力部队。尤其是经历了朝鲜战场上的第二次和第五次战役之后，第60师早已威名远扬。

毋庸置疑，占尽天时、地利、人和的第60师，是最适合在东南沿海作战的部队。因此，它注定要成为这出大戏的主角。在今后相当长的一段时间里，它也将是浙江沿海对敌斗争的一股主要军事打击力量。

有鉴于此，第60师被浙东前线三军总指挥张爱萍亲自"点兵"为解放一江山岛的登陆主攻部队,也就丝毫不奇怪了。

时任华东军区参谋长、"浙东前指"司令员张爱萍将军在晚年回答儿子"为什么要选择这支部队"的问题时,毫不迟疑地回答道:"这是我们华野最过硬的部队。"

至于为什么要选择第60师178团为一江山岛主攻团,又为什么要特别选择第178团的5连为203主峰突击连,答案也很简单,因为"英雄连长毛张苗和他的尖刀5连"。

知兵莫如张将军!

毛张苗与张爱萍将军的初次相识,缘于1952年初的"华东军区第二届英模大会"。当年,作为志愿军归国英模报告团的代表,毛张苗受到军区的邀请,在会上作了抗美援朝的英模事迹报告。会后,他又受到时任华东军区参谋长张爱萍的亲自邀请,观摩了由军区组织的以坦克、炮兵及航空兵协同的步兵团进攻演习。演习过后,张将军还将毛张苗邀至步校会议室,当着众多师团以上的军官,坚持让毛张苗结合在朝鲜与美军作战的经验,对本次演习进行讲评。张将军与现场的高级军官一起,静静地谦逊地听取了毛张苗这个基层指挥员的讲评与释疑。

过后,毛张苗返回了朝鲜,当时的他并未把这件事放在心上。

但是,有心的张爱萍将军却记住了他,也记住了他的"尖刀5连",更记住了他所在的浙东子弟兵团——第20军60师。因为他早已下定决心要夺取一江山岛,拿下大陈岛,以雷霆狂飙之势,一战而抵定浙东沿海的终局。他需要这支"最过硬的部队",需要这柄锐利无比、所向无敌的"开罐刀"。

然而,第60师的对手——一江山岛守军,在国民党军中也绝非等闲之辈。

强悍的对手

1953年8月,第60师179团奉命攻击在温岭外海的积谷山岛。该团"一级战斗英雄"沈树根,在本部营级干部先后伤亡险况下,亲率2营及12连,带伤血拼顽固守敌,强行攻下了积谷山岛。

随着大、小鹿山,积谷山等岛屿被解放军第60师一一攻克,大陈岛上所谓"西北王""天子门生"的胡宗南的"圣眷"业已衰竭,无可奈何地走到了他最终的落幕时刻,只能快快地败退台湾岛。

与此同时,"大陈防卫司令"却换成了国民党军悍将刘廉一。

刘廉一是何许人也?"土木系干将"、国民党第67军中将军长。相比金门岛上"狡如狐、猛如虎"的胡琏,新锐刘廉一的"杰作",乃国民党军大肆吹嘘的所谓"登步岛大捷"。1949年11月,他曾率部在浙江舟山的登步岛,挫败了我军的渡海登陆攻击。

眼下,刘廉一正坐镇在大陈岛,手下统率着国民党第46师的3个步兵团,以及"江浙反共救国军"的6个突击大队等2万余人,驻守在上、下大陈以及南麂等沿海诸岛。

同样,镇守一江山岛的守将王生明,也是个不可小觑的对手。

王生明,湖南祁阳人,44岁,出身湘军世家,14岁参军,从军近30年,曾就读于南京中央军校第10期。他勇猛善战,曾参与北伐战争、"清剿"中央苏区等战斗,著名的红军将领贺昌就牺牲在他所率部队的围剿中。此外,王生明在抗战时期的淞沪、中条山、朱仙镇等重大战役中恶战日寇,因此深得"西北王"胡宗南的赏识与提携,是胡宗南的铁杆爱将。抗战胜利后,王生明以上校军衔荣获胜利勋章。解放战争时期,他跟随胡宗南败退西昌后，只身潜回台湾，之后又追随老长官前来浙东沿海，出任南麂岛防卫司令。

所以，在王生明这个职业军人的身上，既有血拼日寇的赫赫战功，也有屠戮共产党人的累累血债。而且，此番他戍守一江山岛，是由蒋经国亲自点将并指派的。

而王生明辖下的一江山岛守军，亦非泛泛之辈。对这支由"军统"方面实际统辖的"江浙反共救国军"，当时解放军方面给出的评价是："狡诈、凶残，顽固。"这支部队的主要成分为："逃亡地主，兵痞惯匪，伪警特务，地方游杂武装及土豪恶霸等。"相比国民党正规军而言，这支队伍装备混杂、缺少正规训练且互不统属，但是他们反共观念强烈，单兵作战意志极强。经过胡宗南前期从台湾抽调4个军官团骨干编入及任职，加强武器装备，又经过数年的专门军事训练，这支原本只能算游杂武装的战力，早已今非昔比，也使一江山岛成为一座我军不可小觑的军事要塞。

因此，王生明曾经在岛上放胆狂言道："守一天，我叫台湾振作；守两天，我让共军丧胆；守三天，我让白宫翻过来。"

若从今天的视角回望历史，当年浙东前指在一江山岛的战场上，刻意选用第60师和毛张苗及其"尖刀5连"，正是针对蒋介石及其国民党守军的情况，来了一招"对对胡"和"硬碰硬"。

因为地处要害，一江山岛遂成国民党军防卫的重要据点。王生明任驻岛防卫司令，下辖海上突击第4大队、第2大队4中队、炮兵中队等共1100余人。其部署为：司令部率突击第4大队、炮兵第1中队防守北一江山岛，指挥部设在203高地南侧；突击第2大队4中队防守南一江山岛。两岛既能独立防守，又可相互支持依托。

守敌经过长期筑防，已在岛上构成了以永备型、半永备型工事为骨干的多层防御体系。阵地划分为三道环形防线：

第一线为北一江山岛的西山嘴、海门礁、乐清礁、三三礁、向阳礁、守固村及南一江山岛的巩固坡、田岙湾突出部等前沿支撑点。

第二线阵地构筑在各山腰及突出部，以地堡与堑壕相构连，组成"闭锁工事"。

第三线阵地以 203、190、180、160 各高地为核心据点，筑有永备火力发射点，形成了坚固的环形防御体系。

岛上各突出部及重要支撑点前，都设有鹿寨铁丝网、地雷及绊网等障碍物。火力配系则有四层：第一层火力为榴弹炮，主要负责控制滩头前沿；第二层火力为战防炮和机关炮，直接打击登陆舰艇等装甲目标；第三层为迫击炮、火箭筒、机关枪，主要封锁登陆滩头；第四层为冲锋枪、卡宾枪、手榴弹组成的阵前火网。在这两个加起来不足 2 平方千米的小岛上，部署了如此强大的火力，可见国民党对其战略位置的重视。

一江山岛的防务，实际上是由国民党防务部门负责人俞大维与蒋经国以及美国军事顾问团一起部署的。蒋介石本人虽没登上过一江山岛，但曾派他的夫人宋美龄代表他亲自上岛慰问守岛官兵。足见蒋介石对这个小岛的重视程度。

蒋介石对俞大维说："保卫台湾，必先固守大陈岛，要守住大陈岛，必须确保一江山岛。"俞大维则明言道："一江山岛是大陈岛的门户，大陈岛是台湾的屏障，一江不保，大陈难守；大陈失守，台湾垂危。"而蒋经国则说得更直白，他要求国民党官兵："不仅要守住这扇大门，而且要从这里出去反攻大陆。"

既然蒋介石千方百计要守住这扇大门，那我军就必须要从这扇大门打进去，搅它个天翻地覆。按照时任中央军委副主席彭德怀的说法，要用"宰牛刀杀鸡"！战之必胜，一锤定音！

秣马厉兵练强军

1954年3月，29岁的毛张苗被任命为第60师178团副团长。而此时的第178团，已被确定为解放一江山岛的主攻团。

按照"浙东前指"张爱萍司令员的观点：渡海作战，最终解决问题的必是步兵，因此，步兵要承担的将是最紧张、最残酷和最艰巨的抢滩登陆作战和纵深攻坚战斗，直至消灭最后一个敌人。张爱萍还强调，作为登陆攻岛的协同部队，各军兵种都必须秉持"以陆军的胜利为胜利"的联合作战指导思想。

在以"登指"司令员、副军长黄朝天和登指参谋长、第60师参谋长王坤为首的登陆指挥所的领导下，专司负责战前训练的副团长毛张苗，眼下正面临着复杂多重的战前训练的问题与困难。

因为即将来临的这场战斗，无论是对第60师的官兵们，还是对毛张苗这个已身经百战的老兵，都是一场全新的战斗。战斗将在他们从未经历过的、完全陌生的作战条件和环境中以全新的方式进行，因此，训练难度可想而知。况且，对美英系军队来说，这类技能都属于海军陆战队的训练范畴。

一江山岛之战不同于其他战斗，它是一场跨海攻坚战。为了保存有作战经验的老兵（包括基层干部），第60师归国后，并未像同一时期的其他部队那样，对众多官兵实施精简与复员，而是把最有经验的战斗骨干全数留队，以备一江山岛之战。但是，面对即将来临的乘船渡海的海岛攻坚战斗，学会武装泅渡和克服晕船惧水等难题，如何尽快变成"海上蛟龙"，却是全新的课题。

这既要求他们要吸取金门岛攻击失利的教训。

1."决不轻敌,不打无准备之仗";

2.所有登岛作战部队,必须有统一的指挥与协调;

3.攻岛部队上情下达的无线电通联,必须始终保持不中断。

还要以"二战"时美军在硫磺岛战役的胜利为借鉴。

1.参照当时美军用登陆艇输送部队抢滩,并以海军舰炮压制并摧毁岛上的火力点,掩护登陆部队逐步推进的战术,有重点地反复训练陆、海军的密切协同作战。

2.此次作战中,第60师将首创解放军在作战中使用喷火器的先例。鉴于一江山岛的防御体系,大多为混凝土构筑的地下、半地下工事,以及礁石矶崖和天然洞穴,因此,部队的针对性训练,有必要注意调整过去已娴熟的以"爆破、火力、突击"为特色的"三三制战术",而把对爆破手的前进掩护,改为对喷火兵的前进掩护。

何况,在摇摆不定的船上射击,也全然不同于陆地。而且,这些不同战术和技能的掌握,都得在短时间内完成。总之,攻岛目标的实现与否,都将取决于战前训练的效果好坏。

毛张苗主抓训练的重点是第178团2营,因为该营将是登陆主攻营,而重中之重则是5连,它已被确定为"主峰突击连"。

当然,对"尖刀5连"的强化训练同样倾注心血的,还有此次战役的最高指挥员张爱萍司令员。

这一天,毛张苗正与5连的干部研究武装泅渡等训练事务,忽然发现张爱萍司令员就站在近处,凝神观察5连的训练。他马上过去向张爱萍报告:"报告司令员同志,5连正在进行武装泅渡训练,请首长指示。"

张爱萍还了礼,说:"没事,你们继续训练。"

"是,"说完,毛张苗笑着问张爱萍,"首长,您怎么来啦,来了多久了?我刚才怎么没有看到您?"

不渝的忠诚
毛张苗传

见毛张苗似乎要忙活些什么，张爱萍摇摇手说："你们别管我，我就随处看看，你忙你的去。只有抓好主攻营和突击连的训练，胜利才有保证。"

正说着，一名刚从海里走上滩涂的战士恰好经过张爱萍的面前，张爱萍发觉这名战士走路时脚有点别扭，便立即把那战士叫住："小鬼，你等一下。"

战士站住了，张爱萍走过去对那战士说："来，把你的鞋子脱下来，让我看看。"

战士忙俯身脱下了鞋子，张爱萍伸手往鞋里一摸，竟然抓出一大把泥沙来。

"怪不得你走起路来像扭秧歌，"张爱萍说，"这不行啊，打仗时鞋子不合脚，跑不了路，这可不是小事，要想办法解决。"

站在一旁的毛张苗顿时脸红了，颇有点儿自责地对张爱萍说："首长，这个细节我们没有重视，我们要做检讨。"

张爱萍摆摆手说："现在不是做检讨的时候，而是要想办法解决问题。作为指挥员，既要盯着大事情，也要着眼于小事情。有的时候，一个微不足道的小问题，就可能影响到战斗的进程，甚至会影响到整个战局。在古今中外的战争史上，这种事情多得很。"

"是，首长，我们记住了，回去就设法改进。"

张爱萍又问那名战士："你觉得在海上和滩涂上作战，用什么办法可以不让泥沙钻进鞋里去？"

战士说："最好鞋帮要高点，看上去像袜子，穿起来是鞋。不过鞋帮一定要软一点，太硬的话，行动不方便。"

"说得有道理。"张爱萍点点头，对毛张苗说，"你们最好先拿出一个草图来，我让后勤部门抓紧去办。"

于是，在张爱萍的悉心指导下，后勤部门根据毛张苗他们设计的草图，很快就制作出了把布袜缝在鞋帮上的"涉水鞋"，下发到参战部队后，受到了广大指战员的一致好评。

枪击铁丝网，也是2营在训练中构思创造的。据侦察，一江山岛上布满了屋脊形铁丝网，不易破坏，战士们便想到用枪打。但铁丝网细，步枪端不稳就打不准。于是，战士们就想办法把剖开的小竹片绑在枪口上，搁在铁丝网上打，结果一打一个准。张爱萍司令员看了现场试验效果后，对陪同的毛张苗和2营营长孙涌说："这办法好，打起仗来能解决大问题，要在登陆部队里推广。"

所有围绕一江山岛登陆战的各项准备工作，都在紧锣密鼓、有条不紊地进行着。从设在宁波天主教堂内的浙东前线指挥部，到担负作战任务的陆海空参战部队，从运筹帷幄、决胜千里的司令员，到各级指挥员，乃至正在海边沙滩上苦练杀敌本领的战士们，大家的目标都只有一个，那就是早日攻下一江山岛，消灭敌人，将胜利的旗帜插到岛上的最高峰203高地上。

而对肩负重任的副团长毛张苗来说，他此时最重要的任务就是：训练、训练、训练。练兵成了毛张苗这一时期的头等大事，以至于许多事情被他抛在了脑后，就连他新婚不久的妻子刘肖竹来队探亲，他居然也弄错了接站的时间。

毛张苗不是那种擅于表达情感的人，尤其在爱情上。尽管他内心十分丰富细致，但长年的军旅生活，养成了他作为军人严肃、紧张的职业习惯，这常常会掩盖他温情与和善的一面。况且，军人固有的尊严与矜持，使得他从未试图为自己解释一番，因此，就更容易使人误解。

刘肖竹这次来黄岩探亲，没待多久就走了，因为毛张苗实在太忙了。他每天一早就带着部队外出训练，直到傍晚时才带部队回营，有时夜间还要搞紧急集合。但无论如何，他还是忙里偷闲，设法挤出时间，陪着妻子逛了一天黄岩当地的景点。

理性的刘肖竹能理解丈夫，况且，作为团省委干部，刘肖竹自己的工作也很忙碌。临走时，毛张苗悄悄地告诉妻子，他作为驻军代表，当选为浙江省第一届人大代表，不久后就会与其他代表共赴杭州参会，届时，他们又能在杭州相会了。

上下一心磨砺"尖刀"

12月15日，毛张苗奉命率2营北上宁波柴桥的穿山半岛，参加浙东前指组织的三军联合登陆作战演习。演习那天，毛张苗带着几个警卫员登上2营的指挥艇。他正在与登陆艇队副大队长陈国均和2营营长孙涌一起研究演习诸事项时，只见一艘快艇飞速驶近指挥艇，停稳后，从艇中走出一位身着黄呢军大衣的首长来。毛张苗一看，竟然是浙东前指司令员张爱萍。

毛张苗随即迎上去，向张爱萍报告："报告司令员同志，部队登陆作战演习已准备完毕，请您指示。"接着便把身旁的陈国均和孙涌一一向他作了介绍。

张爱萍与他们热情握手后问："你们都准备好了吗？"

毛张苗、陈国均和孙涌齐声回答："一切准备就绪。"

"好！"张爱萍嗓音洪亮地说，"今天天气很冷，要注意安全，现在就按你们准备的开始演习。"

当时的海面上风浪很大，气温极低，指挥艇的甲板上又无避风的地方，毛张苗即命自己的警卫员去搬一把凳子来，他想让首长坐到一个既可以观察又可以避风的地方，不料被张爱萍制止了："你们不必管我，要集中思想关注演习过程的指挥，不要分散注意力。"

对于此次演习,毛张苗在他后来所写的一篇题为《司令员和我们在一起》的文章中,这样回忆:

> 这样,我就立即站到指挥员的位置上,叫信号员发出演习开始的信号。顿时,3发红色信号弹升上天空,紧接着就是一阵迅雷似的隆隆炮声,炮弹呼呼地从我们头上飞过,落到假设的敌"岛"——金塘岛前沿和纵深爆炸。我航空兵按原协同计划进入预定空域,轰炸机对"敌"纵深集团工事进行轰炸,强击机在前沿轮番扫射,压制"敌人"。满载登陆部队的舰艇摆开临战队形,在炮兵、海军舰炮和空军轰炸机、强击机的火力支援下,向"敌"前沿的滩头阵地冲击前进。
>
> 舰艇一靠岸,战士们不怕天寒地冻,风大水冷,有的抱着爆破筒、炸药包,有的端着冲锋枪,勇猛地向"敌"滩头阵地冲击。有不少登陆艇并没有完全靠岸,与陆地之间有一段不短的距离,海水深没头顶,岸滩是陷及膝盖的烂泥,但是我们的战士不顾一切地跳进冰冷的海水中,蹚水通过滩涂,向岸上冲击。这时,我们听到有人在说:"你看!我们的战士多可爱啊!有这样的战士,什么样的敌人不能打败,有什么困难可以阻挡我们前进!"
>
> 我回头一看,才知道首长从演习一开始,就站在我们指挥台的边上。我心里真想回答:"是的。有这样的首长和我们在一起,还有什么困难不能克服,还有什么任务不能完成呢?"

因气温特别低,风浪也很大,不少干部、战士在滩头冲击时,衣服都湿透了,上岸之后很快就结了冰。当登陆部队全部登上滩头阵地,正要向纵深发展时,张爱萍却招手把毛张苗叫住了。他说道:"发信号,今天的演习就到这里吧。"毛张苗当即命令信号员发出停止演习的信号,心里却忐忑不安地想:"是不是我指挥上失误了,使司令员对今天的演习不满意?"

参加演习的部队很快就集结完毕,毛张苗随即向张爱萍报告,请他作指示。张爱萍微露笑脸,站到队列前,大声说:"今天的演习完成得很好,同志们辛苦了。"

"首长辛苦!"参演部队一齐大声回答。

张爱萍转头对毛张苗说:"马上把部队带回宿营地,把衣服换一下,再叫伙房搞点红糖水给战士们喝,取取暖。"

"是!"

部队由2营营长孙涌带离演习场。张爱萍对毛张苗和海军的陈副大队长说:"你们俩留一下。"说完就走进了指挥艇的会议室里。坐下后,他问毛张苗和陈副大队长:"通过今天的演习,你们有什么体会?按今天的演习,能否实施登陆作战的计划?"

毛张苗听司令员这么问,心里有一点紧张,看了看陈副大队长,希望他先回答司令员的话,没想到陈副大队长也有些紧张。两人你看看我,我看看你。张爱萍笑道:"这样吧,登陆作战是以陆军为主,还是请毛张苗同志先来说说。"

于是毛张苗说:"从今天的演习看,都能按三军协同计划到达预定地点,执行各自的任务,并能相互配合。如果战斗时,能达到这个要求,并能按战斗计划进行,仗是能打胜的。但我们部队的战斗动作还不够熟练,为了更有把握起见,最好能多练几次。"

听毛张苗这么一说,旁边的陈副大队长也补充道:"我同意毛副团长的意见。从三军协同作战来看,多练几次,我们海军和陆军老大哥的协同动作会更加协调,配合会更加紧密一些。"

张爱萍听着两位发言,不时地轻轻点头,最后总结说:"你们的意见都很好,精益求精嘛!但要更全面地看问题。我们的舰艇有不少已超过了使用时限,现在使用的登陆艇,大都是刚刚经过上海造船厂工人同志们的精心修理才能使用的,训练时用多了,就会影响使用的寿命,再说汽油消耗量也很大。今天看了你们的联合演习,如果今后的作战能按今天的演习状况以及部队官兵们的表现进行,只要我们指挥部门认真、仔细地组织战斗,各级干部能适时指挥,我看,登陆战斗是一定能够成功的。当然,我们工作要做仔细,特别是战士们登陆时的着装,防水衣裤、防水鞋的穿着,怎样才能不影响战斗行动等问题,你们回去再做些研究和练习,发动战士一起动脑筋、想办法,把战前准备搞得更扎实些。"

三天后,张爱萍又来到了练兵场,与2营官兵一起研究战士登陆时的着装等问题。为此,毛张苗专门把2营5连的2排抽出来,命令他们穿戴上登陆作战的全部装备,到柴桥码头集合,张爱萍也随同前往查看。查看完毕后,他指示毛张苗:"可以了,就按现在的着装实施登陆作战演习。"

毛张苗当即命5连2排登上登陆艇,航行到柴桥码头对面的一座小岛上进行登陆作战演习。演习结束后,张爱萍再次走到战士们的跟前,察看战士们登陆演习后的着装变化,发现绝大部分战士的着装扎实牢固,不会影响作战行动,只有个别战士的鞋带系得不够牢,散了。对此,张爱萍叮嘱毛张苗:"战士们的登陆着装是可以的。通过这个排的实验,你们可以把他们的着装方法向全团示范推广。"

"是!"

1954年就要过去了。在这一年最后的几天,浙东前指在宁波专门召开了由陆海空三军参战部队指挥员参加的协同作战会议。这一天,在宁波旧天主教堂的院子里,停满了参战部队首长的吉普车,穿着各色军服的军人不断进进出出,显得神秘而忙碌。

当年做弥撒、祭天主的大厅，今日成了前指的作战室。在作战室宽大的墙面上，挂着一幅军用地图，靠墙是一长溜电话机。在唱诗台旁边，是一座显示敌岛火力配置的大型沙盘。作战室的窗台前，摆着一张铺着墨绿色绒毯的长会议桌。

张爱萍司令员参加了这天的会议。他在了解了前线三军的战备情况，并听取了各军、各兵种主要负责同志的汇报后，对大家在汇报中提出的问题，发表了自己的意见，并对在座的各军、各兵种指挥员说："大家已经知道，这次担任登陆作战的部队是第 20 军的第 60 师。对于这支部队，你们可能比较熟悉。解放大、小鹿山岛，积谷山岛，头门山岛等岛屿时，你们都并肩作过战，互相配合得很好。这支部队的前身是新四军浙东游击纵队，是一支很能打仗的部队。抗日战争时期，他们开辟了四明山革命根据地。解放战争中，他们是华东野战军主力第 1 纵的一个师，参加过宿北、鲁南、孟良崮、豫东、淮海、渡江、解放上海等重大战役，可谓战功累累……这次准备率领主攻营上一江山岛的，是该师第 178 团的副团长毛张苗，他是志愿军的'一级战斗英雄'，很能打仗……"

会议结束后，张爱萍把担责向北一江山岛登陆的主攻部队的团长、政委和毛张苗带到了离指挥部不远的勤俭中学会议室里进行谈话。他先问戚庆连团长，团里领导是如何分工的、此次担任北一江山岛主攻任务有什么困难、对前指还有什么要求等。团长表态后，杨明德政委说："我们部队经过抗美援朝的锻炼，干部、战士都有一定的战斗经验，这次战斗又有海军、空军兄弟部队的大力支援，完成战斗任务的条件是很好的。目前，部队的士气也很高。"

杨明德政委说完后，坐在旁边的毛张苗正在思考向司令员请示某个问题，张爱萍见毛张苗没有说话，就提醒他道："哎，毛副团长，你怎么不说话，你是要带领 2 营登上一江山岛的主峰 203 高地的，还有什么困难吗？现在就提出来。"

毛张苗说:"报告首长,困难是有的,但我们一定能克服。渡海登陆作战对我们来说还是第一次,我们都没有经验。我正在考虑如何才能圆满地完成这次战斗任务,特别是2营如何及时登陆,迅速占领203高地。这对整个战斗都有较大影响。"

张爱萍点点头说:"你们的态度和想法都很好。战争嘛,敌我双方短兵相接,是你死我活的斗争,应当把问题看得复杂一点。既要看到有利条件,又要看到难处。我们要看到困难,还要设法去克服困难。一个个困难的最终克服,就是战斗的胜利。好吧,你们回去后还可以好好地想想,想到什么问题,还可以向我反映。在我们可能办到的条件范围内,一定设法帮助你们解决。"

1955年1月8日,为了进一步实践和检验在"三军"联合演习中总结摸索出来的"人人突击、船船突击、波波突击、大胆穿插、分割包围、勇敢前进、积极歼敌"和"边打边组织、主动向上级靠拢、以我为主、密切协同"等战术思想,第178团又参加了由前指组织的穿山半岛大、小猫山三军联合实兵实弹演习。这是在一江山岛战役发起前,毛张苗率部参加的最后一次"三军"联合演习。

从这一天开始,战争的火药味越来越浓了。

山雨欲来风满楼

大战之前是寂静的,然而,一切都在悄悄地进行着。

自从确定先夺取一江山岛起,浙东前指就对隐匿战役企图做了严格的部署和要求。空军征调的兵力,是在夜间悄悄进入宁波、路桥等地的机场的，海军的调动也极其隐蔽神速，陆军的临战训练更是在远离战区的穿山半岛进行。敌人曾经侦知我驻乐清的部队"忽然不知去向"，但并未获悉我军解放一江山岛的意图。就连驻守大陈的国民党军防卫司令刘廉一，也始终都被蒙在鼓里。

1955年1月16日这天，前线各部队已是一派临战的紧张气氛，即便到此时，绝大多数的人仍然不知道确切的进攻日。

就在大伙儿"莫衷一是"时，一辆军用吉普车，悄悄地驶进了柴桥镇里。从车上下来三个人，前面是前指司令员张爱萍，后两位是前指参谋长王德和登指司令员黄朝天。

三位首长下车后，也不与人打招呼，就快步走进路旁的一间屋子里。此刻，屋子里已坐着毛张苗，以及2营营长孙涌、1营营长许国光等5人。见首长们走进来，大家立即起立敬礼。

张爱萍摆了摆手说："坐下吧。"然后，他又压低声音说："今天找你们五个人来，是为了做一个假动作。具体的做法，等一会儿由王德同志来讲。"接着，张爱萍神情变得严肃，"现在我宣布一条战场纪律，王德同志讲的假动作，只许你们五个人知道，如果发现有第六个人知道，那就要小心你们的脑袋！"说完，他起身走出屋外。

这时王德开始讲话，他说："前指决定攻击按计划于18日展开。为了迷惑敌人，参战部队要以与公安部队换防的名义，夜间从穿山半岛驻地出发，于次日拂晓到达象山石浦港。在石浦镇，一切按换防的要求进行，该号房的号房，该交接的交接，部队进居民点安排宿营。总之，只说是到石浦镇驻扎的，不能引起部队和群众任何怀疑。只有到了17日夜，部队上船启程，按作战计划向进攻出发地开进时，才能向部队宣布攻击一江山岛的作战命令。"

毛张苗和几个营长一听，兴奋得脸都涨红了。此刻，他们真想跳起来喊出声，跑出去向战士们大声地宣布这个好消息，但司令员刚才宣布的战场纪律，不允许他们有任何的泄露，于是，几个人只能紧紧地握着手，并用另一只手激动地拍打着对方的肩膀。

一江山岛登陆战胜利后，在总结经验时，其中有一条就是，作战部队的战役隐蔽工作做得这样好，在很大程度上，应该归功于我浙东军民高度的政治觉悟和自觉的保密观念。诚如浙东前指副司令员、华东海军参谋长马冠三说的："一江山岛最成功的经验，是保证了战役发起的突然性。"

16日晚，为了与石浦镇上的公安部队"调防"，第178团全团从柴桥镇码头登船出发，经一夜航行，于17日拂晓抵达象山半岛南端的石浦镇。登岸之后，第178团随即召开了出征誓师大会。

在誓师大会结束后，毛张苗带着两个警卫员，先行离开了石浦镇，乘船来到了头门山岛上。他是受团长戚庆连的委托，来岛上检查战斗物资及码头联络等方面的准备情况的。

头门山岛隶属东矶列岛，处在台州湾和三门湾对面，距一江山岛仅8千米，是临海县辖下的一座海岛，总面积约为5.9平方千米。几个月前，毛张苗曾来过头门山岛。当时，这岛的山岙里只有十几间破烂草棚，一条出没在茅草乱石间崎岖不平的羊肠小道，显得十分荒凉。而现在，这个小岛完全变样了。守岛的第180团为此付出了艰辛的劳动，他们修筑出了3000多米长的公路、400多米长的交通壕、5个炮兵阵地和400多个掩体。如今，这里成了我军支援炮兵的主要阵地。炮兵指挥所就建在山顶上，宽阔平坦的大路盘旋全岛，满载弹药的汽车可以从码头直接开到部署在岛上的每一处炮兵发射阵地旁。码头上下到处都堆满了弹药和战斗物资，大大小小的木箱，把附近的几条供汽车迂回的小公路都填塞了。毛张苗只能侧着身子从这些木箱的夹弄里向上走。他自认为对这个小岛比较熟悉，但还是差一点找错了去后勤指挥所的道路，因为变化太大了。

不渝的忠诚
毛 张 苗 传

好不容易找到了登指后勤指挥所,只见师长曾昭墟正忙碌着。他现在除了是第60师师长,还是登陆指挥所的副司令员,主要负责登陆部队的后勤工作。见毛张苗来了,他便高兴地迎上来,笑着说:"你来得正好,物资准备基本上齐全了,你马上到各个码头检查一下。现代战争物资准备繁杂,要告诉部队注意分类堆放,不要搞乱,今夜12时整向我作一次全面的汇报。之后部队到一批,就发一批物资。可随时向我报告。"

"是。"

离开后勤指挥所,毛张苗来到码头上,迎面碰到了第180团的营长吴庆龙。抗美援朝华川阻击战时,毛张苗任第178团的连长,而吴庆龙是第179团连长,在朝鲜时他俩就认识。没想到回国后,两位老伙计居然在这座海岛上又相遇了。

"老伙计,你怎么当起了搬运工?辛苦啦,辛苦啦!"一见面,毛张苗就擂了吴庆龙一拳,然后搂住他的脖子开起了玩笑。原来吴庆龙带着两个步兵连,正在帮助第178团的后勤部门搬运物资,在码头上已干了三天活。见毛张苗开他的玩笑,他也发起了小牢骚:"开洋荤咱没福分,打主攻又没咱们营的分,只好在后面搬炮弹,命苦啊。"

毛张苗说:"老兄不要急,仗肯定是有你打的。这次我们打一江山岛,下回轮到你们打大陈岛,那可是大仗啊。"

"你老兄也别安慰我,"吴庆龙拍了拍身上的尘土说,"这次打一江山,报告都打了三四回,可连个小仗都捞不着,哪能有大仗打呢?你瞧瞧,都被'发配'来这里搬弹药啦!那些小伙子都急得嗷嗷叫,血书都写了一大摞喽。"

毛张苗听罢,笑了起来,他递给吴庆龙一支烟,说:"老兄,没有你们辛苦地搬运弹药,我们上去用什么打仗?"

"哎,你这话我爱听。如此说来,我们辛苦搬了这些弹药,也算是为夺岛尽到了一份力。"

正说着,有位连长跑来向吴庆龙请示弹药堆放的事,他对毛张苗说了句:"我去处理一下。"说着,就纵身一跳,站到一只大木箱上面,大声地呼喝起来。

这次的战勤物资比以往要复杂得多,除了上千吨的补充弹药,还有为各兵种准备的补充物资,如工兵的炸药、速爆筒,喷火兵的喷火油料、氧气瓶等,凡是登陆部队所需要,应有尽有。这些物资来自祖国的四面八方,近有黄岩的蜜橘,远有内蒙古的牛肉干。看到这些各种各样包装、来自不同地区的后勤物资,毛张苗真是感慨万千。如果当年抗美援朝时也有这样的后勤保障,那他们不仅能大大减少伤亡,也必定能消灭更多敌人。因此可以说,这次解放一江山岛的战役,其实就是后勤战线组织的、全民支持的"现代化战争"。如果说解放一江山岛的战役是在1955年1月18日打响的,那么后勤战线的战斗其实在很早以前就已开始了。

这一夜,头门山岛上是没人睡觉的。炮兵们在通宵擦炮弹、搞伪装,守岛的步兵们在忙着搬物资,工兵们在不停地捆扎炸药包,观察员在严密监视对面的敌岛和海面的动静,通信兵在各个码头上架设天线。前指和登指机关,也连夜设置到了头门山岛上。

入夜,头门山岛上人来船往,灯火通明。各个码头上都亮起了红、黄、蓝各色联络灯,引导着各登陆艇队靠近码头。尽管这夜风浪很大,船艇很难靠泊,但为了分秒必争地完成物资补给工作,各种类型的船只仍然有秩序地一一靠上码口,然后卸下弹药和给养。

黎明之前,庞大的登陆艇队大都到齐了,海上的风浪也逐渐平息下来。成百艘登陆艇整齐地排列在港湾内,闪耀着不同的夜航灯。头门山岛上的港湾里,其他船只仍熙来攘往,川流不息,这里仿佛突然间成了一座不眠的水上集镇。

"离一江山岛这么近,会不会暴露目标?"浙东前指司令员张爱萍一登上岸,就对头门山岛上的繁忙景象产生了担忧。将军的担忧并非没有道理,头门山岛上共有6个自然村,100多人口,此前也曾潜伏过少量匪特人员,情况十分复杂。经过公安部门几次上岛清查人口,并发动岛民检举揭发,后来第180团又派人员上岛进行清查搜索,最终,他们在海边的岩石洞里捕获隐藏的敌特分子十余人,缴获各类长短枪数十支,基本上清除了岛上的隐患。

这时,一旁的前指参谋长王德说:"不会的,请司令员放心,根据您的命令,战区已严格封锁了一切消息外泄的途径。我们的海、空军也在日夜巡逻警戒,严防蒋机蒋舰侦察骚扰。各部队也实施了严格的无线电静默措施。"

来自杭州的马尾松种子

天色渐渐亮了。喷薄而出的一轮红日,从天边的海平线上突兀地跳出来,刹那间就将那橙红色的霞光,撒向了涛光粼粼的海面。一望无垠的宽阔大海,顿时幻化成了一幅灵动飘逸的金色巨毯,瑰丽而又壮美。

头门山的前线指挥所设在山腰部的南侧,顺着一条交通沟走去,只见两边的沟壁光洁如削,一个个半覆盖式的掩蔽部,在沟内排列着。岛上没有电,只能用马灯和蜡烛代替照明,虽然光线有些昏暗,但并没有影响大家的工作,反而更加突显出临战的紧张气氛。

浙东前指司令员张爱萍,是在18日凌晨乘坐炮艇抵达头门山岛的。当时因为风浪太大,炮艇久久无法靠岸。最后,还是由海军指挥员陈雪江冒着风险,用一艘小舢板把他接到了岸上。走进指挥所的一间小平房,登指参谋长王坤觉得里太冷,便要警卫员把炭火生起来,却被张爱萍制止了:

"不用，现在不是烤火的时候，快说说部队的准备情况怎么样。"说着，他将脸转向登指司令员黄朝天。

黄朝天汇报说："其他一切都正常，只是由于风浪太大，艇上战士们晕船晕得厉害，有些战士甚至吐出了血水，瘫在船舱里动弹不得，但当各单位在船舱里宣布了作战命令，战士们的情绪一下子就高涨了起来……"

"不，你等等，"张爱萍打断了黄朝天的话，他说，"这不行啊，战士们经过这样的折腾，体力上怎么吃得消！王坤，你现在亲自去告诉部队，要他们马上想办法熬点热粥，让大家喝点热的，解解乏，暖暖身子。要就着饼干吃，要动员大家吃，一定要吃！"

"是，我马上就去办。"王坤说。

当张爱萍在交代各类战前事项的时候，在头门山岛上的一处空地上，第178团1营教导员张天申却手握着一包马尾松种子，正在给全营的干部、战士做一次特殊的战前动员。这包马尾松种子，是杭州惠兴女子中学的葛裕昆等9名少先队员特意寄来的。当孩子们听到前线的解放军叔叔要击落敌机、击毁敌舰和解放敌占岛屿的消息后，他们感到十分振奋，专程前往灵隐寺旁的飞来峰，精心采集了一包马尾松树种，并决定把它赠送给海防前线的解放军叔叔。同时他们还附来一封信，信中写道：

亲爱的解放军叔叔，我们是生活在美丽的西子湖畔的一群少先队员。当我们听到你们在海防前线打击蒋介石军队，要解放祖国沿海岛屿的消息时，我们的心情是多么的激动啊！现在，我们挑选了一包最优良的马尾松种子，送给叔叔们。希望你们把这些种子，随同你们胜利的红旗，带到解放了的海岛上去，把它播种在插上了红旗的山峰，使我们祖国的海岛，生长出许许多多美丽常青的马尾松树……

不渝的忠诚
毛 张 苗 传

第178团收到这包马尾松种子后,团党委觉得这是一次对战士们进行战前动员的良机。于是,团领导和1营研究后,决定将这个光荣的任务,交给将在此次战斗中担任夺取一江山岛190高地任务的1营2连突击1排的排长史戊辰。

此后的事实证明,小小马尾松种子所激发出来的战斗精神是十分巨大的。2连的战士们在马尾松种子的授予大会上说:"我们一定不辜负祖国少先队员们的期望,保证在战斗中英勇杀敌,争先抢滩,突破敌人阵地,把每一颗种子都种到一江山岛上去。"

在战斗中,战士向长安在头部负伤的情况下,想到帽子里藏着的几颗马尾松种子,就仍精神抖擞地向敌人冲锋。在占领第一道战壕后,他从帽子里取出树种,用脚把种子踩到土里去。排长史戊辰牺牲时,他的左手掌里还紧攥着几颗染血的马尾松种子。后来,战友们将这些"胜利的种子",播撒在了他们攻克的190高地上……

孩子们的美好愿望,终于被英勇的战士们实现了。后来,为了纪念这个很有意义的活动,该少先队被命名为"190小队"。如今,该"190小队"已成长为"190中队",且依然还传承于杭州惠兴女子中学,他们拥军爱国的光荣传统,正在一代又一代地延续下去。

离战役发起的时间只有一个多小时了,一夜无眠的张爱萍走出了那间四面透风的小平房。他要带着即将出征的陆、海军主要指挥员,再次来到头门山岛的山顶指挥所,做最后一次的交代与部署。

来到山顶后,张爱萍坐在一块大岩石上面,黑咕咚的山峰上寒风刺骨,但此刻他已全然顾不得了,正在不断地向"前指"参谋长王德交代着什么。突然,他喊了声:"毛张苗呢?"

正在张爱萍不远处抽烟的毛张苗大声报告说:"我在这里,首长。"张爱萍向他招了一下手,说:"你过来。"毛张苗迅速上前,蹲在张爱萍的身旁。

张爱萍用手指着对面的一江山岛,说道:"你马上就要率主攻营上岛了,具体任务都明确了吗?"

"明确了,司令员。"

"还有什么困难没有?"

"报告首长,即使有困难,我们自己也能克服。"

"记住,登陆突破点的准确位置很重要,那都是经过仔细侦察的。这也是决定我们此次作战能否完满成功的关键。"张爱萍再三叮嘱毛张苗说,"登陆后,你要坚决地巩固滩头阵地,然后向两翼猛插。"

"是。"

"打穿插,你还是有经验的。"张爱萍开了个玩笑,然后站起来对大家说,"大家都已明确了各自的作战任务,希望大家精心组织指挥,英勇战斗。我预祝同志们取得胜利!"说完,他抬起手腕看了看表,说:"现在对表。"

山顶上的各级指挥员们"唰"的一下,都把手腕抬了起来。

此时的指针,正好指在6时30分。

正在这时,登指副参谋长陈雪江跑上来向张爱萍报告:"司令员您看,风停了,连桅杆上的旗帜也垂下来了。"

张爱萍望了望天空,又扭头看了看港湾中战舰顶端的旗帜,原本一直紧绷着的脸上荡漾开来了笑意。

"嗯!风果然停了。徐杰这个气象科科长,真是好样的!"他情不自禁地喃喃自语道。

多日以来,不,甚至可以说是一直以来,如影随形地悬在张爱萍心头的那块巨石,终于踏实落地了。在渡海作战中,或者确切地说,在这场解放一江山岛的战役中,良好的天气,对于保证我军首次"三军"联合渡海登陆作战的成功,实在是太重要了。而现在,老天也来帮忙了。大家的心情此刻同好天气一样,豁然开朗。

不渝的忠诚
毛 张 苗 传

港湾内的山坡上,"同志们,为祖国立功的时候到了!"15个大字熠熠生辉,仿佛在为即将到来的战斗助威。

时针正飞快地指向8时整,静悄悄的海面上,只有微风吹动舰船桅杆上的旗帜所发出的飒飒声响。所有参战官兵,此时都凝神屏息地等待着,尤其是指挥所里的高级指挥员们,大家的眼睛都紧张地盯着腕上的手表,看着秒针在"嚓嚓嚓"地跳动。

"好戏就要开场了。"浙东前指司令员张爱萍点点头,平静地对身旁的作家和记者们轻轻说道。

此时,登指司令员黄朝天与王坤也盯着手表,他们一边看着作战计划表,一边不时地张望着张爱萍,等待司令员下达命令。

"天气情况有变化吗?"张爱萍一面举着望远镜,巡视着周围的海域,一面再次询问身后的黄朝天。

黄朝天立刻回复说:"请张司令员放心,前指气象科的最新报告说,晴好天气将持续到明天下午。"

"敌情呢,有变化吗?"张爱萍收起望远镜,问旁边的前指参谋长王德。

王德说:"没有变化。"

"好。"张爱萍抬手看了看手表,指针正好指向8时整,他以平静的语气庄重宣布,"现在开始战斗行动!"

站在一旁待命已久的登指司令员黄朝天,闻声当即向守候在电话机和参谋们大声道:"命令航空兵和海军舰艇,对一江山岛实施火力准备!"

几分钟后,随着一阵"隆隆隆"的轰鸣声传来,以强击机和轰炸机组合而成的空中编队由远及近,准时到达了战区上空,然后,排列成"品"字队形,向着一江山岛的敌军指挥部、炮阵地等重要设施进行猛烈轰炸。寂静中的一江山岛,顿时火雾迸发、浓烟翻腾,只听得飞机俯冲的尖啸声、航弹沉闷的爆炸声连绵不断,震撼海天。不多时,整座一江山岛,就被迅速升腾起来的硝烟浓尘完全遮盖了。

正当解放军航空兵在一江山岛上空大显神威时,毛张苗利用出发前的间隙,找到海军登陆艇队的陈国均副大队长,两人把担任主攻的步兵分队和登陆艇中队的指挥员再次招拢来,带到头门山岛东侧的无名高地上,观察和研究具体的航行路线及登陆点。

"老陈,你看我们在协同上还有什么问题,需要进一步研究?"毛张苗站在小山头上问陈国均。

陈国均说:"我们与你们陆军老大哥是第一次协同作战,问题是一定会有的,但是也一定能够克服。"

"好,趁现在还有时间,是否让大家再议一下,看看在相互配合方面,还有什么需要加强注意的地方?"心思细致的毛张苗建议。

"好。"

虽然陆、海两军的专业不同,在战斗中的分工与任务也不同,但共同的目标和使命使他们很快融合在一起。因此,只要一谈起协同作战的事情,大家就特别投缘和认真。

随着航空兵在一江山岛的战斗捷报不断传来,担负主攻任务的登陆部队,已经奉命开始登上登陆艇了。

这时,头门山岛上的重炮阵地也开始了密集的轰击,无数重磅炮弹掠过海空,飞向烟尘弥漫的一江山岛。

"怎么还不出发啊?别等我们赶到了,空军和炮兵们都把敌人给炸光了。"有位新战士悄悄说。

一位山东籍老兵接着说:"我原来是要退伍的,还蓄起了头发,这次听说要打一江山岛,就把头发都剃光了,还对指导员说,不打完这一仗,你赶我也不走。为什么?我想立个功再回家,那多光荣啊,连找个对象也容易啊。"那老兵的话,引起了大家的一阵哄笑。

另一位安徽籍老兵接着说:"俺也差不多,俺老婆说,你退伍时要是还没立功,俺就不让你进家门。"大家一听又笑了起来。

他的班长证实说:"他这话倒是真的,我看过他老婆写给他的信,难怪这次他写了好几封求战血书。"

"是啊,怎么还不出发啊?真是急死人。"

这时毛张苗也登艇了。按以往演习,毛张苗与陈副大队长乘的都是那艘大型的登陆舰,但这次他要与担任主攻的2营在一起,为此,他决定直接改乘2营的指挥艇。这样不仅便于靠前指挥,掌握主攻部队,若遇到突发情况,还能随时处置。

"老陈,那我们就在一江山岛上见。这次渡海,就全靠你们了。"毛张苗紧握着陈国均的手说。

陈国均拍了拍胸脯说:"没问题,放心吧,老毛。我向你保证,哪怕我的艇队只剩下一个兵,也要把你们送上一江山岛。"

"谢谢,谢谢,我会用报话机与你保持联系。"

"一言为定!"

"一言为定!"

此刻,在登指指挥所里,登指司令员黄朝天正紧盯着手腕上的表,当指针指向12点时,他问同样看着手表的张爱萍:"司令员同志,登陆艇队可否出发?"

"可以。"张爱萍平静地说。

"登陆艇准备出发。"随着黄朝天一声令下,头门山的码头上当即扬起一面蓝色的旗帜。这是登陆艇队准备起航的标志。

12时30分,2营指挥艇上的毛张苗,在报话机里接到了登陆指挥所发送来的命令"12时53分,起航向一江山岛发起攻击"。同一时间收到命令的陈国均,在他的指挥舰上,用扩音器命令各艇的指挥员再一次对表。

12时50分，毛张苗站在指挥艇的甲板上，用望远镜再一次巡视已经满载士兵的登陆艇队，只见港湾内所有登陆艇都已经启动，马达声震天动地。艇上陆、海军指挥员，并排站在驾驶台前，手里都拿着一式的协同计划和作战地图，紧紧地盯着手腕上的表。战士们早已各就各位，舱面上只留下了少数观察员。在主攻2营指挥艇的驾驶舱里，除了海军操舵手，还有登陆部队指挥员毛张苗、2营教导员平涛以及负责通信联络的营部通信班班长毛张银。

掠海飞搏一江山

12时53分，出发时间到了。随着指挥部前那面蓝色旗帜徐徐升起，手持报话机话筒的陈国均大声地命令道："起航！"

在头门山岛港湾内待命的所有登陆艇，几乎在同一时刻里猛然震动起来，巨大的轰鸣声把山那边的炮声都掩盖了。

按照部署，由2营营长孙涌率5连搭乘的登陆艇队，驶在编队的最前方，毛张苗与2营教导员平涛率指挥艇紧跟在5连的后面。随着登陆艇编队逐一按次序驶出港湾，头门山岛渐渐向后退去，海面也逐渐开阔起来。很快，原本散布在港湾各处的登陆艇像被一条绳索串连起来，继而又变成了严整的战斗队形，分两路紧随在毛张苗的指挥艇的后面，向前方的一江山岛扑去。

当艇队绕过头门山岛的东部时，站在指挥艇上的毛张苗从望远镜中看到，此刻的一江山岛，在我航空兵和炮兵的猛烈打击下，恰似山呼海啸、天崩地裂，硝烟浓云弥漫在全岛的上空，火雾和烟云在延展、膨胀、升腾，数十里之外都清晰可见。

很快,艇队抵近大茶花岛。大茶花岛是一块形似茶花的礁岩,面积并不大,但因为它距一江山岛只有3000米左右,所以机智的炮兵们就设法将几门重迫击炮预先隐蔽在岛上。此刻,这些重炮正在尽情地向一江山岛倾泻着炮弹。与之相呼应的是,装载在多艘登陆艇上的"喀秋莎"火箭炮,这时也怒吼起来。那连续闪烁的火光,和火箭弹发射时有节律的呼啸声,与海面上竞相前进的登陆艇编队交汇成一体,构成了一幅磅礴壮观的海上战斗宏图。

按照协同作战计划,舰艇到达大茶花岛两侧时,应该由一路纵队展开为一列横队。为了提醒陈副大队长,毛张苗忙把报话员的话筒拿在自己手上,刚喊了声"老陈、老陈,现在是……"陈国均已回过话来:"已经开始了,已经开始了!"

只见原本呈二路纵队的登陆艇编队,此刻已经在变动位置,开始呈一列横队的战斗队形,宽正面地驶向一江山的乐清礁。而在大茶花岛西侧的海面上,原本与2营平行的助攻部队第178团1营,此刻也正在向一江山岛的西山嘴、海门礁和黄岩礁等方向前进。

为配合登陆部队顺利登陆,空军机群这时又呼啸着过来了。十数架"杜二"轰炸机,对准190、203高地及其前沿支撑点,再次进行了猛烈轰炸。顿时,烟雾迷蒙的一江山岛上,又增添了几十条巨大的烟柱。而强击机则沿着一江山岛北坡往复地低飞扫射,把敌人压得抬不起头。只有少数顽固的敌人,躲在岩缝工事里向我登陆部队进行射击。

在我空、海军和近岸炮兵的有效压制下,陆军登陆艇队在海上未遇到敌人有组织的炮火阻拦射击。

艇队离登陆点越来越近,只剩1000米左右的距离了。按照协同作战计划,此时登陆艇队该加速向前冲击了。还没等毛张苗拿起耳机喊出"老陈", 毛张苗只感到指挥艇的甲板猛地一抖, 指挥艇已经在全速前进了。

这时, 在乐清礁东侧的水面上, 温州水警区的4艘炮艇紧盯着敌人水际岩缝里的火力点, 在不停地进行猛烈射击, 以压制敌人的火力, 保障2营登陆部队的侧翼安全。当2营登陆后, 这4艘炮艇又转而去支援2营向203高地的冲击。直到战斗接近尾声, 7连在守固礁、向阳礁肃清残敌时, 他们仍在不停地向零星的敌人展开射击。为此, 毛张苗还特意向登指报告, 请他们"收兵", 同时请求首长对他们予以表扬。从协同作战的计划表中, 毛张苗知道指挥这4条炮艇的是海军战斗英雄陈文富, 在华东军区第二届英模大会上, 他与陈文富见过面, 并在此后建立了深厚的友谊。

离登陆点很近了, 指挥艇上人人都屏息静气, 目视前方。这时, 架设在多艘登陆艇舱顶上的重机枪和艇上的高射机枪, 都在对敌人的火力点实施猛烈射击。敌人也在还击, 雨点般密集的子弹, 从岛上的明碉暗堡里射出来, 打在登陆艇的大门上, 发出"当当当"的刺耳的金属撞击声, 随之出现了战士伤亡的情况。

此时, 登陆艇已达极速。一江山岛附近海域的浪涌, 原本就比其他的海域厉害一些, 凡是经过或靠近岛屿的船艇, 船身的颠簸更为剧烈。以至于毛张苗产生一种错觉, 脚下的登陆艇并非在水面上航行, 而是在海空里腾飞。

500米、400米、300米、200米……就在毛张苗所乘的指挥艇离海岸越来越近时, 一名手持冲锋枪的士兵站了起来, 用手指着左前方, 急切地朝舱顶大声喊道: "机枪手注意, 那里有个暗堡。快! 重机枪快朝那里压制射击!"

"干什么? 你不要命啦!"旁边的毛张苗大喝一声, 一把抓住那人的后衣领, 将他按在地上。一阵密集的弹雨从岛上扫了过来, 驾驶舱内顿时玻璃碎渣四处横飞, 指挥艇的前方观察窗上留下了一长串弹孔。险! 二人的生死,仅仅在毫厘之间。

毛张苗忍不住正要骂出口,定睛一看,不觉吼了起来:"你搞的什么鬼名堂?!"原来此人竟是他的小弟毛张银。

毛张银是2营通信班班长,通信班班长跟营部走,所以他也在这条指挥艇上。因为大哥是这次登陆的首要指挥员,所以毛张银也不便与他打招呼。而毛张苗因为全神贯注于战况,并未注意到两兄弟竟在同一条艇上。此时,毛张苗已顾不上再批评弟弟,只是嘱咐了一句:"你小心点,岛上的子弹都长着眼睛。"

说罢,他便转身对2营教导员平涛说:"很快要靠岸了,准备发出登陆信号,同时通知头门山炮群,炮火向敌纵深延伸。"

"是。"

毛张银得令后,立即用无线报话机联系"登指",要求头门山的压制炮火向后延伸,并且随手取出了信号枪。

当"准备登陆"的信号弹发出后,所有登陆艇的前舱门便开始缓缓地放下来。身着海蓝色军服的海军战士挺身站在船头,用机枪和冲锋枪向敌人前沿工事进行猛烈扫射,以掩护自己的战友——陆军战士们跃出船舱,向敌前沿阵地发起冲击。

下午2时29分30秒,勇猛无比的5连比预定的登陆时间提前30秒,率先登上了乐清礁陡峭的矶岩。

"发信号,向'登指'报告,第5连登陆成功!"毛张苗口述命令。

毛张银随即高举起手中的信号枪,"砰!砰!砰!"连续三发耀眼的绿色信号弹,从海面上腾空而起。

目视到"登陆成功"的信号,头门山岛上的登陆指挥所内顿时一片欢腾。张爱萍司令员立刻拿起步话机的话筒,朝着2营营长孙涌的那一端,兴奋地大声说道:"祝贺第5连一举登陆成功!"

正当毛张苗命令指挥艇坚决地靠上崖壁，并以艇上火力压制敌暗堡内的机枪时，5连在舰艇炮火的支援下，直接向正面守敌的第一道铁丝网扑去。他们一边爆破一边前进，动作迅猛利落得像老虎捕猎。

5连指导员洪阿毛边前进边大声喊道："同志们，海军同志把我们送上了登陆点。现在是轮到我们战斗的时候了。为了祖国，为了人民，为了胜利，冲啊！"

"冲啊！"

红旗插上203主峰

守敌的第一道防线很快就被冲破了。虽然在冲击时也遭敌两翼火力的射击，但由于5连的战术动作勇猛果断，迅速地抢占了第一道堑壕及前沿支撑点，对敌人火力进行了有效压制，加上我海军舰炮支援有力，因此，在敌人还未缓过神来时，5连已果敢地冲过了守敌的第一道堑壕，继续向前发展进攻。为了阻止5连前进，敌人从山头上扔下大量集束手榴弹，但因为极度慌乱与仓促，不少扔来的手榴弹竟没有拉出导火索，因此对5连的杀伤并不大。

当毛张苗率领2营指挥部登上乐清礁时，5连已越过敌人的第一道堑壕，正向瞭望村的敌前沿支撑点发起冲击。

此时登指告知毛张苗：就在2营登陆的同时，兄弟部队也已在西山嘴、黄岩礁、海门礁以及南一江山的田岙湾、胜利坡等地陆续登陆成功，而且发展顺利，一切都在按预定的协同作战计划推进。"登指"司令员黄朝天，要求毛张苗密切关注南一江山第180团部队的战斗情况。同时，在战斗中双方要相互协同、相互支持。

不料,在5连右侧登陆的6连,却遇上了麻烦。因为战前侦察不够精确,6连在北山湾凹部登陆时,受到敌三面火力的射击,加上两次靠岸都面临悬崖峭壁,部队无法登陆展开,结果遭到敌人集束手榴弹的压制,伤亡较大。但是6连的官兵并未退缩,而是发扬英勇顽强的战斗精神,指挥员率先,战士们前赴后继地向敌人的第一道堑壕发起冲击,终于攻占了敌人的前沿阵地。

同样,担任助攻任务的2营7连在5连后方登陆,按计划应即刻从第一道堑壕向左侧扩大突破口,但是由于被高达五六十米的悬崖阻隔,部队无法通过。毛张苗发现这一情况后,即命令他们跟随在5连后面,到瞭望村以后再向东穿插,配合主攻连队向203主峰冲击。

此时,5连的攻击发展得非常迅速。毛张苗刚在第一道堑壕前安下指挥所,5连就已经占领了瞭望村的小高地。根据战斗发展需要,毛张苗觉得他们进展过快,孤军深入,很容易遭到敌人的多路反击,当即命令他们暂停并巩固一下,要求他们等6连、7连全部跟上来,组织好火力掩护后,再实施攻击。

但是,这可把率领5连作战的营长孙涌给急坏了。因为他发现203高地上的敌人已出现了慌乱的迹象,正要指挥5连趁机向岛上的这个最高峰发起冲击,假如此时攻击停滞,战机将稍纵即逝。而5连的干部战士,心里比他们的营长更急,因为203主峰已近在咫尺,此时如不趁热打铁,迅速拿下这个首要目标,这一光荣的任务就完全有可能会被后续的其他部队夺走。为此,5连的官兵们特意委托他们的营长孙涌前来"游说"毛张苗,强烈表示他们有足够的力量一举攻下203主峰。

望着这些求战心切的同志,毛张苗心里既感动又自豪:这些年轻的战士,为了祖国安宁与人民幸福,为了赢得胜利,他们英勇无畏、甘洒热血。

毛张苗觉得,应当满足他们的求战愿望。

于是,经与教导员平涛商量,毛张苗决定,同意孙涌提出的由5连向203主峰发起最后冲击的请求,但在发起冲击前,他要求孙涌一定要组织好火力。说毕,他从教导员平涛手中取过红旗,亲手交到孙涌手上,并极其庄严地说道:"我代表'前指'司令员,把这面红旗授予5连,它象征着一江山岛战役的胜利。我要求你们立即对203主峰发起攻击,将红旗插上制高点!"

这面红旗是昨天第178团召开誓师大会时,由团政委杨明德代表前线司令员授予2营的。上级曾规定:哪支部队最先攻上203高地,就由这支部队,把这面象征胜利的旗帜插上203主峰。

营长孙涌对教导员平涛说:"你把瞭望村里的几挺重机枪和几门无后坐力炮调过来,掩护我们……"话未说完就举起红旗,大步流星地向203高地冲去,口中还大呼着:"同志们,快冲啊!向203高地冲锋,把红旗插到主峰上去!"

"冲啊!"

正在前方阵地上待命的5连战士们,见营长举着红旗冲上来,便雀跃着呐喊起来:"红旗上来了,红旗上来了,快冲啊!"

已两次负伤的连长毛坤浩从堑壕中一跃而起,振臂高呼:"同志们,冲啊!冲上去就是胜利!"

这时候,所有在203高地下面的我攻击部队,都看到这面鲜艳的战旗在快速地向主峰靠近,于是,这些部队便从各自的攻击位置,漫山遍野地向红旗靠拢过来。呐喊声此起彼伏,犹如海啸一般。

当然,顽固的守敌并不甘心灭亡,仍企图做困兽之斗。他们利用残存的碉堡、堑壕发射点,向红旗和冲击部队疯狂地射击。同时,还不断地组织小股匪徒实施反冲锋。

不渝的忠诚
毛张苗传

这时，2营营长孙涌已冲上了瞭望村高地，但他手中的红旗，却被5连连长毛坤浩和几名战士夺过去了。他们紧紧地簇拥和护卫着这面红旗，一个接一个地往上冲击，前面的旗手倒下了，后面的人就举起旗帜继续往上冲。

一直紧随主攻连队前进的毛张苗，这时看了看手表。部队推进的速度真快啊！从登陆到此刻还不足40分钟，而5连就已经接近203主峰了。于是，他决定尽快前移指挥部，向203高地靠拢。

冒着密集的弹雨和炮火，毛张苗和指挥所很快推进到了瞭望村。

在瞭望村旁的一个小高地上，毛张苗正在抵近观察部队的战况，忽然发现两名海军战士也来到了高地。原本这两名海军战士的任务，只是将弹药送到滩头上，就可随登陆艇返航，但因为主攻部队推进的速度太快，他们只得扛着弹药箱，跟随着主攻部队一起往上冲，结果，直到此时才发现他们所乘的登陆艇已经返航，于是他们只得留了下来。其中那位年纪大些的老兵，端着从敌尸上捡来一支冲锋枪，而那个小胖子新兵的手里还空着。

目睹战况，他们向毛张苗提出参加战斗的请求，毛张苗说："你们已经完成了任务，能主动要求参加战斗，这很好！但我有一个要求，你们要紧随我行动，不要乱跑。"说完，他从一个伤员手里取来一支冲锋枪，交给了那个小胖子。两名海军战士向副团长毛张苗敬礼后，都开心地笑了。

此刻，担任主攻任务的5连，仍在勇猛顽强地朝203高地推进。那面鲜艳夺目的红旗，始终在攻击部队的最前方。但是，它也因此遭到了顽固守敌更加疯狂和更加密集的射击，在旗手经过的地方，弹如雨下，烟尘四起。

在瞭望村的小高地上，用望远镜紧盯着那面红旗移动的毛张苗，这时紧张得连手心里都出汗了。虽然早已身经百战，但不知为什么，他今天的心情特别紧张。红旗越接近主峰，他的心里就越发紧张。因为旗手每前进一步，都有可能付出生命。果然，一个旗手倒下了，是5连连长毛坤浩，毛张苗心里顿时一紧，正着急时，那面红旗又飘扬了起来。在弥漫的硝烟中，他看见有一位年轻战士，从负伤的旗手手里接过红旗继续前进。他一会儿扑倒，一会儿前进，一会儿不见了，一会儿又突然蹿出来往山顶上猛冲，弄得敌人慌了手脚，却始终无法阻挡这位机智勇敢的年轻战士的前进。毛张苗终于看清了，是5连的通信员陈寿南。

此时，敌人的恐慌愈发加剧了。他们开始向203高地东南的大地堡收缩，以便集中火力对付步步逼近的红旗。这时，只剩下三五个战士紧随在旗手陈寿南身后。面对山顶之敌疯狂的反冲锋，他们是否能将红旗顺利地插上主峰呢？

毛张苗十分担心，于是命令7连从203高地的东边，迅速斜插上去，从侧翼牵制正面的敌人。同时又命6连尽快往前靠，击退敌军的反冲锋，支援5连夺取203主峰。

7连随即派出一个排，从瞭望村的东边插过去，但东边全是坡度很陡的斜壁。战士们正要爬上去，却被敌暗堡的猛烈火力压制得无法抬头。在几次冲击未果后，7连连长李志明用对讲机向毛张苗报告了冲击受挫的情况。毛张苗在对讲机中不容置疑地大声说："李连长，你们必须前进，为了整体，为了胜利，要不惜一切牺牲！"

听罢副团长这一番话，连长李志明冷静地把对讲机交给了通信员，然后亲自率领一个排冲到了斜坡下。第一个班上去后，很快伤亡了一半，再换第二个班上去，又伤亡了不少。

见到7连冲击受阻的情况后，毛张苗真急了。他随即直接向浙东前指司令员张爱萍提出，请求空军强击机群再次协同作战，击退敌人疯狂的反冲锋。

很快，空军的4架强击机又出现了。原本按协同作战计划，他们此时

不渝的忠诚
毛张苗传

已经可以撤出战斗了,但是当他们得知我主攻部队冲击受阻时,虽然机上弹药已告罄,但他们还是主动返回战场,毅然决然地再次对准203高地,做出俯冲扫射的姿态。临空而至的强击机群巨大的呼啸声和猛烈的气浪,把正在实施反冲锋的敌人吓得失魂落魄,纷纷缩回了掩体里。

7连连长李志明见状,立刻率领第三个班从斜坡发起冲击,终于顺利地冲过了敌人的封锁线。为了鼓舞全连战士的斗志,李志明冒着密集的弹雨,亲自指挥后续的班排迅速冲过敌人的火力网。就在全连刚通过后,一颗流弹正中李志明的头部,英雄连长李志明当场牺牲。7连的战士们见连长倒在203高地之下,便一起高呼着"为连长报仇,冲啊!"的口号,拼死向203高地发起冲锋。

这时,5连最先头的那几名战士,已经快接近山顶了。战士们正在向山头上投掷手榴弹,并打开枪刺,准备与敌人做最后的拼杀。敌人也在开始组织更加疯狂的轮番反冲锋。当此危急关头,2营教导员平涛调集来的两挺重机枪突然开火了,顿时打得敌人人仰马翻,给了顽固的反冲锋之敌以有效压制与杀伤,敌人溃退了回去。

但是,主峰守敌的几个大火力点仍在疯狂射击,毛张苗目视战况艰难,于是又向海军要求支援。

顷刻间,舰炮炮弹密集袭来,几处敌暗堡被掀掉了顶盖。之后,一直徘徊在海上的几艘海军掩护舰艇,仍不停地用舰炮助攻陆军部队。舰上密集的机关炮炮弹,打得山头上一片火光,掩护着步兵分队一步步向主峰推进。

从瞭望村东面插入的7连两个排,这时已经占领了203高地东边的阵地。从右翼配合5连冲击203高地的6连,在伤亡严重的情况下,仍以勇猛迅速的动作,经过一番拼杀占领了中山村,从而切断了190高地与203高地敌人之间的联系。其中,6连还有部分战士甚至运动到了203高地的南翼，守敌已被三面包围。于是，残敌开始向南坡溃退，有的则龟缩到半地下工事里，企图进行最后顽抗。

203主峰的两翼通道终于被扫清了。已经3次负伤的5连连长毛坤浩奋力站起来，大声命令战士们："同志们上刺刀，往上冲啊！"他边喊着边向顶峰冲去。

经过一番激烈的白刃战，原本杀声震天的203高地，渐渐平静下来。5连最先冲上高地的十几名战士，伫立在疾风猎猎的203主峰上。他们满面硝烟、浑身血污，一双双充满血丝的眼睛，却依然炯炯有神。他们正是5连通信员陈寿南和几名护旗的英雄战士，而他们手中那面鲜艳夺目的红旗，正飒飒飞扬。

与此同时，就在一江山岛对面的上大陈岛上，自始至终都神情紧绷着在观战的大陈防卫司令刘廉一和他的美军顾问们，甫一见到这面红旗在主峰上飘起，顿时面如死灰，不约而同地长叹了一声，放下了手中的望远镜。他们心里已然明白：大势已去。

红旗在203高地升起后没过多久，毛张苗就登上了203高地。他看了看手表，时间是下午3时05分，也就是说，从登陆到拿下203高地，我军仅仅用了45分钟。他命令话务员："立即向登指报告，我军已于15时05分攻下203高地。"

而当他扫视全岛时，却发现在对面的南一江山岛上，有一支队伍也扛着一面红旗，正向180高地冲锋。但那面旗帜的尺寸样式，却与我军的完全不同。毛张苗立刻敏锐地察觉，那准是狡猾的敌人在向我兄弟部队实施反冲锋。他当即想起了登指司令员黄朝天对他的交代。

于是，毛张苗急忙高喊道："平涛，立刻调两挺重机枪过来，给我干掉这伙敌人。"在两挺苏制重机枪居高临下、夹头夹脑的横扫之下，那伙敌人慌忙连滚带爬地缩了回去。

不渝的忠诚
毛 张 苗 传

至此，第 178 团及尖刀 5 连抢滩登岛后，仅用了区区 45 分钟，就在王生明的指挥部所在地——203 高地上，无可置疑地插上了标志着胜利的红旗。一江山岛守军司令，国民党悍将王生明要死守三天的狂言彻底破灭了。

而等待着这个顽固敌酋的结局又是什么呢？

午夜 2 时，在北一江山岛东侧的六重坡下，岛屿上最后的反斜面战斗，就发生在这里。

当时，战士们正在此处修筑防御工事。忽然，工事前的崖下响起了枪声，战士们上前一看，原来在这陡峭的悬崖下面，居然还隐藏着一个近水暗堡，其上是崖壁，其下是海水，两面都难以接近。

根据事后分析，敌人开枪有两个目的：一是以为已被我军发现，开枪来干扰和阻止我军行动，企图继续顽抗待援；二是试图向对面上大陈岛上的守军报信求救。

对此，有部分干部建议等天亮后再解决这个暗堡，但是身为主要指挥员的毛张苗坚决不同意，毅然决然地下达了这样一条命令："敌人夜里不缴枪，就决不让他再见太阳！"

于是，奉命发起攻击的战士们，在夜色中迅速地从这个水际暗堡的上、下、左、右四面，进行包抄并逐渐逼近。不过一刻钟左右，这伙敌人就在一连串手榴弹的爆炸声中灰飞烟灭了。

胜利的消息一个接一个地传来。

在 5 连将红旗插上北一江山岛主峰 203 高地之前不久，担负另一路助攻任务的第 178 团 1 营，在团预备队 3 营的配合下，已先行攻占了北一江山岛西侧的 190 高地。

下午 3 时 07 分，第 180 团 2 营攻占了南一江山岛的 160 高地，并正在向南一江山岛的主峰 180 高地发起攻击。

与突破滩头的登陆战斗相比,始料未及的肃清残敌的反斜面战斗,似乎更加艰巨,也更加惨烈。

浏览第60师师史和第20军军史,关于一江山岛上这场特殊的反斜面战斗的记载却甚少。原兰州军区空军副政委、军旅作家谢雪畴,其所著《东海冲击波》一书,是少见的对此有所记录的著作。作者在书中这样描述:

北一江的南侧一道高大陡峭的石壁,被风雨潮汐冲刷剥蚀出一个锅底形的大斜坡。敌人利用大斜坡上的裂缝、沟壑、洞穴,修造起密密麻麻的地堡工事,构成层层叠叠的火力网,有的在正面,有的在侧翼,有明碉,还有隐藏在背面的"倒打火力"。

敌人设在反斜面的火力,令178团3营吃了很大的亏。

18日黄昏,营长姚根连、教导员朱波指挥二梯队3营,投入一江山岛纵深战斗。

8连向东山村展开攻击,营部六挺重机枪用密集火力将当面敌人火力点打成哑巴。可是,当战士们奋勇冲锋时,没想到从屁股后面射来飞蝗似的枪弹,正要调头扑灭背后的这股反射火力,哪知道正面洞穴暗堡里的敌人又开了枪。8连大批战士倒在敌人前后交叉的火力网下。

连长组织机枪、冲锋枪压制敌火力点,又命令投弹手摸到洞穴下方往里投弹。手榴弹爆炸了,部队发起冲击,可是,洞穴又冒出了火舌。原来,洞穴后面还有一个洞穴,当攻击部队投弹时,敌人就躲到后面洞穴,而部队一开始冲击,敌人又跑到前面的洞穴。于是,连长派出爆破手用炸药包把敌人的洞穴炸塌,让洞穴成为这伙狡猾的敌人的坟墓。

10连在攻打东山头时也遇到了反斜面暗堡中敌人的大量杀

伤。悲愤交加的10连连长命令火箭筒手瞄准射击，消灭了暗堡中的敌人。

反斜面战斗，最后推进到向阳礁，6连、8连、10连从西、北、南三面展开会攻。

虽然向阳礁敌人表面工事已被彻底摧毁，但是构筑在礁岩下面的水际暗堡却依然吐出疯狂的火舌。

副团长毛张苗赶到3营，同营长姚根连摸到礁石侧面观察，只见礁上是层层叠叠的岩石，下面是汹涌翻滚的岩头浪，敌人把暗堡修造在悬崖巨浪之间，大炮打不到，机枪、火箭筒、无后坐力炮没法架，喷火器也使不上劲，一时还真让人奈何不了。

这一时可难坏了毛张苗和大伙，……最后，他让该营挑选出几个会泅水的战士，脖子上挂着防水炸药，设法悄悄地游水过去，然后从侧面攀上矶岩，摸到暗堡边上，把炸药、手榴弹塞了进去，赏给敌人一顿馅料十足的"蛋（弹）炒饭"。

……

19日凌晨2时，所有暗堡都被清除，最后结束了反斜面战斗。

反斜面的洞穴战，是60师师史上未曾见过的恶仗，战斗的持续时间和伤亡人数都远远超过了登陆突破战。战前，登岛部队主要演练抢滩登陆和夺取制高点，而对于反斜面作战的研究和准备尚嫌不足，这恰恰是海岛作战的最特殊之处。

在203高地西侧的一个凹地的临时指挥所里，毛张苗与团长戚庆连和政委杨明德会合了。这时，那个主动要求参战的小胖子海军跑进指挥所里，向毛张苗报告："首长，旁边还有敌人。"

毛张苗一听便警觉地站起来，问："在哪里？"

"在隔壁。"原来这个小胖子海军是从旁边暗堡上架设的一根天线上，判断里面有敌人。经察看，这个暗堡里面确实挤满了敌人。于是，他让那名海军老兵和其他人留下监视敌人，自己来向毛张苗报告。毛张苗当即找来俘虏审问。原来，这竟然是敌一江山岛司令部所在地。于是，战士们立即向地下掩体里的敌人进行喊话与劝降，可是喊了许久，里面的敌人就是不出来。

"不投降就全部烧死他们。"喷火兵大为光火。

"慢！小喷一下，吓唬吓唬他们就可以了。"考虑到战斗已基本结束，不宜再增加伤亡，毛张苗在一旁吩咐道。

于是，喷火兵就用火焰喷射器朝着暗堡洞口喷了一点火，洞里的人立马就讨饶了。但出来投降的都是一些士兵，并没有发现敌军司令王生明。后来据俘虏供认，在我主攻部队向 203 高地冲击时，王生明还曾组织预备队企图实施反冲击，不料他才出碉堡就被打伤了一条腿，于是只得退回碉堡，派出的预备队也陆续被我军歼灭。因为在这次战斗中，岛上有不少碉堡与洞穴，都被我军用火焰喷射器或者炸药包清除过，所以弄不清楚王生明到底死在哪个碉堡里了。

战后，由于始终未能搜寻到王生明的尸体，所以他的死亡细节，也就成了此战最大的未解之谜。

不久，敌军副指挥官、第四突击大队大队长王辅弼被 6 连班长傅德昌抓获。王辅弼曾在淮海战役中被我军俘虏过，这次算是"二进宫"，纯属"老油条"。这家伙很顽固，也很不老实。当 6 连战士向碉堡里喊话时，他还开枪打伤了那名战士，后来听到有战士喊"要拉炸药了"，这才吓得连滚带爬跑了出来。

6 连的新战士王必和，在这次战斗中表现得很勇敢。他在头部和左手两处负伤的情况下，还扛着一挺机枪、5 个弹盘和一箱子弹追上部队。后来，当他发现在一处交通沟的隐蔽部里躲着不少敌人时，竟不顾安危，用未受伤的手，向敌人甩过去一个炸药包，然后又跟着部队往前冲。战后，王必和因作战勇敢、成绩突出，荣立一等功，并作为全国青年建设社会主义积极分子，在北京中南海怀仁堂见到了毛主席，并与伟大领袖握了手。这不仅是王必和个人的荣誉，更是所有参加一江山岛战役的指战员们集体的荣耀。

几十年后，时任浙东前指参谋长的王德将军，在他所著《华东战场参谋笔记》一书中这样回忆道：

> 关于执行渡海登陆作战的陆军，如按一般规律，是应该由海军陆战队来担任登陆突击占领滩头阵地的。而那时我们海军还没有海军陆战队，只能由陆军充任并接连完成全部突击登陆任务。这次，我们选用了在浙东成长起来的、同浙东人民有密切联系、刚从抗美援朝战场上下来，有丰富作战经验的陆军第20军60师的一个多团，加强必要的炮兵、工兵、喷火兵来担任全部登陆突击任务。把红旗插上一江山岛最高点203高地的步兵营，是由在朝鲜战场打出名的一级战斗英雄、副团长毛张苗同志亲自率领、提前指挥的。最先突上203高地的5连，也是在朝鲜东线穿插敌后、屡建战功的英雄连队，而毛张苗则是入朝时的5连连长。"把陆军变成海军陆战队""以毛张苗为代表的团、营干部们，还有那师的参谋长王坤，他们是出了大力的。"张爱萍将军至今还常谈到他们……

一次成功的夺岛登陆战

一江山岛登陆战的胜利,震撼了太平洋,震撼了全世界。一时间,这个小到在地图上几乎都找不到的小岛,引起了全世界的关注,成了全球舆论的中心!

美国合众国际社电称:

"共产党中国的第一次陆海空联合作战是经过周密策划,而且执行得很好的。"

"中国人的行动,是想要试探一下在这个地区的美国第七舰队的意图。"

"它只不过是夺取具有战略意义的大陈岛的试管战斗。"

"共军攻击一江,使用在这一小岛上的火力,竟比韩战(即朝鲜战争)中还要猛烈。"

……

一江山岛失守后,与之相距仅 11 千米的大陈岛国民党军,深感唇亡齿寒,惶惶不可终日。尽管美军第七舰队司令仍企图为他们撑腰,甚至扬言:"目前对大陈岛的任何进攻,都将被美国解释为干涉第七舰队的任务。这种干涉可能遭到美国方面的报复。"这位司令还色厉内荏地威胁,说在他的舰队中还配有原子弹。

然而,新中国的人民军队是吓不倒的,因为他们根本不吃美军这一套。关于这一点,蒋介石心里很清楚,美国人心里更清楚。一江山岛被攻占之后,墨迹未干的美、蒋《共同防御条约》已形同废纸。我军若要夺取大陈岛,已易如探囊取物。那个叫华尔顿的美军驻大陈岛首席顾问,曾在大陈岛的山头上观摩了一江山岛战役的全过程,之后,无可奈何地向他的上司报告说:"今后大陈的防务已无法确保,我将建议上级撤离大陈。"

2月4日晚,我军解放一江山岛半个月后,亲自坐镇大陈岛的蒋经国,孤寂地坐在下大陈渔师庙前的小山头上,遥望着他的浙东故乡。其时,月色惨淡、满目苍凉,海风呜咽、如泣如诉。在凛冽的海风中,蒋经国不发一言,沉思了两个小时。最后,他慢慢地站起身来,长长地叹息了一声,招呼身边的随从说:"走吧。"

2月5日,美国宣布:已下令第七舰队协助蒋军从大陈岛撤离,代号"金刚计划"。对此,时任大陈防卫司令的刘廉一,极度沮丧地哀叹道:"什么都完了,落得一场空。"

2月7日至12日,"金刚计划"开始执行。上、下大陈二岛的蒋军在美军包括6艘航空母舰、3艘重巡洋舰、21艘驱逐舰在内的共110艘军舰的协助下,裹挟了岛上共1.4万余名居民和全部财产,撤逃台湾。并且,在美国海军陆战队和陆军爆破专家的协助下,将大陈岛上的所有建筑物和各种设施付之一炬,破坏殆尽。不仅如此,临走时还在岛上埋设了7000多颗地雷。

2月8日晚,毛张苗所在的第60师接到浙东前指的命令:"解除60师进占大陈岛之任务,由公安16师执行既定任务……"

2月12日至14日,我军陆续进占上、下大陈岛,以及渔山列岛和披山列岛。尔后,又进占了浙南的南麂山岛。

至此,第20军60师持续近两年的沿海岛屿作战任务,以浙东沿海全境的彻底廓清而告终。

与此同时,《人民日报》、新华社、中央人民广播电台等全国各报刊、电台对一江山岛战役的胜利做了大量的报道。

中央军委总部公开发电,嘉奖前线三军部队,电文称:"此次我陆海空三军密切配合,以勇猛迅速的动作,在两个小时内全歼了守敌,堪许嘉勉……"

毛泽东主席更是对一江山岛战役的胜利给予了高度评价。他于1955年12月在视察上海黄浦江时，在军舰上对华东军区海军副司令员彭德清说："一江山岛登陆战打得很好！我军首次联合作战是成功的！"

一江山岛登陆战的胜利所产生的影响是巨大的，也是深远的。

曾经为浙东沿海的战斗胜利做出巨大贡献和牺牲的台州人民，是永远不能被忘怀的。从战役准备到战斗结束，几乎所有军事行动，都是在浙江和上海的党政机关，特别是在台州人民群众的全力支援和密切配合下进行的。只要前线需要，他们做到了"一呼百应"。为了永远纪念这次具有历史意义的战役，深切怀念在这次战斗中牺牲的英烈，当地政府和人民于战斗胜利的当年，在风景秀丽、面朝大海的海门枫山之巅，修造了庄严肃穆的烈士陵园和纪念碑。

时至登陆战50周年纪念日，当地又辟地重建了构思别致的一江山岛登陆战纪念馆。60多年来，来自全省，乃至全国各地以及全军各部队的参观和瞻仰者，已有上千万人次。

第60师的多名参战干部，为了纪念这次战斗的胜利，纷纷把自己于当年出生的子女，取名叫"一江"。这种看似父辈们希望将自己的光荣岁月，在后代们的身上刻下一抹历史印迹，其中蕴含的不仅是一种寄托和期望，更是对革命战争历史的一份敬意。而致敬历史，就是为了壮行未来。

不渝的忠诚
毛 张 苗 传

▲ 1953年,毛张苗与刘肖竹(摄于台州黄岩)

◀ 1954年,毛张苗与孙肖竹的结婚照(摄于台州黄岩)

◀ 1954年,毛张苗(右一)与主攻营营长孙涌等侦察一江山岛

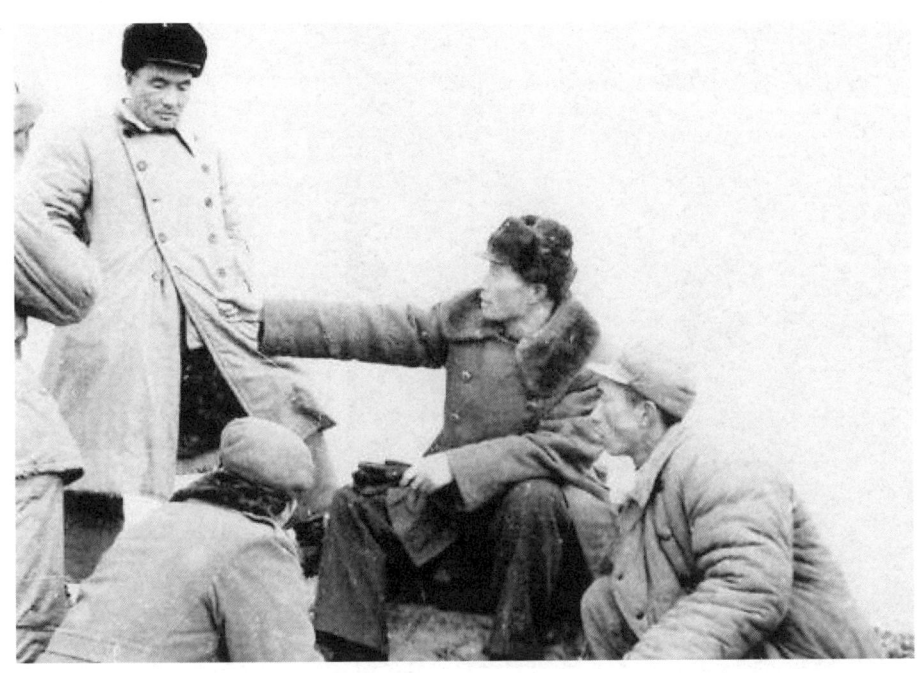

▲ 1955年1月18日上午，前指司令员张爱萍（中）在头门山进攻出发地向登陆兵指挥员毛张苗（右一）下达最后攻击命令。左一为前指参谋长王德，左二为登指司令员黄朝天

▲ "尖刀5连"在一江山岛乐清礁攀岩强攻

不渝的忠诚
毛 张 苗 传

◀ 毛张苗(左一)与登指参谋长王坤(左边背向者)审讯被俘的守岛副司令王辅弼。

▼ 一江山岛战役胜利后,我军押回敌军战俘

▲ 左图　指挥载运主攻 2 营在乐清礁登陆的海军登陆艇三大队队长陈伯均

▲ 右图　时任第 178 团 2 营教导员的平涛

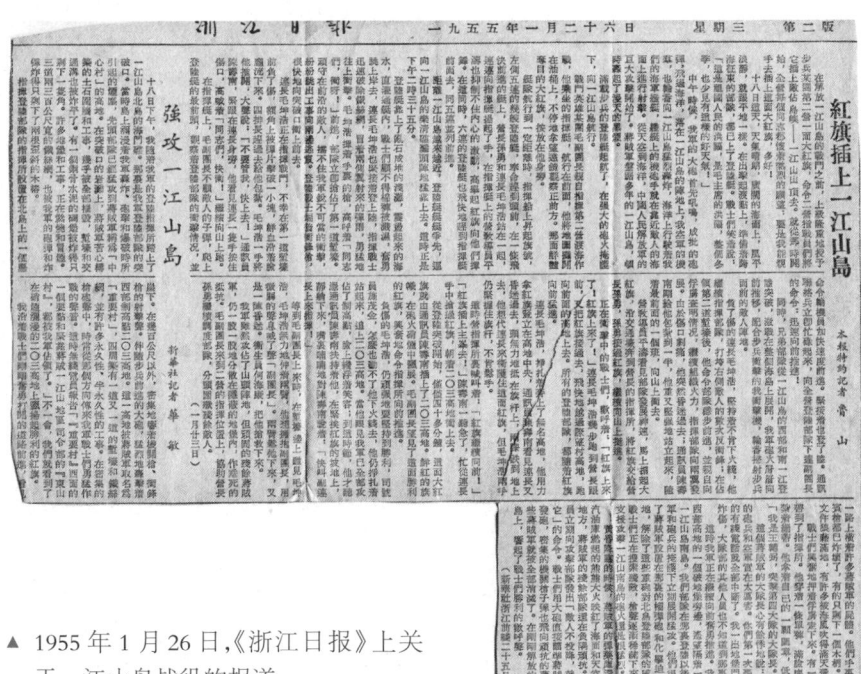

▲ 1955 年 1 月 26 日,《浙江日报》上关于一江山岛战役的报道

铁血铸军魂

一切为了打仗

1955年5月，正在海门组织部队展开以"金、马"为假想敌训练的毛张苗接到一个通知，要他即刻动身，作为解放军陆军战斗英雄代表参加以贺龙元帅为团长的中国政府代表团，赴旅顺欢送苏军归国并移交旅顺海军基地的仪式等。在代表团中，毛张苗遇见了他在朝鲜时就十分敬佩的志愿军空军一级战斗英雄王海。一位陆军战斗英雄和一位空军战斗英雄在这个特殊的场合下见面，两人感慨万千，并由此结下了长达几十年的深厚友谊。

11月9日，中国人民解放军南京军区干部部发布第182号命令，任命毛张苗为第20军60师178团团长。这一年，毛张苗30岁，成为南京军区当时最年轻的团长。同月，毛张苗作为校级军官代表在北京被授予少校军衔，同时荣获自由独立奖章和解放奖章。

在中国人民解放军的历史中，30岁担任团长的人很多，但在新中国成立后的社会主义建设时期，能够在30岁担任野战军主力团团长的人可谓凤毛麟角。这说明了党和军队在政治上对毛张苗的充分信任，亦是对他军事指挥才能的认可。

1956年2月中旬，毛张苗参加了第178团在宁波市宁海县洪家村驻地召开的第三届党代会，会议主要议题是：充分发扬民主、开展批评与自我批评，统一建军思想、清除右倾思想、反对形式主义，开展社会主义革命竞赛及加强党委、支部的核心领导和党的发展工作等。这次党代会，对178团今后加强党委建设和加速全团的各项建设起到了重要作用。

3月25日至26日,第178团又在驻地召开了首届共青团代表大会,在会上,团党委委员毛张苗被选为团工委书记。

进入4月份,第178团就开始了紧张的军事训练。作为军事主管,毛张苗始终认为:部队是要打仗的,无论任何时候,都要练好精兵,做好准备,这样,才能在关键时刻拉得出、打得响、能胜利。此次全团的训练科目是毛张苗根据上级的要求,同时结合部队老兵复员和新兵补充多、基层干部调动频繁等情况设置的,具体为:在战术上,从单兵到连的攻防、营的对抗演习和团在新式武器条件下的进攻;在技术上,进行各种步兵武器4个基本练习、单兵和班的战斗射击及工程、防化等。训练提高了指挥员在新式武器条件下的组织指挥能力,提高了司令部人员的业务水平,使部队的军事技术迅速提升。

5月,中国共产党南京军区第二次代表大会在南京召开,毛张苗被选为大会代表赴南京参会。不久,他又被选为南京军区建军先进分子参加会议。

在毛张苗个人荣誉接踵而来的同时,1956年在全国农村蓬勃展开的社会主义改造运动,更是令人振奋、令人鼓舞。第178团在搞好军事训练的同时,也积极地投入这个运动中。为了以实际行动支援农业合作化,全团掀起了捐献拖拉机的热潮,团长毛张苗、政委杨明德等领导个人捐款超过百元,全团共捐款1330元。此外,团里还利用节假日,组织干部战士为当地农村修路约8千米。

是年7月31日,有强台风要从第178团的驻地登陆,毛张苗当即召开会议,组织抢救队,并派出人员挨家挨户动员群众做好防台准备。是夜,狂风大作,大潮冲破海塘,不少房屋倒塌,当地人民的生命财产遭到了严重损失。毛张苗亲率全团干部战士奔赴最危险的地段,在暗夜中抢堵决口,抢救落水的群众。台风过后,为鼓励受灾的群众生产自救,团里又捐款600元,将其送到群众手里。当地群众为感谢解放军的恩情,自发地制作了一面写着"军民一家"的大锦旗,送到178团的驻地。

1956年10月13日,中国人民解放军总参谋部批准了第20军修建营房的报告,在南京军区及浙江省当地政府的关心下,经过对七八个县市的考察,最后确定在浙江省湖州地区吴兴县的三天门村修建营房。第178团承担了修建营房的任务。工程从1957年5月初开始,至1958年7月基本结束,完成建筑面积78477平方米,建楼房5幢、平房236幢,修公路(人行道)12555米。还不仅比原定计划提前两个月完成任务,且节约资金25%,受到了上级的表扬。

部队建成了营房,等于有了一个固定的家。这对于军队的正规化、现代化建设,具有重要意义。

中国科学院院士、"人民科学家"叶培建,在一篇回忆文章中曾这样说:

我父亲于50年代初在60师178团任政治处主任,部队从1957年年初就开赴三天门地区建营房,所以1957年的暑假(我那年由杭州西湖小学毕业,并考上杭州四中)回到湖州,是第一次来到湖州,记得住在离三天门汽车站南2—3公里远的一个村子里,战士们分住在老乡家中,用竹子和稻草搭了座较大的棚子。团长毛张苗叔叔、政委叶伯善伯伯和我爸爸住在棚子的一头,另外三分之二的空间放着一张大桌子和一些凳子作为会议室,我就在爸爸的床板旁用板子架了一张简易床。机关食堂和伙房设在村另一头的一个大些的带院子的房子里。这个暑假,我在那儿度过,骑过水牛、爬过附近的小山(翻过山去就到了部队建营房的工地)、也和参加过一江山岛战斗的战士们一起玩耍,印象很深的是曾到战斗英雄王必和的排里去"看英雄"!

……

不渝的忠诚
毛张苗传

1958年寒假从杭州回湖州,就住到了黄芝山的178团营房,这是该团在历史上第1次有了自己的正规营地。……黄芝山驻地由一条土公路分成两边,一边是团部大楼和部队驻地,一边是干部宿舍和食堂,宿舍是一排排平房,团领导是一家一套,三间房、一个披间厨房和厕所。那时部队的交通装备很差,团里除两辆吉普车外,几乎没有汽车,运输和进城买东西靠的是马车。所以,部队家属们也就买不到日常用品和蔬菜,基本吃食堂,去湖州买一次东西要走四五公里到三天门汽车站,再乘路过的长途汽车(南京 — 湖州 — 杭州)才能到湖州,十分不便和辛苦。有一年暑假,毛叔叔的爱人,时在浙江团省委的刘肖竹阿姨被安排在黄芝山劳动锻炼。我有时帮毛张苗叔叔送点东西过去……那几年,一方面由于经济困难,另一方面也是部队传统,各户人家都在山坡上开了地,种植一些花生、红薯、土豆以贴补生活。我爷爷有一次来看爸爸时,开了一些地,种有花生和红薯。就是军长余光茂伯伯也不例外,他亲自开地、种地、担粪、挑水……

据叶院士回忆,那时,第178团和兄弟部队有不少孩子都在驻地的学校读书,这些人当中有很多人后来成为各行各业的骨干精英,也有很多人成为少将、中将、中国工程院和科学院院士,他们没给他们的前辈丢脸。

后来曾任第20集团军参谋长和广州军区副参谋长的吴湘庆将军对当年第178团建营房时的情景也记忆犹新。他说当时他是炮营的一名排长,有一次毛张苗团长来炮营检查工作,看到地上很脏,就不声不响地拿起一把扫帚扫了起来。吴庆湘见团长在给炮营的驻地扫地,这还了得,连忙召集全排过来扫地。毛张苗也没批评他们,扫完地就走了。从此以后,炮营就坚持每天打扫卫生两次,把营区搞得十分整洁干净,受到了团里的表扬。

1958年9月，在历时一年多的营房建设告一段落后，毛张苗率第178团又投入紧张的军事训练当中。当时适逢美国出兵中东，国际形势又陡然紧张起来。为应对美蒋勾结可能出现的突发情况，第178团奉命移师镇海高塘地区进行渡海登陆、游泳、爆破等战备训练。训练结束，由高塘返回湖州。

1959年2月，第178团接到命令，参加由中国人民解放军总参谋部和南京军区组织的"加强步兵师渡海登陆对筑垒地域防御之敌的进攻"实弹战术演习，演习地点在浙江宁波镇海地区的穿山半岛。这是我军建国以来举行的规模最大的三军实弹联合演习。

第178团在此次实弹演习中担任主攻团。在演习开始前，上级对第178团原来的武器进行了改装，所有步枪、冲锋枪、轻机枪均改为56式新式武器，从而大大增强了战斗力。为保证此次实弹演习成功，上级要求第178团在演习开始前先对部队进行训练。训练分两个阶段进行。第一阶段从2月24日至4月30日，主要内容是：从单兵到营、团山地进攻战斗、爆破、破坏和克服各种类型的滩头防御工事等，同时完成连、营、团实弹战术演习和参加师合练预演。第二阶段从5月1日到5月10日，进行陆海空三军联合演习的训练和预演。

为了搞好这次训练，毛张苗在动员大会上要求全团官兵，一定要发扬革命英雄主义精神，坚决完成这次三军联合实弹演习的任务。全团涌现出了许许多多不怕牺牲、英勇顽强的动人故事。团工兵2连的两条船在训练时由驻地开往金塘岛途中，经镇海口时被漩涡大浪打沉，舟上29人随即落水。当时天黑风大，浪涛汹涌，有的战士不会游泳，情况十分危急，但他们镇定沉着，团结奋战。当时，有的战士喝了海水头晕目眩，有的冻得四肢无力，有的游泳衣浮力不足，游泳十分困难。有战士坚持不住，为了让战友脱险，请求把他放下，但战友们谁也不肯放弃，大家三五成群地扣在一起，与风浪搏斗了

4个小时，游过3000米的海面，终于全部脱险，事后被大家称为"29勇士"。

1959年5月23日，"加强步兵师渡海登陆对筑垒地域防御之敌的进攻"实弹战术演习在穿山半岛打响。参加此次实弹演习的共22679人，毛张苗率第178团作为第60师主力参加演习。在演习开始前的授旗仪式中，毛张苗将那面在解放一江山岛战役中插上203主峰的红旗，再次授予在那次战役中荣立集体三等功的"尖刀5连"。

他对5连连长说："演习就是打仗，希望5连再接再厉，打出一个好成绩来。"

此次演习的设想是："蓝军"在穿山半岛组织阵地防御，由第178团配属第27军坦克团政委范增春率领的一个水陆两栖坦克营等部队组成的"红军"，从舟山等地跨海登陆实施进攻。整个演习在近似实弹的情景下，进行了多种抗击反冲击模式的演习。通过演习，第178团干部的组织、指挥，战士的战斗动作，与其他军（兵）种的协同等方面都经受了接近实战的全面锻炼，从而提高了干部的组织指挥能力，提高了参演指战员的渡海、登陆作战的战术技术，为解放金（门）、马（祖）等敌占岛屿进一步做好了准备。

叶剑英元帅，南京军区司令员许世友、副司令员王必成，东海舰队司令员陶勇，苏联军事顾问等亲临演习现场观摩并与参演部队团以上干部合影。叶剑英元帅最后讲了话，称赞这次演习深入提高了陆、海、空三军联合登陆作战的组织指挥和协同能力，取得了圆满成功。

1959年是第178团军事训练成果大幅跃进的一年，除上半年参加三军联合作战的实弹演习外，下半年全团还进行了加强战术、射击等作战基础训练，从而进一步提高了部队的战斗力。

1960年2月，毛张苗被选为中国共产党南京军区第三届代表大会第一次会议代表。会议结束后，他接到了去南京军事学院一系（指挥系）进修学习的通知。

南京军事学院成立于1951年，是新中国建立后中国人民解放军最早的高等军事院校，刘伯承元帅为首任院长。首期招收的学员是从全国各大军区选拔出来的具有实战经验的副师以上军官。1955年授衔的57名开国上将中，有56名先后上过南京军事学院。抗美援朝参战指挥员中，经过南京军事学院短期培训的有44名将军、55名大校。

能够到这样一所军事院校进修学习，对毛张苗来说是一次极为难得的机会。从参加革命到现在的十几年间，毛张苗除了打仗、训练、工作，从没有去学校进修和学习的机会。他虽然在老家石门村的小学读过几年书，但这点文化知识已经远远跟不上工作的需要和形势的发展。尤其是走上领导岗位后，面对日新月异的现代化军事变革和部队建设的需要，这点文化知识更是捉襟见肘。现在，上级给了毛张苗这样一个难得的机会，他决心一定要好好珍惜，认真学习，以优异的成绩报答党和部队的培养。

与毛张苗同班的大多是参加过抗日战争、解放战争和抗美援朝战争，现在又在部队担任师、团一级领导的优秀军事政治主官。

从1960年1月到1962年7月，毛张苗在南京军事学院指挥系共学习了一年半时间。毕业的时候，时任南京军事学院院长刘浩天中将和政治委员王平上将颁给了毛张苗两份证书，一份是中国人民解放军军事学院合成军队指挥系毕业证书，一份是中国人民解放军军事学院先进分子奖励证书。在颁发证书的前两天，毛张苗被晋升为中校军衔。

严阵以待　苦练精兵

1962年10月，南京军区干部部发布第130号命令：奉国防部部长命令,任命刚从南京军事学院毕业的毛张苗为第 20 军 60 师 178 团团长。

此时,在台湾的蒋介石趁大陆连遭自然灾害和国际共产主义运动发生变化之际,在美帝国主义的怂恿支持下,正蠢蠢欲动,企图窜犯我东南沿海地区,进而反攻大陆。在此严峻形势下,第 60 师所属部队奉命从湖州移驻金华,同时,原来乙种师的第 60 师,加强扩编为甲种师,并从海军和上海、杭州公安系统及重庆步兵学校等单位调入大批战士。第 60 师随即进入战备全训状态,担负起甲等战备值班师的重任。

第 178 团当时的任务是:守卫东南沿海、全国机动、出国作战。全团官兵在"紧急行动起来,积极作好战斗准备""一切立足于打"的号召下,放弃各种个人打算,服从对敌斗争需要,立即行动起来,迅速从平时战备状态转到紧急战备状态。

毛张苗到第 178 团上任时,团里的备战正在如火如荼地进行着,战争气氛已经很浓了。政委梁奕行见毛张苗回来了,高兴地握着他的手说:"老战友,你总算来了,快把我急死了。"

毛张苗开玩笑说:"你政委在这里,急什么?"

梁奕行说:"马上要打仗了,你这个主力团团长不到,我能不急?"

毛张苗说:"有仗打好啊。再不打仗,都把我憋坏了。"

原来,团里刚刚接到军、师首长的指示,有迹象表明,蒋介石在经过长期准备后,有可能会在近期,对我台海地域实施空降,进而在大陆建立反革命基点,以策动暴乱,配合其反攻大陆的登陆行动。第 178 团的任务,就是要充分做好反空降的准备。

早在 9 月 20 日,南京军区批转中央军委指示,根据国际国内形势,解除紧急战备任务,令第 60 师为战备值班部队,值班部队从 1963 年起,实行全军训练,免除支援地方建设的任务。南京军区对战备值班部队提出的任务和要求是:一、东南沿海地区可能发生的情况,由东南沿海各区值班部队负责包干。二、战备值班部队担负着全国值班的任务,哪里需要就到哪里去。三、保证一声令下,立即出动。四、要打头阵、打硬仗、攻得上、守得住。五、一定要训练成为有战斗力的部队,切实达到开得动、联得上、指挥好、协同好。

基于此,毛张苗率全团官兵在原来训练的基础上,对部队实行全训。同时,大力推广郭兴福教学法[1],开展冬季野营训练,组织武装泅渡,进行大比武,召开团战术现场会,组织互相观摩等。由于训练是在紧急战备的背景下进行的,任务明确,敌情明确,训练做到了有的放矢,部队的战斗力得到明显的提高。

1964年4月18日,第20军在赵湾召开了第三届战术、技术现场汇报会,毛张苗率1营2连及3营8连参加汇报。汇报结束,毛张苗接到要他率2连3班参加于6月17日由南京军区举行的比武大会的通知。比武大会期间,毛张苗又接到南京军区干部部发布的103号令:奉国防部部长命令,任命毛张苗为第20军60师司令部副参谋长。

从1955年担任第178团团长起,到1963年离开,毛张苗在第178团团长任上干了9个年头。作为全军著名的战斗英雄,作为在一江山岛战役中亲率主攻营登上203主峰的现场最高指挥员,作为当年南京军区最年轻的团长,作为全军规模最大的穿山半岛三军联合实弹战术演习中的主攻团团长,作为在各项工作中成绩突出并被上级选送到南京军事学院进修的优秀学员,毛张苗的晋升速度似乎并不快。有人曾为他当了9年团长抱不平。毛张苗倒是对此很坦然。他说:"当了9年团长怎么了?能当好一个团长已很不简单了。我们出来革命不是为了评功摆好的,更不是为了来当官的,想想那些牺牲的烈士,我们有什么理由去计较个人得失呢?"这话听起来像大道理,其实就是毛张苗的真心话。之后他在师长的位子上又干了

---

[1] 郭兴福,曾任中国人民解放军第12军34师的连长,他研究摸索出的一套教学训练方法,在全军推广,被称为"郭兴福教学法"。

近 10 年,而他的很多老部下,这时都成了他的上级甚至高级将领了,但他依旧很坦然。

1966 年 4 月,中国人民解放军总政治部干部部发布第 0303 号命令,任命在第 60 师司令部副参谋长位子上干了两年的毛张苗为第 60 师副师长。

次年 7 月,奉中央军委和第 20 军的命令,毛张苗奉命率第 179 团赴温州地区执行"三支两军"(支左、支工、支农,军管、管训)等任务,并任温州地区军管会副主任兼收缴武器指挥部总指挥、温州地委副书记。当时的温州地区革委会主任、温州地委书记为浙江省军区独立第 1 师师长戚庆连,是毛张苗的老战友、老首长,现在两人又成了老搭档。

毛张苗在温州待了一年多。这期间,他既要处理温州地方上那一大拨事务,又要负责部队这一大摊工作,因此,只好不停地两头跑,其工作的艰辛是可想而知的。

1969 年夏天,毛张苗回军部参加一个会议。军用吉普一早从温州出发,因温杭公路的路面狭窄,又是砂石路,且有三分之二路程是崇山峻岭间的盘山公路,路况极差,十分危险,在颠簸十四五个小时后,好不容易赶到了萧山。这时已是晚上,由于急着赶路,驾驶员极度疲劳加上行车速度又快,在临浦镇境内翻了车。车内警卫员叶向东大脑受伤,驾驶员受了轻伤,毛张苗伤势最重,他的下颌骨粉碎性骨折,上下牙全部脱落,后经部队第 117 医院全力抢救,才脱离了生命危险。

毛张苗基本伤愈之后,又去杭州海军疗养院疗养了一段时间。在疗养期间,组织上拟提拔毛张苗担任师长一职,考虑到他因车祸后刚康复,身边需要有人照顾,故初定任职第 58 师的师长,因为第 58 师的师部就在杭州郊区的留下镇,离毛张苗在杭州的家较近,他爱人刘肖竹照顾起来也方便些。但毛张苗提出要去第 60 师,因为第 60 师是他的老部队,从入伍开始,到后来入党提干,南征北战、建功立业,都在这支老部队,他对老部队有一种生死相依、血肉相连的感情。

就这样,1969年7月,中央军事委员会(干)111号电令下来了,任命毛张苗为第20军60师师长。这一年,他44岁。

作为全国战备值班师的师长,毛张苗深感自己肩上的责任重大,为了把部队的训练抓上去,他忍着身子的伤痛和虚弱,深入部队,深入基层,与干部战士一起,在训练场上摸爬滚打,给战士们做示范,给基层指挥员们传经验。

此时,第60师的干部除少数仍留在地方"支左"外,其余人员已返回金华营房。为了抓紧对部队进行训练,把以前失去的时间夺回来。毛张苗根据中央军委、总参及第20军关于反空降的指示精神,在这一年的训练中,突出了以苏军为作战对象,着重研究反空降作战的组织指挥、协同动作、战术手段、政治工作及各种保障等,摸索出了一套反空降作战的经验,受到了上级的表扬。

1970年初,美国为消除因越南败局造成的颓势,维持它在世界上的霸权地位,同时为应对苏联的挑战,迫切需要改善同中国的关系。而我国为了解决台湾问题,恢复和扩大国际交往,积极参与国际事务,也需要缓和同美国的关系。于是,1970年春夏间发生了"乒乓外交"、基辛格访华等一系列重大事件,震动了世界。

针对台岛蒋军企图破坏党中央、毛主席的重大决策,伺机袭扰我东南沿海的异动谋划,中央军委于1971年7月13日发出了《紧跟形势,加强备战》的电示。随即南京军区命令,由第60师执行在浙东南沿海机动备战的任务。

然而第60师毕竟已有16年没打仗了。虽然师团两级领导有不少人参加过抗日战争、解放战争、抗美援朝战争及解放一江山岛的战斗,但大部分营级干部、连排干部没经历过战争。

在受领机动备战任务后,师长毛张苗没有丝毫懈怠。在该师政委缺岗

不渝的忠诚
毛张苗传

（师政委李纯当时长期兼任金华地委书记）的情形下，毛张苗率领师党委一班人，团结一致、齐心协力地投入紧张而有序的战备行动中。

首先，全师立即停止官兵休假。然后，检查武器装备及车辆，按战时标准配置弹药基数，并做好战勤物资和医药器材保障。师团政治机关也深入连队，开展临战前思想政治动员。师高炮营从嘉兴归建。鉴于本师第179团在萧山梅林湾农场围垦海涂，第20军遂令第58师的主力第172团，配属第60师指挥，参与行动。

1971年8月上旬，第60师全师部队，沿金（华）丽（水）公路，开始向预定集结地区开进。师司政机关及直属队进驻丽水西南郊三岩寺，师后勤、高炮营、师炮团分布于丽水周边。第172团驻缙云新建镇，第178团驻丽龙公路之大港头，第180团驻云和城郊。部署甫定，第60师全师万余人马，集结在缙（云）丽（水）云（和）一线数百公里的浙南丘陵间。与此同时，团以下分队在驻地展开临战前的"歼敌于水际滩头""关门打狗"等"对仓促阵地防御之敌进攻"的战术训练。

1971年12月中旬，第60师又奉南京军区命令，向浙闽沿海地区集结待命。毛张苗在选择部队机动路线时，决心避开战时极易被毁的丽（水）—温（州）—福（州）沿海公路，选择远离海岸，沿层峦叠嶂的二线国防公路开进。部队从距云和县城10千米处上山，折向东南，然后翻山越岭，经景宁畲族县离开简易公路，在相对高度达千米的山野古道上穿越梅峻、下垟，到石垟的简易公路，又经文成、瑞安等县，再经石龙南下，直插浙闽沿海的金乡、马站等地域。

第60师走此路线又苦又累，毛张苗意在摔打和磨炼年轻官兵的意志，使之继承发扬第20军前辈"打得、饿得、跑得"的传统作风，熟悉未来战场机动的隐蔽路线，取得了良好成效。

到达目标地域后，师部驻矾山，全师战役展开，在金乡—马站—霞关

（浙闽交界处）一线隐蔽待机。

自1971年底至1972年中，为了熟悉战场环境，毛张苗曾多次率师司令部及各团营军事主官实地踏勘，预设战场的地形。北自两江口（瑞安飞云江口、平阳鳌江口），南至浙闽交界的沙埕港，他们上高山，下海滩，访问渔民，调取当地水文潮汐资料，以实战为前提，反复分析、研判蒋军未来可能实施登陆的地域。

有一次，毛张苗要去下属某部，因为次日有踏勘计划。当时天已渐黑，警卫员丁炎灿顾虑路远难走，建议明日一早再出发，但毛张苗不同意，说："明天有明天的事，走。"说完就出发了。

又有一次，要去海边踏勘某预设战场，但要翻越一座高山。师保卫及管理科科长考虑毛张苗年纪大了，又受过重伤，担心他身体吃不消，提议他坐车从公路绕过去。这一提议却遭毛张苗的否决，他说："敌人若来，一定会在海边登陆，我们的预设战场是在海边和山区，去公路干什么？再说，我也不怕爬山，走。"两位科长无奈，只好调来两匹马，又从警卫连派了5名战士，要师长骑上马，由战士们扶持，但毛张苗却执意要自己步行。在行进过程中，毛张苗得到报告，师下属团队也是从这里翻山过去抵达海边的，由于部队在急行军中饮食跟不上，几个饿极了的战士刨吃了山民的地瓜和玉米，但他们都留下了联系方式。对此，毛张苗很重视。他一方面要求部队迅速整改野战军粮滞后的状况，同时，要求后勤部门立即找到种植地瓜和玉米的山民，照价赔偿并道歉。

通过对预设战区的多次现场踏勘与分析，毛张苗胸有成竹地定下了"在浅纵深内设置阵地，配置火力，歼敌于水际滩头"的作战方案。该作战方案报至上级后，受到了肯定和表扬。

最终，台湾蒋军慑于我军军威，始终未敢轻举妄动，浙南沿海遂恢复了平静。1972年2月21日，美国总统尼克松访华取得成功。至此，在浙南地区担任战备（机动）布防的60师，圆满完成任务。

同年8月22日，根据南京军区的命令，60师即由浙南布防地域，徒步返回金华营区，恢复了原来的部署。

夺回损失的时间

从浙南归建后，为了扭转曾盛行一时的"突出政治""精神万能"等错误观念对部队建设造成损害的现象，毛张苗率师部一班人，坚决贯彻军委关于大办教导队、加速轮训基层干部的指示，以尽快改变部队现有军事素质差、战争意识淡薄的状态。为此，他亲自与师主管机关领导一起反复研究，制订并完善了轮训计划。他还亲自主抓训练典型，培育技、战术示范班组。从1972年下半年开始，第60师以分期分批进入师教导队训练的形式，对全师的基层指挥员进行了轮训。到1974年底，全师的司令部人员和基层干部基本上轮训了一遍，其中有85%以上达到了会讲、会做、会教、会发现问题的要求，进一步提高了大多数基层干部的组织指挥能力。

1969年入伍的陈为保，江苏句容人。他原在第178团1营3连任排长，是全团军事训练的尖子。师里成立教导队时，选他去当教员。有一天，他率队跑步时，发现师部作训科科长正在路边观看，他感到很奇怪。师部作训科科长下到教导队来，按常理应该由队领导陪同，但是那天却没有，他本人也未接到任何通知。不料没过几日，团首长找陈为保谈话，决定任命他为2营"尖刀5连"的连长。陈为保当时的职务还是排长，由排长直接提为连长，而且，还是全军闻名的"尖刀5连"的连长，这使他感到十分意外。过后陈为保才明白，原来那天师部作训科科长并不是来教导队检查工作的,而是专程来看他陈为保是如何训练学员的。让他更没想到的是,不仅师作训科科长在现场,就连师长毛张苗也在看他的训练。那天,毛张苗就站在教导队办公室的窗户前,仔细地全程观看了陈为保给学员们做的一整套干净利索的示范动作。过后,毛张苗对身旁的作训科科长说:"就这陈为保,把'尖刀5连'交给他,我放心!"

后来,陈为保的确不负众望。在他的带领下,"尖刀5连"在师、军及军区的各类军事比武中,多次夺得优异成绩,被第60师评为学习"硬骨头六连"先进连队、武汉军区"双学"(学雷锋、学"硬骨头六连")标兵,陈为保个人亦荣获武汉军区"双学"先进个人称号。

20世纪90年代,陈为保担任了第60师第21任师长,谈起老师长毛张苗当年对他的培养和帮助,依然感动万分。他说,他在"尖刀5连"当连长时,毛师长经常到连队来看望他们并检查连队的训练,每次都给予具体而细致的指导。这为他后来的成长之路,打下了扎实的基础。

在陈为保即将卸任师长职务的前夜,长江流域发生了百年不遇的特大洪水。部队接到集团军及济南军区的命令后,陈为保即率全师数千将士,火速奔赴湖北荆江大堤执行抗洪抢险任务。最后,官兵们以血肉之躯,拼死守住了万里长江中最危险的石首段江堤,保护了2000万人民生命财产的安全,出色完成了党中央、中央军委和军区首长赋予的艰巨任务。朱镕基总理曾称赞第60师"死守长江大堤建立了伟大功勋"。抗洪抢险结束后,济南军区授予第60师集体二等功,师长陈为保和政委方文生均荣立个人二等功。

每当回忆起老师长毛张苗对自己的培养与教诲,陈为保总会深情地说:"我是农民的儿子,入伍后,从一名战士,最后成长为一师之长,没有部队的培养教育和老师长手把手的帮助,是不可能有今天的。所以多年以来,无论干任何工作,我都会坚守这样一个信念,不能给部队'丢份',不能给老师长丢脸。"

第180团1营1连8班班长王晓兵,也是毛张苗亲自抓的典型。王晓兵平时训练肯吃苦、肯动脑钻研,军事素质拔尖。加上在"大比武尖子"——副连长陈贤善手把手的教导下,军事技能得到了长足的进步。

1970年春夏之交,在军组织的"基层基础训练经验现场会"上,8班一举拔得头筹。此事引起了师长毛张苗的重视,他当即指示师、团两级要抓住这个典型,立即在全师予以推广。之后,作为师教导队战术教学示范班的战术教员,王晓兵结合实战的训练示范经验,有力促进了全师班以上各级战斗骨干的战术、技术素质,普及了优秀教学法,树立了军训标杆,推动了全师基层官兵军事素质的提高。

在抓好教导队轮训和尖子示范的同时,毛张苗还遵照军委和军区训练工作的指示精神,在全师抓好射击、刺杀、投弹、爆破、土工作业步兵五大常规技术的训练,并针对未来战争的特点,要求各团开展群众性的反坦克训练,以及打飞机、打空降、防原子、防化学、防细菌等"三打三防"训练,取得了良好的效果。

为了把失去的训练时间夺回来,毛张苗在这一时期的工作是超强度的。作为一个经历过战争的老军人,作为一个肩负重任的甲等师师长,他深知严格训练对一支部队的重要性。为此,只要上级有令,他就会排除一切干扰,抓住时机,从难、从严、从实战要求出发,锤炼和摔打部队。

但毛张苗毕竟已是年近半百的人了,如此繁重的工作,加上多次负伤,使他的身体亮起了"红灯",终于,多年隐忍的伤病开始爆发。

1973年夏的某日,毛张苗因胃溃疡穿孔引起大出血,紧急入院。当天,他的胃就被切除了三分之二。

但是一个多月后,毛张苗不顾医生的再三警告和领导、家人的极力劝阻,执意返回第60师,又一头扎入部队紧张的训练中。而在此时,由中央军委、南京军区下达指令的师级规模的反空降演习,即将拉开帷幕。

1973年11月3日,毛张苗率师直属队、3个步兵团、师炮团,从金华营区出发,开始了千里拉练及反空降长途奔袭。第60师的反空降预设地域,在安徽的宣(城)、郎(溪)、广(德)三县境内。

当晚,毛张苗就率部翻越了海拔近千米的北大山垭口,到达山南坡兰溪县的源口。此后3天,尽管术后的毛张苗身体还未康复,但他坚持与部队一起,艰难行进在那些丘陵山地间。11月7日,毛张苗又与部队一起翻越了海拔近800米的马岭,当晚宿于桐庐县卯坪村一间简陋的农舍中。11月8日,部队通过了富春江拦江大坝。9日,部队临时休整。毛张苗在师部驻地召开了由各团团长、政委、师机关部门首长参加的军政会议。在布置完任务后,命令部队再度出发。

之后数日,第60师数千官兵,翻山越岭、涉江过河,一路北行,且行且练。11月13日,部队越过天目山主脉。山区只有一条刚刚开山炸石勉强筑成的急造险路,加上寒气迫人,给部队行进造成极大困难。但全师官兵在师长毛张苗的率领下,不畏艰辛,奋勇向前。

至11月14日,部队进抵安吉县山河镇(今荒坪镇),在垆口、白水湾集结地,师长毛张苗组织了反空降演练的司令部图上想定作业,下了歼敌蓝军一部于三县(安吉、长兴、广德)交界地域的决定。师政治部为此发出了《反空降作战中的政治工作》的指示,师后勤部及时调配近百辆运输卡车,配给师属炮兵加强的第178团快速先遣部队,以求达成远程奔袭、速战速决的效果。

11月18日,毛张苗奉命率第60师从南线、第58师从北线向中心突击,围歼蓝军于安徽宣(城)、郎(溪)、广(德)地域。下午2时,第60师参演部队在毛张苗的指挥下,与蓝军空降团展开激战。大家用手中的轻重武器先敌开火,打直升机、打运输机,歼敌于临空欲降之机,歼伞兵于离机降落之时,并对已降落的蓝军实施快速出击。同时实施穿插分割、包围歼灭以不使"敌军"漏网。19日,演习结束。

此次演习历时15天。第60师兵行千里,一路拉练,一路演习,针对特定的作战对象实施反机降、反伞降练习,在演习中研究了新对手和新战法,进一步树立了部队在新形势下敢打必胜的信心,锤炼和提高了部队的战斗力。演习取得了圆满成功。

深入一线慰官兵

1974年3月23日,第60师金华营区,在师长毛张苗的主持下召开了一次师党委会。会议的议题是,由师副参谋长孙士杰汇报军部下达给180团的修复湖州康山国防工事的任务等事宜。

第60师早在1958年驻防湖州时,就在平湖县的乍浦、湖州南郊、西郊天目山余脉的道场山和康山等处修筑了多条坑道,但由于当时国家缺少钢筋水泥,这些坑道都是未经水泥被覆的"毛洞"此次第60师的任务,就是要把这些"毛洞"重新用水泥被覆。会上,毛张苗要求司政后机关,即日起编制运输计划,确保物资供应等各项工作的落实,同时要加强政治思想工作,充分认识完成此次工程任务在未来战争中的重要性。为此,师政治部于次日就下达了《关于180团做好国防施工中思想政治工作的指示》,并下发至部队。

3月25日,毛张苗专程来到第180团,参加了该团的党委会。当时的180团团长是孙涌,就是一江山战役时的主攻营营长。毛张苗对他很了解,故此在会议结束时,对他说:"过去我们打敌人,现在要去打坑道,没有问题吧?"孙涌说:"保证完成任务,师长,您就放心吧。"

"好,到时候我会来看望你们。"

几天后,第180团就开到了湖州的康山。

两个月后的一天,毛张苗果然来到了康山。他在团长孙涌和政委王统瑞的陪同下,来到181号、182号两条坑道前。"走,我们进去看一下。"毛张苗一抬腿,正要走进去。他的手却被孙涌扯住了:"您不能进去,师长。"

毛张苗不解,问孙涌:"为什么不能进去?"

王统瑞说:"里面还没被覆好,太危险了,师长。"

"太危险?"毛张苗神情严肃地问孙涌和王统瑞,"那战士们在里面危险不危险?"

孙涌说:"您是师长,我们要对您的安全负责。"

毛张苗一听,火了:"师长怎么了?师长的命就比战士的命值钱?乱弹琴!快去给我拿一顶安全帽来。"

孙涌无奈,只得让警卫员拿来几顶安全帽,陪着毛张苗进入坑道内。正在坑道内作业的战士们一见师长来了,都高兴地喊了起来:"毛师长好。"

毛张苗与战士们打着招呼:"同志们好,你们辛苦了。"

"我们不辛苦。"

毛张苗走到几个正在清理坑壁岩石的战士面前,一面与他们握手,一面叮嘱他们要注意安全,安全帽一定要戴好,手划破了一定要及时包扎……

有一名战士向毛张苗报告:"报告首长,我们一定会保质保量完成上级交给的任务。"

"好!好!我谢谢同志们。"

走出坑道后,毛张苗十分感慨地对孙涌和王统瑞说:"我们的战士真的很可爱,个个都是好样的。我们当领导的,心里一定要装着战士,要关心他们,爱护他们。连里的伙食搞得怎么样?"

孙涌说:"还可以。"

毛张苗说："战士们的伙食一定要搞好，上级发下的施工伙食补贴，要一分不少进到战士们嘴里。"

"是。"

"还有，"毛张苗说，"夏天到了，吃的东西一定要新鲜卫生。连队都分驻在农村，卫生条件比较差，卫生队要及时发放药物，还要经常组织医护人员到坑道里巡视，发现战士皮肤上有小伤口，一定要及时包扎，以免感染发炎。"

"是，请师长放心。"

这次，毛张苗在第180团总共待了4天，晚上就宿在团部所在地邹家村的一间农舍里。床是一块旧木板，上面铺了草席，挂着配发给战士用的蚊帐。一日三餐与团部机关同灶。

回程的时候，警卫员方正兴按惯例去结清伙食费。孙涌说："师长到团里，结什么伙食费？"

方正兴说："师长每次下连里，都要结清伙食费，这里也一样。"

孙涌说："这次就不用结了吧？！"

方正兴说："不行啊，孙团长，若首长知道了，肯定要'剋'我。一分也不能少。"

这时，恰好毛张苗走了过来，说："小方说得对，饭钱一分也不能少，还要打收条。"

调防河南踞中原

1975年1月，毛张苗当选为第四届全国人大代表，赴首都北京参加第四届全国人民代表大会第一次会议。自1952年5月23日作为志愿军归国代表团成员跨进中南海并受到毛主席、刘少奇、朱德、周恩来等中央领导接见后,他就再也没有来过北京,也没有近距离地见过毛主席、朱德、周总理等中央领导。今天,他作为一名全国人民代表大会代表又来到了北京,来到了毛主席的身边,他的心里真有无比的感慨和激动。

四届人大一次会议重申了三届人大政府工作报告中提出的"两步设想":第一步,用15年时间,即在1990年以前,建成一个独立的比较完整的工业体系和国民经济体系;第二步,在20世纪内,全面实现农业、工业、国防和科学技术现代化(即四个现代化),使中国的国民经济走在世界的前列。作为军队系统的全国人大代表,毛张苗深感在实现国防现代化和军事变革中,自己肩上的担子光荣而重大。

1975年5月24日,中央军委命令:第20军全军由浙江省移驻河南省,担负全军的战略预备队任务。根据军委命令,第60师从目前的驻地浙江省金华市,调防至河南省信阳市明港镇,部队于6月15日开始实施铁路运输,到7月14日须全部调防完毕。

尤其是第60师,与浙江这片土地和民众,有着深厚的历史渊源与血肉联系。第60师诞生且成长于浙江,战斗在浙江。之后几十年,第60师因为演习训练、野营拉练、国防施工及围垦造田等,不仅足迹遍及浙江的山山水水,更与浙江人民结下了深厚的鱼水之情。

单说第60师在金华的营区,从胡大海到罗店绵延近20千米,中间没有一堵围墙,间或还与不少村民杂居。多年来,部队自觉遵守群众纪律,军民关系十分融洽。

第60师接到调防命令后,师长毛张苗和师政委李纯当即召开师党委常委会及常委扩大会,对上级的命令进行认真传达和讨论,仔细分析完成任务的有利条件和可能遇到的问题。在统一师领导思想的基础上,自上而下,先党内后党外,先干部后战士,先部队后家属,进行充分的思想动员,组

不渝的忠诚
毛张苗传

织大家学习毛主席关于调防的重要指示和军委的命令，引导大家正确认识调防的意义。经过学习动员，全师上下统一了思想，明确表示："调防是党中央和毛主席批准的。毛主席叫我们离开，条件再好也不留恋；毛主席叫我们去，条件再差也乐意。一定要让毛主席放心！"

关于与兄弟部队进行交接工作方面，师党委也做出严格的要求，强调讲党性、讲大局、讲团结、讲风格，把方便让给兄弟部队，把困难留给自己。师、团领导和机关，向兄弟部队的先遣人员详细介绍东南沿海的作战预案，移交各种资料。师领导还带领相关人员仔细检查了每一条坑道、每一道通信线路和每一个训练场地。

在确保营房、器具等一切设施完好无损的情况下，师长毛张苗在动员中还特别提出"三不"的要求：鱼塘里的鱼不能捕，猪圈里的猪不能杀，连队小菜地里的菜不能收。

在军队办工厂和农场的移交中，不仅完好无损地移交机械设备，而且把产品和原料原封不动地做了移交。特别是农场，广大干部战士为不使兄弟部队来了后耽误农事，发扬大干苦干的精神，突击夏收夏种，利用调防前的短暂时间，插好秧，耕好田，施好肥，灌好水。连队的小生产地的空地也都种上菜，除尽杂草，施足肥料，修好工具，力争兄弟部队来了之后，就能吃上新鲜蔬菜。

有一件很小的事情，颇能说明问题。警卫连设在师机关办公大楼前的哨棚有些漏水。那天，毛张苗正好经过，看见哨兵站在岗棚里还穿着雨衣，觉得蹊跷，问了之后才了解是岗棚渗水，便立即下令营房科派人维修。他说，向兄弟部队交接，不能有一丝一毫瑕疵。

自6月15日起，当部队分批从601军用车站登上北去的军列时，营区一切都保持原样，以至于驻地附近的许多老百姓都一直"蒙在鼓里"，过后好久才发现与他们建立了数十年鱼水之情的第60师部队，已经换防了。

百万灾民系心中

就在毛张苗率部调防河南一个多月后,第60师迎来了一场严峻的考验。

1975年8月初,受从福建晋江登陆的超强台风"莲娜"的影响,中原大地一时浓云密布、天象陡变,淮河上游、河南中南部的驻马店地区,遭遇了百年罕见的持续性特大暴雨。

8月4日至8日,驻马店境内的洪汝河、沙颍河、唐白河等,几乎所有的河流堤坝,皆因不抵洪流的冲击及漫溢而相继溃坝。更有甚者,随着京广铁路以西的大型水库板桥水库、石漫滩水库,以及周边大小60余座水库的整体垮塌,狂暴的洪水浊流势如山岳崩塌一般,朝着中原大地滚滚而来。在板桥水库垮塌之际,水库管理局院内一棵二人合抱的大树,竟被冲出近20千米远。而位于水库下游2千米、人口3000余人的板桥镇,在洪水的冲击下,顷刻间便荡然无存。

数百亿立方米的巨量洪流,肆无忌惮地吞没了下游的广阔平原。污泥浊水到达之处,不仅冲毁了西平、遂平县城,还造成驻马店地区大片土地和村镇被淹,无数房屋倒塌,当地的数百万百姓,久久地浸泡在深达丈余的污泥浊水之中,生命财产遭受到严重损失。

更为严重的是,当地的宿鸭湖水库也危在旦夕。宿鸭湖水库位于河南省汝南县城西约7千米的汝河中游,控制流域面积达4640平方千米。在8月初的暴雨袭击下,宿鸭湖水库总入库洪水量已高达19.6亿立方米(最大库容仅为12.61亿立方米)。这一数值已两倍于板桥水库溃坝时的库容量。若是再发生水库破坝溃堤,对目前处在巨大灾难之中的豫南百姓来说,又是一轮的灭顶之灾。

不渝的忠诚
毛张苗传

第60师驻地信阳市明港镇,紧挨着驻马店,这些天也是持续大雨如注、浊水倒灌。8月5日早晨,一夜未眠的毛张苗早早起来,推门一看,只见师部小招待所到办公楼的道路,已被水完全淹没。暴雨依旧不止,门外一片汪洋。

见此情景,毛张苗说了句:"不好,要出事。"他边说边脱掉鞋袜,就要光着脚涉水去师部。警卫员方正兴见状,急忙把毛张苗扯住,担心地说:"首长,现在不能过去,水流太急了,等雨小一点再去吧。"

毛张苗头也不回地说:"等到什么时候?这雨越下越大了,我必须马上到师部去,肯定会有事情。"说着,他便"扑通"一声踏入水中,在方正兴的搀扶下,深一脚浅一脚地探索着向师部走去。

果不其然,二人刚走进办公大楼里,武汉军区关于"60师立即赶赴驻马店地区抗洪抢险"的电令就下来了。毛张苗当即召开师党委会,分析灾情,研究措施,调整工作部署。会上,毛张苗要求第60师下属各部队主动与驻地信阳地区、信阳军分区取得联系,请求接受抗洪抢险的任务,同时集中兵力、物资,以战斗的姿态,投身到驻马店地区的抗洪抢险中去。

师党委会后,全师各部队紧急行动起来。许多战士向连部递交了决心书,要求参加抢险救灾的战斗。甚至有人生病住院,一听闻部队要去抢险救灾,就立马要求提前出院,回到连队后,就递上了决心书。有的战士刚到河南水土不服,正发烧、腹泻,也坚决要求参加抢险救灾。不少人还把省下来的津贴费交给连队党支部,以支援灾区人民。

按照师长毛张苗提出的"灾情就是命令,哪里有灾情,部队就往哪里挺进"的指示,正在驻马店确山县薄山水库进行水上训练的师工兵营舟桥连立即停止演习,出动所有的渡河器材,全力以赴赴重灾区抢救被洪水围困的群众,并和薄山水库的职工一起,全力保护大堤的安全。同时,师部又命第180团抽调两个连,车运薄山水库,与舟桥连一起执行护堤任务,以增强护堤力量。

8月9日,师属炮团2营奉命开赴确山县马庄车站,抢修被洪水冲垮的京广线。京广铁路在此次洪灾中被冲毁102千米,9个火车头和1180节车厢被冲坏,40多千米的铁轨被掀翻且扭曲成麻花状。第179团3营的任务,就是抢修被洪水冲垮的铁路。3营到达抢修现场后,原本要求等候大部队到后一起动工,但为了早日修复铁路,使救灾物资能早日运进重灾区,3营的官兵来不及休息,也不等大部队到来,就率先在水毁地段大干了起来,受到了师首长的表扬。

同日凌晨,师长毛张苗、师副政委于永勋率领100多人的先遣分队,到驻马店汝南县的三桥公社侦察水情、勘察道路。第178团出动两个营随后跟进。向三桥公社行进时,开始还能行车,再往前水就淹没了路基,最后完全淹没了汽车轮胎。车停下后,毛张苗走下车来,借着汽车大灯的灯光,他看到道路两侧有许多灾民正朝他的汽车涌过来,而且因为当地人有裸睡的习惯,洪水突然冲击房屋致倒塌时,他们为了逃命,根本顾不上穿衣。见此,毛张苗当即命令随行的干部战士,除必要的衣裤外,全部脱下送到现场灾民的手中。领到衣服的灾民一边穿衣,一边感动得号啕大哭。

由于灾区地域广阔,为了不遗漏掉每一个受灾的村庄,毛张苗与于永勋分头行动,逐个村庄挨门逐户进行检查。有一次,毛张苗、驾驶员及警卫员小方来到一个受灾严重的村庄,因洪水刚刚退去,不远处的决堤口还传来哗哗的水流声,此时村庄中似已空无一人。毛张苗等3人踩着没膝的泥浆,艰难地向村中心走去。望着已连续几天几夜未曾合眼的师长,警卫员小方心疼地说:"首长,看样子村庄中不会有人了,我们还是回去吧?"

"看样子?你还没进去看过,怎么知道村里没有人?"毛张苗一边在泥浆中吃力地跋涉着,一边头也不回地说。

正走着,突然听到从村中的一间屋子里传来一阵奇怪的声音,毛张苗当即站住,对方正兴说:"你们听,村里好像有人。"

"是有人。"方正兴和驾驶员也听出来了。

"快去看看。"毛张苗边说边朝发出声响的屋子走去。那是一间平房,屋内的确有一位老人。毛张苗走过去时,那老人正从屋子里走出来,手里还抓着一只老母鸡。

"老哥,你怎么还在这里啊?快走吧,这里太危险啦。"毛张苗走上前去说。

那老人突然见到3名解放军站在面前,一脸诧异,随后便长叹一声,愁容满面地说:"同志啊,我放心不下啊,再来家里看看。嗨!什么都没有了,只剩下这只老母鸡还躲在房顶上。"

毛张苗忙劝慰老人说:"只要人没事就好,你放心,党和政府,还有我们解放军一定会帮助你们的。"

老人临别时含着眼泪连声说:"谢谢共产党和人民政府,谢谢解放军。"

几乎在同时,另一路的副师长沈世元、师政治部副主任王仲春,也正率领工兵营一部分队伍,向境内薄山水库的危险地段进发。当薄山水库的堤坝险情排除后,他们又主动兵分数路,驾驶着橡皮舟,向灾情最严重的汝南县、平舆县挺进。

第60师由于刚调防到河南,尚在适应时期,此次灾情又来得如此迅猛突然,让人猝不及防。抗洪抢险的部队虽然已在紧急开进,但一切都十分仓促,几乎没有任何救生器材设备可用。幸亏第60师驻南方时,每年都要进行游泳和武装泅渡训练,许多官兵熟识水性,因此在洪水中救起不少人。但是物资仍然不足。全师在8月12日前出动的部队,基本上未来得及带上棉被和生活用品。连续多日,广大指战员在烈日或暴雨下,蹚着没膝或齐腰深的泥水,夜以继日地抢救群众,运送干粮、熟食。到了晚上,数千人的护坝部队就露宿在堤坝上。由于部队高度集中、道路冲垮,运输能力跟不上,物资供应十分困难。有的连队连蔬菜也没有,只好用盐汤下饭,有的连队一天只能喝两餐稀饭,有的连队甚至连续几天吃不上油。部队拉出去没几天,因伙食太差,防护装备跟不上,外加天气炎热,人畜尸体腐烂后造成的环境污染等,许多战士得了红眼病、烂脚病,甚至严重腹泻。但即便如此艰难,全师官兵也不叫一声苦,不喊一声累,仍然不分昼夜地战斗在抗洪抢险第一线。

第178团1营在向汝南县灾民运送干粮时,全营官兵都饿着肚子,但没有一名战士取用船上的一块干粮。在涉水经过霍埠口大队的一个高地时,他们听到有婴儿的哭声,赶过去一看,发现高地上有一名产妇和出生才4天的婴儿,便立即把母子俩扶到船上,并递上干粮和净水。那产妇流着眼泪对战士们说:"要不是解放军救了我们,我们母子俩肯定没命了。"

第180团3连在明港淮河大队抢险时,冒着倾盆大雨转移了灾区200多名群众。最后,当看到有一位患病的大娘无法自己行走时,火箭筒班的4名战士二话没说,背起大娘就走,直把她送到3千米外的安全地带方才返回。

身为驻马店地区抗洪抢险总指挥,毛张苗从8月6日至28日,率领全师30个连队3000余人,日夜奋战在抗灾第一线。吃不好。睡不好,加上超强度的工作,毛张苗动过手术的身体又亮起了"红灯"。有几次,他因劳累过度险些晕倒在抗灾现场,警卫员方正兴几番含着眼泪,要把师长拉到部队的临时营地休息,都被毛张苗拒绝了。有一次还被毛张苗狠狠批评了一顿:"你老是叫我休息、休息,你看看这些灾民,不解决好他们的吃住问题,我能安心休息吗?我能睡得着吗?乱弹琴!"他边说边披上雨衣,又一头扎入狂风暴雨中。

在毛张苗及其他师首长的带领下,第60师的各级指挥员想灾区人民所想,急灾区人民所急,发扬"一不怕苦,二不怕死"的精神,率先垂范,冲锋在前。第60师涌现出了一批创造感人事迹的好干部。

第178团团长沈树根,是志愿军一级战斗英雄,因在战争年代负过伤,身体也不是很好。这次参加驻马店抗洪抢险时,他的痔疮正好发作,流下来的鲜血把裤管都染红了,那张瘦削的脸也一时变得蜡黄如纸。政委叶万里强制要求他休息,沈树根摊了下手说:"你看看灾区这副样子,我怎么休息得了啊?再说,毛师长这么差的身子,还起早摸黑在第一线指挥。我再坚持一下,等任务完成后再休息吧。"

该团副政委张德山与两名战士在驾驶橡皮舟送粮返回时,看见有4个灾民急着渡河,就欲前去接人。当时河面很宽,水流湍急,河对岸的人看到后,大声对张副政委喊:"解放军同志,水太急了,不要过来,太危险了。"可看到4个灾民焦急的样子,张副政委当即决定,无论如何也要把他们护送到对岸。没想到当橡皮舟向对岸驶去时,正遇到一股激流冲来,一下子被推出去几千米,船桨也被打断了。张副政委和两名战士只好用断桨和其他工具奋力划水,经过两个多小时的搏斗,最后终于将4位灾民安全送到了对岸。

地处汝南县宿鸭湖水库下游洼地的三桥公社霍埠口大队,被洪水淹没后,县委几次组织力量要进村摸清情况并运送干粮,但由于水深流急都没有成功。霍埠口大队灾情不明,1000多个灾民的生命处在危险之中,令县委领导们坐立不安。正在三桥公社组织抗洪抢险的总指挥毛张苗闻讯后,即令第178团副团长崔培行率部前去救援。崔培行即率该团第1营,以最快速度赶到了三桥公社。正在三桥公社指挥抗洪抢险的县委领导见崔副团长已年近半百,劝他不要去霍埠口,说:"子弟兵爱人民,人民也爱子弟兵。那儿危险,你不要进去。"

崔副团长说:"为了抢救群众,我就是豁出命也要进去!"

就这样,他亲率70多名战士,乘坐木筏,带上干粮,顶着滚滚激流,奋力划行了五六千米,终于闯进了被洪水团团包围的霍埠口。爬在房顶、树梢上的1000多名灾民见到解放军来了,都含泪激动地一齐高呼:"感谢解放军！毛主席万岁！"

据统计，第 60 师在此次抗洪抢险中，共出动各类车辆 120 台，救出群众 1.3 万人，抢运粮食 1200 余吨，转移受灾群众 5 万余人，医治伤病群众 2.3 万人，修筑公路 32 千米，抢通铁路 4 千米，修复桥梁 4 座，支援灾区的药品价值 2.3 万元，捐献大米、面粉 4.1 万公斤，副食品 2.1 万公斤等。抢修水库堤坝 60 余万立方米，其中包括当时亚洲最大的人工平原湖——宿鸭湖水库。

宿鸭湖水库在 8 月初就已发生严重的险情，大坝多处地段出现了塌坡、冒顶和坝身裂缝渗水等危险的前兆。更为严重的是，在长达十数千米的堤坝上面，已密密麻麻地挤满了 5 万余名逃生的灾民。此时若大坝垮塌，后果不堪设想。在危急关头，师长毛张苗急命具有堤坝维护经验的第 60 师 180 团火速抵达宿鸭湖水库。经过全团官兵昼夜不停地奋力抢修，这个中央防总和当地灾民最为担心的重大隐患，被彻底清除。

鉴于第 60 师在此次抗洪抢险中所做出的重大贡献，中央慰问团、武汉军区和河南省委均给予了高度评价和表彰。其中第 60 师工兵营舟桥连荣立集体一等功，第 178 团 1 连、6 连荣立集体三等功，战士徐建昌、杨武臣分别荣立个人二等功，另有 57 人荣立个人三等功。

洪灾过后，豫南百姓的口中曾经流传过这样一个故事：新来的解放军不但是菩萨兵，还是水龙王派来的，个个会水。雷公雷母下大雨发大水，水龙王一看不好，就派这些水龙兵来救俺们咧！

不渝的忠诚
毛 张 苗 传

▲ 1955年,毛张苗(右三)与王海(左三)等赴旅大欢送苏军回国

▲ 1955年,空军战斗英雄王海赠照

◀ 1955年,毛张苗(左二)出席浙江第一届人民代表大会时与代表们于杭州合影

▲ 1958年,毛张苗(左二)与时任第20军副政委的王建青将军(右五)在南京军区建军积极分子代表大会期间观看部队的装备展览

▶ 1959年,穿山半岛陆海空三军演习期间,毛张苗将曾插上一江山岛203高地的红旗授予"尖刀5连"

不渝的忠诚
毛 张 苗 传

▲ 1959年,穿山三军合练中的团长毛张苗(左二)与团政委梁亦行(中托腮者)

▲ 1961年,毛张苗在南京与大弟毛张林一家、妹妹毛英一家合影

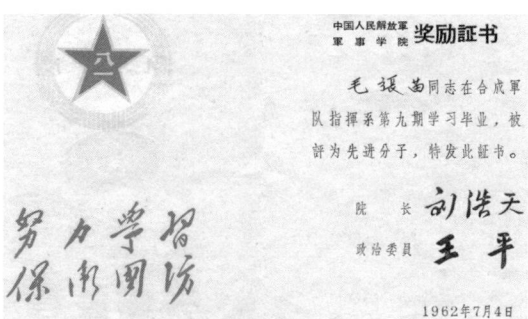

▲ 1962年,毛张苗从军事学院毕业,被评为先进分子

◀ 1962年,在南京军事学院学习时期的毛张苗

▲ 1963年,毛张苗(前排右三)受邀给浙江大学电子系学生讲述战斗故事后,与团委委员合影,人民科学家叶培建(第二排右一)同在

闪光的人格

浓浓战友情

毛张苗为官一生刚正廉洁、公私分明，这在战友、同事和上下级中，是有口皆碑的。

毛张苗有两个儿子，毛一江和毛战海。他们入伍以后，毛张苗曾给他们约法三章：

1. 不得去部队的办公机关，必须下到一线连队；
2. 为防止特殊"照顾"，两人不得在他本人下辖的部队服役；
3. 在任何情况下，夫人都不准给熟悉的部队领导为子女打招呼。

因为在他眼里，送子女去部队不为别的，只为锻炼和磨砺。如果怕吃苦，要享福，想镀金，那就别去部队。

然而，在另外一方面，他却是一副完全不同的面孔。据说在整个第20军的干部中，无论是军直属队，还是其他三个师，他都是为"人家的孩子"当兵"开后门"最多的一位师领导，也是因此写检查、做检讨最多的人。但即便如此，他还是"屡教不改、我行我素"。为什么？因为他帮助的都是一些老战友和老干部，而这些老战友和老干部当时的处境都不好，不是被打成"走资派"，就是"靠边站"，或在"五七干校"劳动和"改造"，而他们的子女自然也成了社会的"另类"，处境十分艰难。

"这种时候，我们不帮忙谁帮忙？"这是他的口头禅。

闽东老红军胡乾秀烈士，是原第58师参谋长。他在任上牺牲于长津湖战役，是志愿军牺牲在抗美援朝战争中的高级干部之一。他的遗孤胡晓平，就读于南开大学,在快分配工作时,他的母亲诸云娟提出,希望儿子能继承父志,去老部队当兵。诸云娟是江苏无锡人,也是新四军老兵,就职于南京军区总医院。但去老部队找谁,她一时没主意。正在为难时,胡乾秀任团长时的团政委、时任第20军副政委的沈云章得知此事,几乎连想都没想,就一拍大腿说:"这件事就找毛张苗,他为人爽快。我马上给他打电话。"

果然,几天后,胡晓平就顺利地在第60师落了脚,先去师侦察连过渡,之后按照他的英语专业,安排到师秘书科任职。

不料在几年后的一次政治运动中,这件事竟被军师机关中的某些不明事理的人翻出来,指斥毛张苗这是为干部子女当兵走后门。对此,毛张苗淡然一笑道:"哦!这件事,我可以做检讨。"

但是一转身,他却对战友们说:"检讨归检讨,该帮忙的事,我还得照样做。"他甚至戏谑说:"反正虱子多了不怕痒,我已经写过这么一大沓子检讨书了,大不了再来这么一沓。"

诸如此类的事情,毛张苗究竟做过多少件,恐怕连他自己也记不清。

浙江省政协老领导何克希,曾任新四军浙东纵队司令员,是毛张苗在浙东时的老首长,20世纪70年代因故赋闲在家。但是毛张苗始终不忘旧情,每逢赴杭州办公,总会抽空前去登门拜访,在何老家中,一口一个"何司令",恭敬如故。后来,毛张苗的夫人刘肖竹去"五七干校"劳动锻炼,正好与老司令何克希及另一位老红军康念祥分在一个小组,由刘肖竹任小组长。毛张苗得知后,再三嘱咐刘肖竹,一定要尊重和照顾好两位老前辈。"五七干校"结束后,两位老领导见到毛张苗,第一句话就是:"肖竹同志对我们照顾得太好了。"

时任驻杭空5军副军长的王海,与毛张苗同为抗美援朝一级战斗英雄。两人曾于1955年3月,作为陆、空军的英模代表,同赴辽宁大连参与欢送驻华苏军回国的活动,从此成为好朋友。

在那个特殊年代里，王海因为所谓"单纯军事观点"，被空5军错误批判与审查，处于半隔离状态，外人会见有诸多不便。毛张苗对此却不以为然，曾多次驱车直闯王海在空5军军部的住所，不仅与老朋友会面交谈，甚至邀友一起外出聚餐、散心。这事后来被空5军的领导告状到毛张苗所在的第20军领导处。领导提醒他少去王海那里，他听后，只是淡淡一笑，没过几天，照去不误。

俗话说患难见真情，陆、空军的这两位战友，后来一个在南方，一个在北方，但他们之间的战友之情和兄弟之谊却始终如故。1985年12月20日，毛张苗在杭州病逝，其家属收到的第一封唁电，就是来自时任空军司令员的王海和他的夫人孟华。

爱兵如子　关心部下

1973年夏日的一个晚上，在浙江省金华市郊第60师驻地的师长住所前，身着一件老头汗衫的毛张苗，正坐在门前的一把藤椅上纳凉。这时，警卫员丁炎灿过来，给他续上一杯茶后，正要离开。毛张苗把他叫住说："小丁，你也过来坐一下。"

丁炎灿从屋内取来一把小矮凳，小心翼翼地坐到了毛张苗旁边，毛张苗习惯地眯着眼笑了，说："你坐近一点，离我这么远干吗？我又不是老虎。"

丁炎灿是浙江新昌人，1971年入伍，从警卫连选来任毛张苗的警卫员。

毛张苗问丁炎灿："小丁，你跟我几年了？"

丁炎灿答："首长，我跟您三年了。"

"是啊，三年了。如果我没有记错的话，你今年应该25岁了吧？"

丁炎灿说："我是25岁，首长，您这也记住了？"

"嗯！我还知道你是22岁高中毕业后才当的兵，对吗？"

"是的，首长。"

毛张苗呷了一口茶，沉默了一会儿，接着说："小丁，我考虑好些天了，你年纪已经不小了，而且有文化，不能总是跟着我，这会耽误你的前程的。你应该下连队去锻炼。"

丁炎灿一听，感到很突然，与首长相伴了3年余，怎么首长突然不要自己了，当下便红了眼眶嗫嚅道："首长，您怎么不要我了？如果是我工作没做好，您就批评我，我下次一定会改正的。"

看着丁炎灿的这副窘态，毛张苗不禁笑了起来："你这个小鬼啊，想到哪里去了？谁说你的工作没做好？我告诉你，对你的工作，我很满意。但是，我得为你的前途着想。你有文化，下连队好好干，一定会有前途的。"

听首长这么说，丁炎灿就没话可说了。

"那我听首长的。"

"这就对了嘛！"毛张苗笑着站起来，拍了拍丁炎灿的肩膀说，"好了，睡觉。"

数天以后，经毛张苗提议和组织决定，丁炎灿被下放到第178团2营"尖刀5连"任班长。"尖刀5连"是毛张苗的"心尖子"。能够成为这个连队中的一分子，足见毛张苗对丁炎灿所寄予的厚望。

2021年5月的一天，笔者在杭州见到了已转业回地方的丁炎灿。这位退休多年的"老丁"在谈起老师长时，仍掩饰不住内心的激动，他含着眼泪说："老首长虽然离世36年了，但他的音容笑貌，至今仍历历在目。他多次说过的'你们虽然是我的警卫员，但我却把你们当成自己的孩子一样'这句话，我终生难忘。"

正是在老师长的关怀下，丁炎灿后来被提了干，又从连队指导员提拔为步兵营教导员。

当然，有着与丁炎灿同样感受的还有很多人，比如毛张苗的另一位警卫员方正兴。方正兴是江苏省启东县人，1973年的兵。丁炎灿下到"尖刀5连"后，刚入伍到"尖刀5连"的新兵方正兴，就被派到毛张苗身边担任警卫员。

能给首长当警卫员，方正兴的心里自然是很激动和兴奋的，但是给师长毛张苗当警卫员，他心里又有点怕。因为他在"尖刀5连"服役时，曾多次见过毛师长，发现毛师长总是神情严肃，很少有笑脸，部下们都有些怕他。但是，不久后发生的一件事情，让他发现毛师长是一个很会关心人、体贴人的大首长。

那一次，方正兴可能是吃了不干净的食物，晚上肚子闹得很厉害。第二天早上起床后，毛张苗见方正兴脸色苍白，就问他："小方，你怎么了，脸色不大对头啊？"

小方本来不想把这事告诉毛师长，他想：首长这么忙，怎么能用这些小事去打扰他，于是就不以为意地说："我没事的，首长。"一边说着一边又干起活来。

但毛张苗却很认真严肃地说："不对，你告诉我，是不是生病了？"

看着师长严肃的眼神，方正兴只得实话实说。

毛张苗用手指点了点方正兴的脑门说："你这个小鬼啊，生病了为什么要瞒我？快去卫生队。"

方正兴说："我不去，首长，我走了谁照顾您？"

毛张苗一听，顿时板起了面孔，说："是你治病要紧，还是照顾我要紧？乱弹琴！"说完，就抓起电话，拨通了卫生科科长的电话。很快，卫生队的救护车就开到了师首长宅院的门口。临上车的时候，方正兴还是放心不下，担心师长身边没人照顾，便说："首长，您别忘了按时服药啊。"毛张苗向他挥挥手，说："去吧，去吧，安心治病，不用担心我，治好了病再回来。"

数日后，方正兴正躺在卫生队的病床上挂盐水，蒙眬中看到有人正在俯身看他，一睁眼睛，原来是毛师长来看他了！方正兴当即要挺起身来，却被毛张苗按住了："别起来。"

"首长，我已经好了。"方正兴说。

"好什么？"毛张苗说，"我已经问过卫生队队长了，说你这是严重的痢疾，幸亏治疗及时，否则会落下后遗症。"

说话时，毛张苗见病房里还有几名战士在挂盐水，便走过去，摸摸这个的头，又拍拍这个的手，对他们说："小伙子们，好好休息，都不要着急，一定要把病治好。"

毛张苗走后，旁边有个病友好奇地问方正兴："小方，刚才那个首长是谁？"

方正兴说："你不认识吗？他是我们师长啊。"

"师长？是毛师长？"

"对啊。"

"乖乖，听说他可是位大英雄啊！毛师长居然来病房看望我们，这事可了不得。"

方正兴自豪地撇了撇嘴说："那当然啦。"

又过了数天，方正兴出院了。出院那天，恰逢毛张苗的爱人刘肖竹来部队探亲，方正兴见状，挽起袖子就要去干活，不料被毛张苗叫住说："小方，今天你刚出院，休息一天，活儿让刘阿姨干。"

方正兴正要争抢，刘肖竹已经烧好一大碗热气腾腾的鸡蛋面条，给他端来了。

在第60师，关于毛师长爱兵如子和关心部下的故事，可以说是数不胜数。

第60师178团的政委叶万里，也是一位从浙东走出来的老同志。年龄大些，身体也不太好。有一次部队在野营拉练时，与部队一起行军的毛张苗正在路旁休息，看到叶万里政委也同战士们在一起行军，就马上把他叫住，责怪他说："我说老叶啊，我跟你说过多少次了，你身体不好，叫你不要步行，你怎么又自己走路了？"

叶万里抹着额头上的汗水说："没问题，我还能坚持。"

毛张苗严肃地说："老叶你听着，这不是我个人的意见，这是师党委集体的意见，我们要对你的身体负责。"

叶万里政委见毛师长如此坚持，只得服从，骑上了那匹跟随在身后的枣红马。

不久后，师里召集各团军政主官开会。会议结束时，毛张苗又叮嘱叶万里说："我说老叶啊，部队马上又要拉练了，这回你不要再走路了，要么坐车，要么骑马，记住我的话。"

同时，他又关照在一旁的第178团团长沈树根："老沈啊，你得把老叶给我看好了，他要是走路累出病来了，我要拿你是问的。"

在第60师，毛张苗和沈树根是两位仍在岗位上的志愿军一级战斗英雄。兴许是多年的征战养成了一身豪气，在第60师，能令沈树根内心服气的人并不多，唯独在毛张苗跟前，他却从来不敢说一个"不"字。有一次，沈树根下连队去检查训练情况，正碰上团部的一位作训参谋在训斥某连队干部，不知因何缘故，引起了沈树根的不满，于是他随口骂了一句，抬腿就对着那个参谋的屁股踢了一脚。不料还没等那参谋回过神来，沈树根自己的屁股也被人狠狠踹了一脚。沈树根正待发火，回头一看，竟是师长毛张苗站在自己的身后。

沈树根顿时便咧开大嘴笑起来："哎！师长，你怎么也来了？"

"我已经在这里待了很久了。怎么样，沈团长，被人踢屁股的滋味不太好受吧？"毛张苗似笑非笑地说，"现在不是当年我们打仗的时候了，对待下级，有话得好好说，不能简单粗暴。"

沈树根不好意思地挠了挠头。

"怎么,不服气?"

此时的沈树根哪敢说不服气,只好笑着连声说:"服气、服气。"

现在,毛张苗亲自把照顾叶万里政委身体的任务交代给他,他当即说道:"请师长放心,我保证完成任务。"

毛张苗说:"好,我要的就是你这句话。"

不能忘记先烈们

毛张苗征战一生,身边倒下的战友何止千百?作为一个幸存者,他的心里总会不时地想起他们,并千方百计地寻找和安顿这些牺牲的老战友。

1974年7月的一天,毛张苗收到了一封来自慈溪洋山公社陈姓老汉的信,信中称,他的儿子也是"三五支队"的战士,北撤后就不知下落,新中国成立后,他们只能被当作失踪军人家属对待。为了证明其儿子的确是"三五支队"的战士,老人例举了当时与"三五支队"交往的一些细节,如林达支队长乘坐他划的小船在三北地区的河道上活动的情景。毛张苗当年因在"鄞奉中队"当战士,不认识这位战士,但从信中陈述的内容看,他认为老人反映的问题是真实的。于是,他当即找来了当年在浙东打游击的黄忠副师长,把信递给他,说:"人家把儿子送到了我们的部队,现在人找不到,连个烈士也评不上,这事我们有责任。一定要把这个战士的下落搞清楚,给老人一个满意的交代。"

黄副师长说:"好的,我建议马上派个人去当地调查一下。"

毛张苗说:"要派一个得力的人去,不仅要去当地,还要去外地,总之,一定要搞清楚这位战士的下落。你准备派谁去?"

黄副师长想了想，说："叫陈文开去吧。他办事认真，笔头又灵。"

陈文开是第60师的党委秘书，浙江湖州人，大学生。因为在师首长身边工作，认识的人也多。

"好，"毛张苗表示赞同，"他去我放心。"说完，他便叫陈文开过来，把情况与他一说，叮嘱道："你先去老余杭找一下刘发清同志，他是闽东过来的老红军，在浙东战斗过，兴许知道这位战士的下落。另外，再去慈溪县人武部找下徐大年政委，请他帮助我们寻找这位战士的下落，我会给他去电话的。"

就这样，带着两位师首长的重托，也肩负着那位写信老人的期望，陈文开踏上了寻访那位战士下落的行程。他先找到居住在余杭的浙东纵队老战士刘发清，把情况与他一说。没想到陈文开的话还没说完，刘发清就打断说："我知道这个战士，打起仗来不要命，他是在鲁南战役中牺牲的，是1纵3师警卫连的班长。当时我是3师司令部作战科的副科长，他牺牲后，是我把他安葬的，我可以为他作证。"

听了刘发清的话，陈文开压在肩上的担子顿时轻松了许多。于是，他当即将刘发清的陈述整理成文字，并请他按上手印盖上章。但要为这位陈姓战士办烈士证，还有许多事要做。就这样，陈文开又来到那位战士的老家慈溪县，找到县人武部的徐大年政委。没想到一进门，徐政委就告诉陈文开："刚才毛师长和黄副师长已来过电话了，这件事，我们一定要把它办好。否则，我们就对不起烈士的家属，更对不起牺牲的烈士。"于是，在徐政委的亲自过问下，陈文开又找到了慈溪县民政局和当地两位曾与那位陈姓战士一起战斗过的"三五支队"老战士。在办妥了相关手续后，陈文开搭上长途班车去洋山公社看望那位写信的陈老伯。当陈老伯听到陈文开说已找到他牺牲的儿子的下落时，一家人都哭了起来，他们紧紧地拉着陈文开的手，不断地重复着："谢谢、谢谢……"

陈文开也热泪盈眶，他对陈老伯一家说："你们放心，党政府和部队是不会忘记牺牲的烈士的。我们会永远记着他们的。"回到部队,陈文开当即向毛张苗、黄忠、杨元林、朱波等领导做了汇报。毛张苗对陈文开说:"要抓紧办好这事,好早日让烈士家属安心。"

遵照师长的指示精神,陈文开很快就办妥了公文,盖上6297部队政治部的印章,然后以机要文件的形式发至慈溪县人民政府。没过多久,毛张苗就收到了那位陈老伯的来信,说他已领到了那本盼望已久的"革命军人牺牲烈士证"了。

夏白烈士是浙江嵊县(今嵊州市)人,原华东野战军第1纵3师7团3营教导员,15岁就加入中国共产党,1948年7月在豫东战役中牺牲,年仅24岁。夏白牺牲后,全营干部战士无不失声痛哭。因为当时战斗激烈,战友们只好将他的遗体匆匆掩埋,就紧急撤离了。此后,随着岁月的流逝和许多战友的故去,他的尸骨究竟埋在哪里,已无人知晓。

毛张苗是在夏白牺牲3个月后调到"夏白营"8连任排长的,因此,对于夏白烈士的英雄事迹,他非常熟悉并铭记不忘。

1975年5月,已担任第60师师长的毛张苗奉命从浙江移防河南信阳市明港镇。安顿甫定,他就想起了牺牲在河南豫东的夏白烈士。为此,他特别指示师政治部,要想尽一切办法查找夏白烈士遗骸的下落。师政治部迅速行动起来,一边查阅军史资料,一边通过当地政府和群众的多方寻找,终于在豫东睢县王老集村一个苹果园里找到了夏白烈士的遗骨。

毛张苗闻讯,悲欣交集,当即指示师政治部派人前去王老集村,协同当地政府一起召开万人追悼大会,为夏白烈士下葬立碑,以寄托哀思。

1976年春,夏白烈士的妹妹应部队邀请,携子(已过继给夏白)专程从浙江到河南信阳明港的第60师驻地,为夏白烈士扫墓。毛张苗闻讯,当即拉上师政治部主任杨元林和副主任朱波,去招待所看望烈士妹妹。毛张苗对夏白烈士的妹妹说:"夏白烈士是从我们浙东纵队走出去的英雄,他牺牲的消息，我们当时都知道，现在他的尸骨找到了，也算是对烈士的一个告慰。你放心，我们会经常去看他的。"次日，当烈士妹妹携子去睢县王老集村为夏白扫墓时，毛张苗叮嘱师政治部，一定要照顾好他们，并派车派人专程陪同。

没多久，第 60 师在豫东举行了一次较大规模的军事演习，其间参演部队正好经过睢县，毛张苗对警卫员方正兴说："走，我们去看一个人。"

方正兴问去看谁。

毛张苗神情严肃地说："去看一个英雄，我的老首长，夏白。"

夫妻情深

毛张苗在战争年代曾负过两次伤，最严重的一次是在 1948 年 6 月的豫东战役中，一颗子弹贯穿他的左肩部，为此他在医院躺了 3 个月。新中国成立后，战场上的伤虽然不会有了，但 1969 年那次严重的车祸对他的身体造成伤害也是很大的。再就是 1973 年的胃切除大手术。这次手术是毛张苗在几十年的战斗生涯中受到的创伤和超强度的工作累积后付出的总代价。

但即便如此，毛张苗仍觉得自己是幸运的，因为他还活着，看到了新中国的成立并成为其中的建设者，而他身边有许多战友已牺牲了。正因如此，他才会如此拼命地工作，觉得只有这样，才能告慰那些长眠在地下的战友，才能把他们未竟的事业继续下去。

几十年来默默无闻地站在毛张苗身后的刘肖竹是最理解和信任丈夫的。因为有了理解和信任，她才甘愿做出牺牲。

不渝的忠诚
毛 张 苗 传

　　刘肖竹出身于书香门第,父亲刘衷炜,曾就读于苏州工业专门学校(国立中央大学)土木工程科。新中国成立前,就职于国民政府扬子江水利委员会,任工程师、总务处长、代理局长等职务。在国民政府败退南京时,刘衷炜毅然留在南京而不去台湾,1956年被聘为西北冶金建筑学院的教授。刘肖竹的两个兄长,均毕业于新中国成立前的上海交通大学。新中国成立后,几个兄弟姐妹都成为高级工程技术人员或大学教授,为国家的社会主义建设贡献各自的力量。

　　与家里的几个兄弟姐妹比,青年时代的刘肖竹似乎更具理想和抱负。早在重庆南开中学读书时,刘肖竹就参加了学校的进步歌咏队。之后,因为向往自由、平等、民主和进步的氛围,在家人的支持下,她放弃了已考取的北京大学的录取通知书,来到浙江大学农学院园艺系求学。在这里,在学校地下党组织的教育和进步师生的启发下,她受到了先进思想的熏陶,并成为其中的积极分子。

　　那个时候的杭州,物价飞涨、灾民遍地,特务横行,民不聊生。全面内战的硝烟笼罩在杭城的上空。为了反抗这黑暗的社会,刘肖竹在学校秘密参加了由共产党外围进步学生组织的"乌鸦歌咏队"及由共产党组织的"争民主争自由"等活动。她还经常跟着同学们上街游行,反饥饿、反内战、反迫害,并秘密参加了由学校学生自治会于1949年1月3日成立的"应变委员会"。"应变委员会"下设秘书、生活、联络、文化、安全五个部门,由时任浙江大学校长竺可桢主持,核心成员为中共地下党员和新民主主义青年社成员。其主要任务是开展护校活动,全力抵制国民党当局搬迁学校、诱骗青年学生去台湾参军等,同时也为提前迎接解放军解放杭州做好准备。

　　1949年5月3日,那个令人望眼欲穿的时刻终于到来了,中国人民解放军第7兵团第21军61师进入了杭州城,之后,第22、23军的部队也从不同方向进入杭州。杭州解放了。在跑步迎接解放军的人群中,浙江大学的学生们冲在最前面,他们手持着鲜花,奔跑着、欢呼着,笑着、哭着。刘肖竹也是其中一员。在建国北路浙江大学的门口,刘肖竹和同学们看到有一队解放军正在马路边休息,于是就立即上前,与战士们握手,献花,送鸡蛋,合影。

部队首长也拿出部队出版的《战士文化》《群众文化》等杂志和书籍送给杭州的市民和学生们。在一部由当时进城部队拍摄的《1949年解放军进杭州》的纪录片中,可清晰地看到杭州市民和学生们看到解放军过来,都飞奔到街头,向进城搜索残敌的解放军涌过去的镜头。镜头中有一个面露笑容、穿着白色学生装的青年女学生,她就是18岁的浙大学生刘肖竹。

刘肖竹从浙江大学毕业后,没有回她的苏州老家去,也没有从事她所学的农艺和园艺相关专业的工作,而是进入了共青团部门。从刘肖竹的一份简历上看,她是在1949年8月加入中国共产主义青年团的,1949年9月便参加了由华东局创办的华东人民革命大学。按当时的说法,她已经入伍了。在1952年组建共青团绍兴地委时,她调到了绍兴。在那个火红的热血沸腾的年代,能够进入共青团部门工作是许多年轻人的梦想。这一点,刘肖竹实现了。尽管绍兴离杭州的距离有四五十千米远,交通也不便,但这没什么,只要党需要,离杭州远一点,工作苦一点、累一点又算得了什么?

这时候战斗英雄毛张苗出现了。兴许是对英雄的崇拜,兴许是两人革命志向的趋同,兴许是缘分在暗中牵着红线……刘肖竹与毛张苗相识两年后,在当时台州地区黄岩县海边的一处部队简陋的营房里,因训练部队被海风和阳光吹晒得肤色黝黑的战斗英雄和怀惴着美好梦想的浙大才女结合了。这一年,毛张苗28岁,刘肖竹23岁。

生活就这样开始了。浪漫、遐想和憧憬是每个年轻人的专利,对毛张苗和刘肖竹来说也一样。所不同的是,毛张苗的浪漫、遐想和憧憬可能更具钢性,因为他是个军人。而刘肖竹的浪漫、遐想和憧憬可能更含柔性,因为她是一名充满着青春活力的共青团干部。

　　这不,两人结婚没多久,现实就开始向浪漫、遐想和憧憬发起挑战了。首先是分居。一个在杭州,一个在黄岩,甚至说不定某天哪个人又要去更远、更偏僻的地方了。两人要见一面,十分艰难。分居对毛张苗来说没什么,因为他习惯了,长年累月都是这样过来的,这就是军人的职业特征。而对刘肖竹来说则不习惯,甚至感到很苦闷,但这又有什么办法呢? 不习惯就慢慢地适应吧。

　　接下来,两个孩子出生了。再接下来,孩子们上学了、长大了……而所有这一切,都是由刘肖竹挑着的。尽管她的肩膀是柔弱的,但她也要把担子挑起来。偏偏刘肖竹又是一个在工作上十分要强的人,于是家庭和工作两副重担压在她的身上,就更加重了她的身疲和心累。

　　后来因为毛张苗车祸受伤,需要照顾,在第20军领导的协调下,在团省委工作的刘肖竹也随毛张苗调到了金华。有些人不解,别人千方百计想往杭州调,而刘肖竹竟从杭州调到偏僻的金华去。有朋友曾问过刘肖竹,刘肖竹笑笑说:"老毛身体不好,他一个人在那里我不放心,所以过去照顾他。"

　　是啊,自从调到金华后,刘肖竹就开始围着"老毛"转,无论是家里的事情,还是自己的工作,都由毛张苗说了算。即便在毛张苗处受到委屈,刘肖竹也能委曲求全。有一次,刘肖竹见毛张苗胃口不好,想去金华城里给他买点他喜欢吃的菜,因平时师部常有马车进城,刘肖竹打算顺便搭一段路,但恰好这天没有马车进城,她只好步行前去。这时候,师部正好有一辆小车临时要去城里办事,见刘肖竹要进城,司机便叫她上车,把她带到了城里。买完菜回家后,毛张苗听刘肖竹说起这件事,当场便板起了面孔,要刘肖竹立即去交汽油费,说:"下次我宁可不吃菜,你也不能坐公家的车。"

刘肖竹争辩说："车上又没有其他人,我只是顺便搭了一下车而已。"

"顺便也不行!"毛张苗瞪着眼睛说。那一次,刘肖竹委屈得哭了。

当然,令刘肖竹委屈的事远不止这一件。两个孩子都在部队当兵,因为年纪小,刘肖竹曾想叫他们去第60师,但毛张苗却一口拒绝:"去当兵可以,但不能到60师来。"

"为什么,人家不都是这样的吗?"

"人家是人家,我是我。只要我在60师当师长,他们就不能来。"

"可他们还小啊。"刘肖竹气得要哭了。最后的结果肯定是刘肖竹妥协。大儿子毛一江最后到了空军航空兵第29师,1971年7月才调到第20军58师172团3连。小儿子毛战海于1970年8月到第20军侦察连当兵。两人都与父亲所在的第60师不挨边。虽然不挨边,毛张苗也会干涉儿子们的事。有一次,侦察连连长碰到毛张苗,向他报告说:"战海马上要去南京读书了,连里准备把他的入党问题解决了。"不料毛张苗不但不领情,反而给连长泼了一大盆冷水:"难道党票是可以随便送的吗?"他这一句话,把毛战海的入党时间推迟了好几年。

面对铁面无私的丈夫,刘肖竹尽管有时很生气,但最后还是予以理解和谅解。当然如果有机会,她还是要"报复"一下的。有一次,毛张苗率部外出执行任务,为了给家里报个平安,他给刘肖竹写了一封信,信不长,但错别字却不少。刘肖竹看完后,就把这些错别字改正,然后又把这封信退寄给了毛张苗。毛张苗执行完任务回来,当着两个孩子的面夸刘肖竹:"还是你妈有水平,不愧是浙大的高才生。"

刘肖竹也趁机笑着揶揄了一下毛张苗:"你不是很厉害吗?怎么也有服输的时候啊?'白字先生'!"

不渝的忠诚
毛 张 苗 传

最后的遗言

1982年8月,武汉军区政治部干部部发布163号命令,57岁的毛张苗经批准离职休养。

作为一名戎马半生、身经百战的老军人,毛张苗对军队怀有特殊的感情。从内心里来说,他是不愿离开部队的,因为没有部队就没有他毛张苗,也可以说没有他的一切。但俗话说,铁打的营盘流水的兵。尽管他是闻名全军的战斗英雄,现在又是统率千军万马的一师之长,但为了军队的现代化建设,为了军队干部的年轻化,当然,也因为他日益衰弱的身体,他需要离开部队的岗位休息了。

毛张苗在离开部队前,曾有过一次领兵打仗的机会。那时候他的师长职务已被免掉,第60师有了新任的师长。就在这时候,南方边境燃起了战火,第60师奉命做好一切准备,随时开赴前线作战。全师上下,摩拳擦掌,斗志昂扬,只要党中央、中央军委一声令下,立即可奔赴前线。这时,上级找到毛张苗,称考虑到老师长实战经验丰富,为了做到此战必胜,要求他留下来,担任第60师的第二师长,协助师长打好这一仗。毛张苗一听有仗可打,当场同意,甚至表态说:"只要国家需要,就是叫我当团长、营长,我也愿意。"

此次即将奔赴战场的机会因为边境战局发生变化而最终没有实现。这对毛张苗来说,不能不说是一个遗憾。就这样,怀着深深的留恋,毛张苗回到了杭州。

这一次,他是真正地回家休息了,但是家中的女主人已经不在了。毛张苗是在受命准备奔赴边境参战前才得到妻子刘肖竹去世的消息,彼时,尚沉浸在悲痛中的毛张苗就接到了要他参战的命令。家事和国事,孰轻孰重,毛张苗心中十分清楚。用不着谁劝说,也用不着同情和安慰,毛张苗毫不犹豫选择了后者。

客厅正中挂着妻子年轻时的肖像,那双笑眯眯的眼睛此刻正注视着毛张苗。毛张苗记得,1953年7月,还是未婚妻身份的刘肖竹来黄岩探望他时就是这样的眼神,半年之后他们就结了婚。按现在的说法,那个时候的刘肖竹真的是青春靓丽啊,走到哪里都能听到她爽朗的笑声。

毛张苗与刘肖竹最后一次见面是在河南信阳明港镇,当时刘肖竹来部队里探亲。就在离开的这一天,毛张苗与刘肖竹为儿子毛战海是否与刘肖竹一起回杭州的事产生了分歧。他知道刘肖竹那天是带着一肚子的委屈回杭州的。但是谁也没想到,这竟是他与妻子的最后一次见面。当他们重逢时,已是三年之后,而这时候毛张苗见到的,已是爱妻刘肖竹的遗像了。

没有妻子的家庭必定是冷清的,好在已退伍的大儿子毛一江和女儿毛红兵都在杭州,可以照顾老父亲。但毛张苗对妻子的思念是子女的照顾无法替代的。铁汉也有柔情处。在独处时,他常常会站在妻子的遗像前发呆,泪流满面。也就是从这时候起,毛张苗那双几十年间被枪炮磨砺得长满老茧的手,开始拿起了笔,撰写了不少思念爱妻的日记,现摘录其中的几则:

> 清明节从明港出发,赶来杭州,在这第二个清明节来悼念我的爱妻肖竹。……一路上梨花一片白色,菜花一片黄色,好像自然景色也知道我的心情,同我一起在哀悼和思念……。你的丈夫永远纪念你。1979年4月3日。

> 明天就是80年10月31日,是我爱妻逝世的日子。肖竹离开人间,离开我们已整整三个周年了。她的去世,使孩子们失

去了亲爱的母亲,使我失去了亲爱的妻子,她生前的好友也失去了真挚的朋友。到今天还有同志为你流泪伤心,我更为你伤心。……她从49年解放初期申请入党,工作一直努力,上山下乡、出差外出最多,为了工作她毫无怨言,使得组织和某些领导了解。但因为家庭出身问题,一直被压抑,迟迟未能解决。对她思想情绪虽有影响,但并无怨言,想通过努力实践考验,工作还是努力干。这样一个同志,我到现在还认为是一个好同志。她的去世,使我不仅失去了一个伴侣,而且失去了一位好同志。痛心万分,痛心万分!!!1980年10月30日。

肖竹呀:今天又是一个国庆节,是解放以来33周年纪念,要是你还在人间,那该多好呀……1982年10月1日。

除了在日记中抒发对妻子刘肖竹的思念,毛张苗还写过不少怀念爱妻的诗。1982年2月25日去南山公墓看望妻子回来后,毛张苗怀着感伤的心写下一首诗,诗名《杭城子》。诗曰:"三年生死两茫茫,不思量,实难忘。千里永别,无处话凄凉。纵使相逢寻不见,尘满面,鬓如霜。夜来幽梦忽还乡,入房间,相面笑。相顾无言,唯有泪双行。料得年年断肠处,房夜里,橱中盒。"

就在毛张苗用笔不断地向爱妻抒发自己心中的深深思念时,第20军为照顾在杭州的离休老同志,拟在杭州郊区建造一处干休所。对此,毛张苗是深感期待的。他希望住到干休所,这样可以天天见到那些并肩战斗的老战友,还可经常去南山公墓看望长眠在那里的爱妻。

但是毛张苗再也没有机会住到干休所去了,也无法去公墓看望爱妻了。就在干休所即将竣工前,他病倒了,经诊断,为胰腺癌晚期。

在 117 医院的病房里，脸色蜡黄的毛张苗浑身都插满了管子，昔日的英雄硬汉竟被病魔折磨得奄奄一息，令人唏嘘不已。

这一天，毛张苗的老战友、第 20 军军长杨石毅专程前来看望他，并告诉他一个好消息：干休所马上就要竣工了，而且第一套房子已经装修好，经军党委研究，这套房子就交给毛张苗居住。说着，杨军长把这套房子的钥匙交到了毛张苗手里。弥留之际的毛张苗已说不出话了，但是他听到杨军长的话，眨了眨眼睛，表示对党组织和第 20 军首长的感谢。

几天后，毛张苗与世长辞，终年 60 岁。天不假年，英年早逝，无论对一个家庭，还是对国家、军队来说，都是一大损失。

毛张苗在临终时，于昏睡中突然醒来，对女儿毛红兵说："红兵，去把笔记本拿来，我有几句话要记下。"

红兵拿来了笔记本，望着床上极度衰弱的父亲，泪如雨下。

毛张苗断断续续地说：

一江、小海、红兵：

　　生老病死，是事物的规律，世界上没有哪一个人能逃避它。万一我去见马克思了，你们也不用难过、伤心！

　　我今年整 60 岁，1943 年 18 岁参加革命，抗日战争后期、解放战争、华东战场全过程，抗美援朝战争前期近两年，直到回国，到浙江沿海接受海防任务，直到解放一江山岛战斗，前后 13 年战斗生活。以后就是部队战备训练，支援社会主义革命和建设，到离开部队，也有 42 个年头。我的一生基本在军队过来的，我没有做出格的事情。到现在为止我还感到问心无愧。因为我对革命虽无什么贡献，但我认为我是跟着毛主席闹革命的。我没有个人野心，把别人搞倒，自己当官。我也不会搞阴谋诡计，因为我心里装

不渝的忠诚
毛张苗 传

不下东西,有事都放到桌面上讲。

我没有遗产留给你们,以前你们母亲有节存4500元,是一江转交给我的,这笔钱开支我都有账记录在案,在这里不必细说。我回来后的工资收入,基本上应付每月生活费开支了,节余很少。电冰箱就是节约的钱买的。应当还有1800元,但这次生病用去了500元,还有500多元药费,因没有发票,也只能自费。

……

我死了,活着是党的人,死了是党的鬼。我的后事,按照组织照办,不提任何要求。衣服也不用做,还是穿我留下来的军装,戴上老的领章、帽徽。"

闪光的人格

▲ 1967年，毛张苗与孙肖竹在杭州住宅前合影

▲ 左图　1970年8月，毛张苗夫妇送次子毛战海参军留念
▲ 右图　毛张苗送毛战海参军的留言

不渝的忠诚
毛 张 苗 传

▲ 左图　1971年冬,时任师长的毛张苗(右一)率部在浙南(温州文成)战备机动途中

▲ 右图　1972年元旦,浙南战备机动途中,毛张苗(左一)与长子毛一江于温州鳌江镇

▲ 1972年,毛张苗与第60师宣传队在浙江丽水

闪光的人格

▲ 1972年1月,第60师师长毛张苗(左一)与时任第20军副参谋长杨石毅(中)、第60师政治部副主任徐仲骏(右)等在杭州花港观鱼

▲ 1972年,毛张苗与刘肖竹合照

▲ 1973年,全家照

不渝的忠诚
毛 张 苗 传

▲ 左图 1975年1月,毛张苗参加第四届全国人民代表大会的代表证

▶ 右图 1975年,毛张苗与刘肖竹在武汉

▲ 1983年,离休后的毛张苗

闪光的人格

▲ 1983年,离休后的毛张苗(右一)与第20军原副军长张孝烈在西湖景区

▲ 1984年,毛张苗与第二任夫人董战英在杭州

尾章

英雄远去

　　毛张苗去世后,他的老部队第20集团军政治部起草了悼词。第20集团军军长杨石毅、集团军政委杨兴隆等400余人参加了追悼会。第20集团军参谋长吴湘庆代表集团军致悼词,悼词称:

首长和同志们:

　　今天,我们怀着十分沉痛的心情,深切哀悼中国共产党的好党员,一级战斗英雄,四届人大代表,我们的老师长毛张苗同志。

　　毛张苗同志,一九八五年春,患胰腺癌住院,经多方治疗无效,于一九八五年十二月二十日八时零七分,不幸病故,享年六十岁。

　　毛张苗同志一九二五年十月,出生于浙江省奉化县石门村一个劳动者的家庭,一九四三年八月参加浙江鄞(县)奉(化县)中队,一九四四年四月加入中国共产党,历任战士、班长、排长、连长、营参谋长、营长、副团长、团长、副师长、师长等职,一九八二年离职休息。

　　毛张苗同志参军后,经历了抗日战争、解放战争、抗美援朝战争。在抗日战争、解放战争期间,参加了多次重大战役战斗。作战勇敢,指挥有方,不怕牺牲,为新中国的建立和人民解放事业做出了应有贡献。在抗美援朝第五次战役穿插五马峙要点战斗中,

尾　章

他带领全连在十二小时内,进行大小战斗十三次,歼敌五百余名,缴获汽车七十余辆,及时占领了五马峙合围要点,截断了敌人两个师的退路,为最后歼灭这两个师创造了重要条件。个人荣立一等功,授予一级战斗英雄的称号,该连被授予"尖刀连"的荣誉称号。一九五五年一月,在解放一江山岛战斗中,他作为主力团的副团长,勇敢坚定,沉着机智,果断指挥,出色地完成了上级赋予的战斗任务。毛张苗同志对党赤胆忠诚,对祖国无比热爱,对人民忠心耿耿,他是我军著名的战斗英雄,是党和人民的好儿子。

毛张苗同志在革命队伍四十余年,他努力学习马列主义、毛泽东思想,坚决贯彻执行党的路线、方针、政策,自觉执行《准则》,严守党的纪律。他热爱人民军队,从一名战士到指挥员,坚定地执行我军的建军方针和原则,怀着强烈的革命事业心和责任感,为部队建设兢兢业业,忘我工作,以身作则,言传身教,联系群众,关心部属,团结同志,带领部队出色地完成了作战训练、生产、施工等任务。他具有很强的组织领导才干和带兵经验,把毕生的精力献给了国防事业,在我军的历史上留下了光辉的一页。他牢记我军全心全意为人民服务的宗旨,始终把人民利益放在心上,不计较个人名利得失。十一届三中全会以来,毛张苗始终坚持在政治上、思想上与党中央保持一致。离休后,他保持革命本色,关心部队建设,几次回部队讲革命传统,给我们留下了宝贵财富。在病重期间,他以革命乐观主义精神与疾病做顽强斗争,积极配合医生治疗,表现了一个革命老同志的高尚品德和革命情操。毛张苗同志的一生,是革命的一生,战斗的一生,光荣的一生,全心全意为人民服务的一生。他的不幸逝世,使人民失去了一位功臣,使我们失去了一位老同志,老战友,使部队

不渝的忠诚
毛 张 苗 传

失去了一位优秀指挥员。

毛张苗同志和我们永别了,他的英名和业绩将永垂不朽,他的革命精神将永远留在我们心中,他显赫的功绩必将激励我们全体指战员开拓前进。我们要学习他,具有远大的革命理想,生命不息,战斗不止;学习他,全心全意为人民服务,按党员标准要求自己,严于律己,为人表率;学习他,严守革命纪律,坚持原则;学习他,献身国防事业,为保卫祖国、建设四化作贡献。我们要化悲痛为力量,在党的领导下,团结一致,同心同德,以毛张苗同志为榜样,完成上级赋予的一切任务,为加速我军革命化、现代化、正规化建设而努力奋斗。

敬爱的毛张苗同志,安息吧!

一九八五年十二月二十七日

英雄已经远去,但其光辉形象却不会消失。今天,当我们走进位于北京的中国人民革命军事博物馆抗美援朝厅,抬头就可看到群星厅上那颗以毛张苗名字命名的星星,高悬穹顶。这颗英雄之星,将会永远地闪耀在祖国辽阔的天幕上,供后人眺望与景仰。

附录

毛张苗回忆录

将我从小时以来,出生,小学生,做工,参加革命,在革命队伍中经历近40年的战斗和历次政治运动的不平凡岁月,我将用日记追忆的形式,将它记录下来,以供后代借鉴。

(一)出生

1925年10月间(阴历9月11日,阳历10月28日)的一天早晨,是我出生的日子。我还是父母亲的第一个孩子。因为生活在农村里,父辈时代生活非常困难。就我所知道,我生下来后,父亲已30余岁了。这在当时情况是比较少的。父亲做手工,勤劳,待人和气。但也有社会旧习气:赌钱。但从不干坏事。替人家做工(缝衣服)总是早去晚回。一天到晚,除吃饭时间外,没有休息时间的。他好吸烟,可以一边抽烟一边工作。有时候晚了,还有些衣服没能做好,他宁可晚上摸黑回家,也要把人家衣服做好了再回去。因此,在我们山村里,方圆几十里,都愿意来叫我父亲去做的。因此,我父亲一年到头总是忙个不停。

我母亲是一个农村妇女,勤俭持家,家庭经济由母亲一手安排,从不随便花一个钱的。除父亲经常外出做工,做些衣服外,她自己和我们孩子穿的衣服、袜子,总是补了再穿,补了再补。到实在不能穿了,把拆下来的

不渝的忠诚
毛张苗 传

破布还用来做成鞋子。我们家里大人小孩穿的鞋子,都是母亲自己做的。日常生活中,除过年过节买一点猪肉之外,平时从不会买肉,连吃饭都是精打细算。经常一天早晚吃稀饭,中午吃一顿干饭,有时还要用青菜代替。多吃青菜少吃饭,因为农村里青菜是自己种的。由于父亲勤劳做工,母亲勤俭持家,我小时,人口也少,生活尚能过得去。所以,到我六岁时,父母还把我送去村办小学读书,从六岁到十三岁,读了六年小学。

(二)六年小学生活

在我上学的时候,大概已经有所改革,提倡白话文。第一天上学要拜孙中山先生遗像,已不拜孔夫子了。还要送糖茶,每个同学都喝上一点,还要敬先生。我开始上学时,是本村(石门村)的一个五十多岁的老先生,教育内容是新的,但老先生的教学方法却是老的。如果学习成绩不好,不是打手心、"关中学"(就是不放回家吃中饭),就是立正站立一个小时等办法体罚学生。多数学生怕先生体罚,总是按时上学,遵守校规,听先生说教,一点也不敢反抗;女学生更为老实。当时没有一点革命道理的教育,对老师的一些不好的教育做法,我们也无什么道理与他说理,因此,我和毛才斌同学几个人,用消极对抗的办法,对付老师的一些错误做法。有一次功课不好,老师把我们"关中学",我们就用坚决不吃饭的办法来对抗。因为家里已做好饭,看我们没有回家吃饭,以为一定是学校有什么事,就把午饭送往学校。这时我们就是不吃饭,直到下午上课时,老师给我们说了好话之后,才吃饭去上课。从此以后,老师就没有再关我们的事了。

当我读四、五年级时,调来一位较年轻的老师。但教育方法基本是老样子。这位老师是外村人,因此,他就住在校内宿舍里。我们小学设在一个祠堂边上,老师住的地方,正对祠堂放神位的地方。这位有点文化的老师,也同乡村中老乡一样,很相信迷信,他特别怕鬼。因他常常体罚学生,我们就利用他的迷信思想来整他。那时,我们在旧社会封建思想影响下,也有迷信思想。但中国经过大革命和孙中山先生的民主主义革命以后,也有了一点不完整的民主主义思想的影响。因此我们就不那么相信菩萨、鬼神之类的说教了。所以,有一天我们几个同学,在一个夏天的晚上,捉了许多萤火虫,放进十几个小瓶子中,尔后,将瓶子分放在祠堂内的神牌边上。在夜间阴森的祠堂里,萤火虫一息一亮,许多点萤火在神牌上也一息一亮。当天夜里老师见了,一个晚上都没有睡好觉。从此,搞得老师不敢在那里睡觉,以后要同学们陪他一起在那里睡觉。同学们说好,老师对我们好,我们就陪老师一起住,如果老师对学生搞体罚,我们就不再陪老师睡觉了。这样,以后老师就很少再体罚学生了。

我上学时,没有什么理想,因为没有进步的思想教育和影响。上学要求很低,因为父母亲不识一个字。父亲外出做工,每天帐都不会记,完全靠心记。过几天请人来记一次,常年请人记账也很麻烦,所以希望家里有个人记记账。给我去上学,就是这么一点点期望,根本没有什么理想可言。所以,我上学时学习也不好。当然,现在来看,主要是自己学习不努力,当然客观原因也很多。因为父母亲不识字,我上学成绩好坏他们不会过问。因家庭经济困难,如星期日得去上山砍柴、挖野菜,到地里种菜干活。因家中我是最大的孩子,放学回家也要带弟弟、妹妹。所以,六年时间很快就过去了,但收获甚少。当然,按父母要求,能记个账什么的,目的是达到了。以后每天晚上,父亲回家的做工帐,总是我记的。

(三)跟父亲学做缝工

到我小学将要毕业时,我家里又增加了一个弟弟和一个妹妹。因

不渝的忠诚
毛 张 苗 传

经济条件极为低下,单靠父亲做工收入,不能负担我读书经费,就是一家人糊口,都已成问题。为此,父母亲就研究谋生之法。虽不想让我去跟父亲做工吃苦,但穷人的孩子又有什么办法呢?为了一家人的生活,也只能叫我跟父亲学工做生活。当我小学毕业,正好是1937年,那时我刚满12岁。跟着父亲学徒工,父亲就是我的师父。虽然在自己家里,也与徒工要求一样。按我父亲习惯,每天一早起床,一要洗脸,二要喝茶;每天一早,我先起床烧好开水,待父亲起床后洗脸、喝茶;然后由我背着工具,跟父亲一起去做工。我的家乡地处山区,分上村、下村;下村就是我们住的地方。有二、三百户人家,是人口比较集中之处。其余还有二、三百户人家,分散在周围几十里路的山上。因此,每天要走几十里路去做工。总是天晓就出发,天黑才返家。我们家乡一种土话叫:"鸟叫出门,鬼叫返家。"长年累月、天雨下雪,总是要去做工。因为不做工,就没有收入来维持家里的生活。

我从小身体很弱,特怕冷。我们家乡山区又特冷,一到冬天下雪结冰,冻得人发抖。特别是两只手指冻得像针刺般发痛。个人吃苦是小事,如果影响做工,就完不成一天任务,不能向主人缴样。除自己坚持着做,有时实在冻得不能动弹了,只好用热水浸一下,暖一下手,再继续做工。父亲为了不影响一天的工效,更加加紧替我补上,来完成一天的工效,终使主人家满意为止。当时我少不懂事,还向父亲发火。有一次父亲批评我,我竟然发火把剪子丢了,把尺子搞断,独自跑回家。现在回忆起往事,实在对不起父亲。实在是旧社会造成的劳动人民的苦难,叫父亲又有什么办法呢?在这同时,我对当时那种做工生活实在不想坚持下去,感到作这一行没有什么前途,总想另找门路改行。此时,抗日战争爆发已有3、4年了。日本帝国主义战争在中国国民党消极抗战的情况下,不断向中国内地侵入,中国国民党统治区内,经济上已经到了危险的边缘。我们这个靠毛竹生活的山村，也受到严重的影响。村里的人就靠出卖竹子过活，那时竹子已无人要，销不出去。因此，村里的人连吃饭也成问题，更加没有人家再做新衣服了。所以，父亲不能再带我去做工，连他自己出去做工一天，都不知道第二天还有谁家要做，家里生活直接受到影响。那时生活不像现在，是吃好吃差的问题，而是无米好下锅，是有吃没吃的问题。靠菜代饭，也不能经常保证，怎么办呢？设法去做生意，就是肩挑背扛做小买卖。当时我们山村里不出粮，要到几十里路外产粮区去背粮，我与母亲两人出去背米，翻山越岭几十里，背一次米，只能几十斤；卖掉后赚回几斤米，来维持几口人吃饭。我们家乡产毛竹，出竹笋；从冬笋开始到春笋出土时间，我们就把笋挑到奉化城里去卖。担上60、70斤，要翻10里路的一座大山，来回一天，要跑一百多华里，能赚到几角钱。有时从奉化城里挑黄鱼到家乡，担着黄鱼沿村去叫卖，弄得好能赚一元几角，搞不好还要亏本。我记得有一次，我挑了一担黄鱼去村里卖。碰到国民党军队一个班，他们名义上也叫买，但十来个人，你拿我拖，拿走了好多，等我卖完了一结算，还反损失了好几元钱。从此，我又感到这种行当也不是一种办法。这时想到去当兵。

（四）找出路

1942年春，正当我做工无着，做小生意破产，走投无路的时候，在我们村上驻着国民党奉化县自卫大队的一个排。名为抗日，但一听日本鬼子进村，就向四处山上奔逃。有一次，日本鬼子一个小队，十一个人，侵入我们村里；国民党的军队向山里逃窜；而当地乡保长，还拿着小太阳旗到村口去迎接；杀猪斩羊，请他们大吃一通。临走时还抓鸡抓鸭，人民群众遭殃，实在叫人不可忍受。

不渝的忠诚
毛 张 苗 传

当时，我们山区土匪活动极为猖狂。有时，土匪的大队人马几百人、上千人集中驻扎，集中活动。我们村上的地主老财，怕家被土匪抢劫，自己组织村自卫队保护；当时我们村自卫队有几百人，枪也有几十枝；常备自卫队轮番值班。有一次常备队几个人，把路过本村的几个土匪捉住，并将他们身上的钱全部收缴了，竟让几个土匪跑了；他们回去向土匪头子报告我们村里的自卫队，收缴他们钱物的经过，结果土匪集中大批人马，将我们村子四面包围；那天，正好我与妈妈很早就离家，到奉化城里去背米；我们到达高雾岭山腰时，天还未亮，就听到村里枪声四起，火光冲天；当时我们不知发生了什么事，但家里还有父亲和弟妹；因此，我和妈妈放弃了去城里背米的事，立即返回家里。当我们刚刚返回到村子进家时，还是枪声不断，土匪人员满村乱窜。与我家近邻的地主房屋已起火，已殃及我家房屋；靠近地主家的一角也已起火。我当即同父母一起用水将火扑灭。当时，火势不大，很快就扑灭了，家没有被烧掉。当时有几个土匪问我们村里有哪些地主，有什么钱财？我回答说，我年纪小，搞不清他们有什么钱财。当时，土匪把我们隔壁的一个地主儿媳抓来拷打，要她说出家里有什么金银财宝，藏在什么地方；她一直不说，土匪一直打她。实在是这位地主媳妇不管家事，她确实不知家里经济情况。家里经济实权是掌握在她婆婆手中，此时她婆婆早就逃走了。她丈夫又在外地工作，常不在家，土匪拷打地主媳妇时，我正在她边上；我就对土匪说："你们打她没有用，你们打死了她，她也不知道，她不是当家的。"当时土匪听我为她说话，还要打我。但也有个土匪说：他是小孩子，你们打他干什么呢？这样，我总算免了一顿打。后来，他们把地主媳妇也放了。这样，从拂晓前土匪进村，烧、杀、打、抢，一直到中午。6、7个小时后，土匪才离村而去。这次全村遭殃。事后知道，被打死的人，全村有一百多人。年纪最大的有93岁的老太太，年纪最小的只有一、二岁。还有的在母亲的肚子里还没有出世，就失去了生命。房子被烧掉二、三百间，全村一片悲惨。这就是在国民党反动派统治时期，一个山村的惨剧。人民有什么生活保障？甚至到了连生命也无法维持的境地。地主富农也不得安宁，何况我们穷苦百姓？我们的生活就可想而知。更使我想离家找出路。但当时我们生活在闭塞的山村，革命的先进思想受到封锁。受不到党的教育，更没有阶级觉悟；不能识别什么叫正确，什么叫错误；更不了解革命与反革命。在当时，就是追求个人生活出路；更确切地说：为了吃饭求生而去找出路。

（五）找错了门

在我们家里生活无着的时候，正好我们村子里住着国民党军队的一个小分队；因为没有别的出路，还是去当兵；当时我们那里革命势力影响很少，没有正确的指导思想，就这样，参加了那个国民党的部队。这个部队是国民党奉化县县大队的一个分队；有一个分队长姓翁，带着两个老婆，到一个地方像个土皇帝一样。今天保长请吃饭，明天乡长请他喝酒，真是花天酒地。平时打牌赌钱，对部队根本不教育，不训练；小队二、三十个人，分散住在老百姓家里，把枪藏在百姓家里，没有事就不拿枪。几个班长和一些老兵，在分队长影响之下，也胡作非为。抢百姓东西，抓百姓的鸡等，是经常发生的事。对他内部，就上压下，老欺新。我到此部队的第二天，叫我去山上换岗，正好是吃中饭的时候；因刚到他部队，什么也不懂，事先也无人教育。那天有人说，你到山上去换岗；因为我是新兵，非常谨慎，我即背枪上山去换岗。到山上有一段路，要爬半个小时才能上去，到山上后迟了十几分钟；那里站岗的是一个老兵，一看见我，什么也不说，就给我两下耳光，打得我鼻青脸肿，我只好忍着痛站岗；事后无人过问，就不了了之。

当地发生土匪抢劫，等土匪抢后，跑上山去了，小分队几十个人，向土匪跑去的方向放上几十枪，就算了事。我在这个分队几个月时间里，没有抓到一个土匪。我们驻扎在另一个村子时，有一天，听说日本鬼子要进山，这个分队就很快逃离村子，不知去向。待日本鬼子抢、杀、烧完之后，他们又回来。根本就没有做过一点好事。从这一个小分队的行动来看，国民党所谓"抗日救国"，只是欺骗人民的一个口号，祸国殃民倒是千真万确的。我当时还只15、6岁，虽不懂什么革命道理，但对老百姓乱抢东西，乱抓人，不打土匪，不抗日是不对的这一点，是非界限还是有的。而且，对这个军队里以上压下，老兵欺压新兵的作法是很不满的。随着日本帝国主义侵略战争在中国国土上的深入，由于日本鬼子到处实行"三光"政策，全国人民要求抗日的呼声越来越强烈，以及我自己亲身经历过在日本帝国主义统治下的黑暗生活；要使生活过好，非打倒日本帝国主义不可。因此，在我思想上也产生了一点要抗日、打日本佬的念头。在此同时，我们党领导的四明山游击队的势力不断扩大；在我们家乡村子里，也有好几个同乡参加到四明山游击队去了；有一次他们有几个人回家，碰到时他们对我说，你还是到我们那里去好了，我们那个部队打日本佬，对老百姓又好，官兵团结，没有打骂士兵等等。他们这么一说，把我的心说动了。从此，我开始活动，要离开那个国民党奉化县县大队，去找老乡们对我说的那个部队。

（六）总算找到了正确的路

1943年春的一个夜晚，我偷偷地离开那个奉化县大队，当晚天没亮就跑到家里，见了父母亲。当时父亲和母亲很吃惊，问我怎么这么夜晚就跑回来,出了什么事?我将当时想离开这个部队和离开的经过告诉他们之后,父母亲稍微放心了些,转而又为我担心;他们考虑我是逃出来的逃兵,他们是不会放过我的,如果被抓住,我的生命难保,连家里也不好过的。怎么办呢?经商量,还是暂时离家躲避一段时间为好。当晚天未亮之前,我就离开家和父母亲,爬上我家后山上躲藏。吃饭由家里弟妹以上山砍柴为名,送饭给我吃。本来我可以很快离开家里,往外跑,但当时我又不忍离开家,怕国民党来抓我时抓不到,叫父母亲吃苦头;为此我在后山上等了2、3天,见没有动静,才离开了家;跑到奉化大桥旁亲友家里度过数日,期间母亲还专程来看我,并要我在城里设法做些生意度日。但我实在没有这个打算,决心去找我想去的那个部队。但我还是安慰母亲放心,我会设法过好生活的。这样,在母亲离开县城回家的路上,母子俩边谈边走,竟走了有十几里之远;当与母亲分手离别时,母亲和我都流下了眼泪。谁能想到这次与母亲分别,竟成了我与母亲永别的日子。我参加革命部队之后,第二年即1944年春,母亲就与世长辞了。母亲去世时,年仅39岁。

　　这次同母亲分别之后,我也离开了奉化城里亲友家,到鄞江桥去打听我要找的部队住处;又到鄞江桥亲戚家里住下,打听部队情况。当时那一带,各种军队很多;不仅是日、伪、顽,就是国民党的军队也番号繁多,搞不好又要走歪路吃苦头。因此我认定,只到我有老乡在的那个部队去,别的部队都不去。这样在亲戚家里住了几天,经打听,知道这个部队住在鄞西一个名叫郭清寺的庙内;从鄞江桥到郭清寺,还有50余里路程,中途还要经过国民党其他部队的驻地;但我决心一定要找到。于是我离开亲戚家去找那个部队,一路上遇到不少国民党军队,他们查问我到哪里去,干什么?我都以找在部队的亲人为名,这样也就应付过去了。但在路上,我遇到了一支与我要找的部队同属一个单位的大队;

不渝的忠诚
毛 张 苗 传

我要去的部队叫六大队,他们是四大队。他们问我到六大队干什么?我说找亲人,他们不信,说我是到六大队当兵去的,对我纠缠不休,把我搞火了。因我从小脾气也很犟,当时我也不服气。我即说:"当兵由我愿意,我要到哪里,就到哪里。"可是他们就想把我留在那里当兵,但我坚持不干。扣了我几天,最后他们也无法,只好把我放行,我即按计划找到了我想去的那个部队。

到部队后,当时中队领导不能决定,要大队里决定;当时大队长林一新,副大队长李明;他们看我人很小,怕我吃不消;说太小了,不行。没有同意我参军。我就待在部队赖着不走。后来经几个老乡说情,总算说留下试试看;这样,我算正式参加了革命军队。总算找到正确的道路。

(七)新的一课

我到达这个部队的当天,分配到一个中队当兵;当天班长就同我谈心说:我们这个部队同别的部队不一样,我们要抗日,打日本鬼子,保护老百姓安居乐业;不损害群众利益,同志之间像兄弟一样,有困难互相帮助,保护同志等,我听了都是新名词。同时,一些老同志还有送我牙膏、牙刷、毛巾等;还发给我衣服、草鞋等物。开始还不很理解,只感到新鲜;但同班长的接触中,感受到亲切,与原来奉化县大队里完全两样;因此,感到自己找到了门,走对了路。

我到部队后,吃了中饭与晚饭;因有情况,当晚部队就要出发。从天里出发,翻山越岭走了几十里路,到了新的驻地,靠近宁波平原地区的尖咀村。

这是我到部队的第一次行动,也是第一次夜间在山间小路上行走;山间小道,荆棘丛生,一不小心就会跌跤;我的双足被刺破,淌鲜血,肿痛难忍。一夜在高山上行走,一夜远望宁波城里,灯火辉煌;当时,思想上斗争也很激烈,认为这个部队实在太苦了。想到人家生活在城市里,多么舒适;我们却在这里吃苦。同时又想,有这么多人在一起,他们不叫一声苦,他们是怎么过来的呢?他们能过,我为什么不能过?又想到我自己曾经历过的生活,到处碰壁、走投无路。经反复考虑,只有同大伙一起走下去才是。这样,就坚持下来了。以后,部队每天都有行动,因为我们部队在四面敌、伪、顽的白色恐怖下,不能在一个地方久住下去,只能用游击的方式过日子。所以夜间行动,白天休息是经常的事。时间一长,也就慢慢地习惯了,走路也不跌跤了,夜间行动反而感到是一种乐趣。

　　此时我才知道,这个部队也是属国民党管辖之下的,支队长郭清白就是国民党人。因当时为了抗日统一战线,我们与郭清白搞统一战线,借他的番号来扩大我们的武装力量;名义是他的部队,但我们部队内部有共产党的秘密领导;当时大队长、副大队长都是不公开的共产党员;所以,我们部队在各个方面与他们不一样。他们赌钱、打老百姓的事经常发生。我们部队中没有赌博,还帮老百姓做事。他们当官的带着老婆太太作乐,我们大队长以下没有结婚的。我们同老百姓,亲如一家人,老百姓把我们当做自己的部队,我们把老百姓当自己的父老兄妹一样。时间一久,国民党对我们有所发觉,这个部队与他原来的部队不一样,有点像共产党的部队。时间越久,他们对我们怀疑就越大。因此,国民党中的顽固势力,想乘机把我们部队搞掉。当时,地方上区、乡长也已有我们党所控制的;当时鄞江区区长毛尹同志,就是受共产党的影响,接受党的领导的。国民党想搞垮我们的阴谋被我们识破之后,我们就设法摆脱其控制,乘机拉出这支部队。回到当时党领导的浙东纵队里来,成为一支真正的党的队伍。为达此目的,1943年7、8月间的一个晚上,按事先计划安排好的,由鄞江区区长毛尹同志,假送日本鬼子

不渝的忠诚
毛 张 苗 传

要进山清剿的情报,郭清白一接到这个情报,立即就令他的部队逃窜,我们就乘机把部队拉出来。等他们发现情报是假的时候,才开始向我们行动的方向鸣枪鸣炮,已成了他们欢送的礼炮了;我们早已到了浙东纵队的根据地安心休息了。从此,这个部队成了我们党领导的一支小小的革命武装;后来被编为鄞奉中队。打鬼子、除汉奸,保护人民生产生活;活跃在鄞奉地区。

(八)第一次打仗

我们离开郭清白部队,到了根据地之后,国民党才恍然大悟;知道我们是共产党的部队以后,就以我们为敌,专向我们挑衅,阻碍我们的正常活动;郭清白千方百计想搞垮我们,气焰非常嚣张。为此,浙东纵队决定,为了打开鄞奉地区局面,开辟新的根据地,必须打击和瓦解郭清白部队,并派主力三支队配合我们行动。当时郭清白部队驻扎在两岙郭清寺一带;1943年9、10月间,我们随着三支队主力,向郭清白部队进攻;因为我们中队原活动在该地区,道路地形都比较熟悉,所以我们在前卫带路。当接近郭清白部队前沿,发生战斗时,他们还以为我们是原六大队的人马,开始战斗还甚为激烈,大有将我们一举聚歼的劲头。可是打到后来,发现有我们主力三支队参战时,敌人一时就松了劲,而后就进行逃窜。因为是山区,不易发现,这次战斗只消耗了他一点力量,没能实行全歼。但对我这个新兵,倒也是一次战斗的锻炼,初次尝到了战斗的味儿。战斗结束之后,我们一直活动在该地区;郭清白部队以后不再敢轻易与我们较量了,初步打开了鄞奉地区的局面;这一带以后成为我们的游击区域。我个人也有了进步,因那时中队已有了党支部,虽然活动还是秘密的,但已受到了党的教育;我也开始关心党的生活,有了要求入党的想法。

（九）入党

当时中队里有党支部，中队指导员就是党的支部书记。但党的一些活动还不是公开的，如开小组会，支部会议，都是秘密进行的。他们在干什么，我和其他一些非党员战士都不知道。但我看他们有些人出去总是一、二个小时，去干什么？不知道；但感到奇怪。为什么不叫我们参加活动呢？但这些人战斗、工作都很积极。平时主动打扫卫生，帮助人民劳动，挑水、打墙，事事走在先头；平时有人生病，他们总是送饭、送水，叫医生看病。有一次我胃痛发作，他们就主动为我送饭、送药，时时关心我的病痛，行动时还帮我背枪，背背包；使我感到，这些人比自己兄弟还要亲切。指导员也常常来看我，问寒问暖；怕我冷了，还把自己的一件毛背心给我穿上。我那时还是中队内年纪最小的一个，虽不懂得这是共产党人联系群众、团结同志的模范行动，但我却在心里想，这些人同一般人不一样；我在心眼里佩服他们，同时，我也偷偷地学着他们；抢着打扫卫生，给生病的人送水送饭，替老百姓做些事，借的东西，主动送回去；这样一来，一些党员同志就非常注意我，并常和我接近谈心，给我以教育。

有一次，中队部有几个人去开会，我知道的，有分队长、班长，还有个别表现好的老兵参加。当时我感到很奇怪，心想他们在干什么？我就在旁边偷偷地听他们在说些什么，但没有听清什么内容，却被指导员看见了；他问我干什么？我很不好意思地红着脸离开了。过了几天，指导员找我谈话，他首先问我，你想参加共产党吗？我反问他：怎么样才能参加共产党？他说：共产党员要吃苦在前、享福在后；要联系群众、团结同志；事事、时时起模范带头作用；全心全意为人民服务，将革命进行到底。指导员这几句简短的话，使我感到非常钦佩；我想，指导员年纪不比我大多少,可道理懂得很多。我还在思考中间,指导员又说:你要入党的想法很好,我们欢迎你;但你年纪还小,要好好锻炼,并向好的同志看齐,向他们学习。通过这次谈话,我在各方面都严格要求自己,工作积极肯干,吃苦在前,有点小病坚持锻炼,不叫别人扛枪;这样,经过不平凡的一段时间,指导员又找我谈话,他表扬了我这段时间的进步,同时鼓励我继续努力;并送我一张自制的入党申请表,叫我填写。

  这是我最难忘的一天。1944年4月的一天,我一个人,秘密地跑到驻地后面竹山里(因为当时还保密),手里拿着入党申请表,心里非常激动,同时想着如何做好一个党员;并考虑着如何填表的事,集中思想填着表格。姓名、性别、年龄、籍贯,一格一格往下填着;当填到你对党有何认识,为何要入党这一项时,我放下笔思考着,问自己:你为什么要入党,为何要入党?我想到,共产党是穷人的党,为穷人办事的。因此我即填上:我们党是为穷人的党,我是穷人的孩子,因此,我要参加我们自己的党,我要永远为穷人办事。填好后,我又从头至尾看了一遍,自己认为可以了,才将表格折好,跑回驻地,交给了指导员。过了没几天,在一次支部大会上通过了,正式成为中国共产党的党员。从此,经常参加党的小组活动,不断受到党的教育,逐步适应部队战斗生活,更加安心于部队的工作了。

(十)在流动的战斗生活里

  在游击战斗的生活中,我们常常是夜间走路,白天睡觉;环境好时,就住在偏僻的山村里,当敌人进游击区扫荡时,我们常以山上林中为宿营地;名曰:"露天洋房"。一进入这种宿营地,也不用排长号房子,中队长指出方向,各班排分散;每个战士就自找舒适的地方,铺上雨布躺下睡觉;碰到雨天,就把几个战士的雨布连接起来,挂在树上,就是轻便房子;

战士们 3、5 人一组睡在里面,倒有很多优越的地方;即安静,空气又非常好,山上还有许多鸟儿为我们歌唱作伴,有时真是神仙般的生活。休息几个小时之后,我们会在山上开会、出操、练习瞄准射击和刺杀;当将要出发时,全队集中,由文化教员教唱抗日歌曲:"我们都是游击战士,肩上背着枪;斗栢洋挺胸膛"等歌曲;大声地歌唱,是为了迷惑敌人;意即告诉敌人,我们在这里。有时,敌人真的听我们指挥了;他们集中大队人马,从四面包围我们的驻地,又开炮又放枪,搞了半天,进山一看,只有几双破草鞋,什么都没有抓到。这样真真假假地,搞得敌人晕头转向、疲劳不堪,始终搞不清我们的情况。有时,反而被我们打得落荒而逃。

但有时,我们也有吃亏的时候。有一次,我们驻在高山之上的祠堂里,因为部队几天行动很疲劳,由于这里离敌人又较远,中队除派出侦察员四方侦察敌情外,部队就在当地多住了一天;结果第二天,国民党奉化县大队 4、500 人,四面包围了我们;当我们发现时,我们住地的大门,都被敌人机枪封锁;副中队长火急下达命令,组织力量突围,首先冲出去,抢夺被敌占领的山头,而后掩护中队主力转移;那天,从拂晓开始,一直打到中午;将敌人占领的高地夺过来之后,部队才安全转移。这次战斗虽没有什么伤亡,但消耗了不少宝贵的弹药;这次事件告诉我们,在那种敌、伪、顽控制的地区,一定要提高警惕,一点也麻痹不得的。

(十一)配合主力行动

……

(注:此回忆录是毛张苗同志于 1984 年 4 月 27 日、28 日,5 月 2 日、3 日、4 日陆续撰写的,后他因罹患重病,未能续写下去。现全文收录于此,未作任何修改。)

毛张苗年表

» 1925年10月28日(1岁)

出生于浙江省奉化县溪口镇石门村。父亲毛夏水,乡村裁缝,母亲王月翠,家庭妇女。

» 1931年—1937年(6—12岁)

在奉化县溪口镇石门村小学读书。

» 1937年1月—1942年9月(12—17岁)

在家随父亲做手工(裁缝),后随母亲做小生意。

» 1942年10月(17岁)

日本侵略军占领宁波,失业在家。

» 1943年8月(18岁)

加入由共产党实际控制的郭清白部宁警第6大队,大队长为林一新(又称"林大队")。

在新四军浙东纵队林大队第2中队(鄞奉中队,中队长毛尹)任战士。9月,参加解放鄞西的战斗(驱逐郭清白部)

» 1944年（19岁）

4月，在新四军浙东纵队四明自卫总队第2大队2中队（鄞奉中队）加入共产党，入党介绍人为中队指导员华军。

6月，任鄞奉中队副班长。

7月，参加反顽作战和保卫秋收战斗。

9月，参加四明地区反扫荡战斗。

9月，母亲王月翠病逝，时年39岁。

» 1945年（20岁）

2月，任鄞奉中队班长。

5月—11月，任第4支队2营5连（鄞奉中队）党小组组长。

6月，参加浙东第三次反顽自卫战斗。

8月19日，参加四明地区的反攻作战。

10月1日，随苏浙军区第2纵队张翼翔副司令所率第4支队在庵东、相公殿一带渡海北撤。

11月10日，北撤苏浙军区第2、4纵队及苏中军区教导第1旅合组为新四军第1纵队。毛张苗所部被编为第3旅9团，团长程业棠，政委林达。该次整编中，毛张苗被调入第9团警卫班任班长。

6月，所部发起解放山东泰安的战役，毛张苗的入党介绍人、5连指导员华军在此次战斗中牺牲。

7月，任山东野战军第1纵队3师9团4连1排排长。

11月10日，参加台（儿庄）枣（庄）线反击战。

12月，参加宿北战役。16日，猛插敌人纵深，直捣曹家集；战斗中2营4、6两连因故陷入敌重围，后经血战突围。4连指导员方明及1排排长毛张苗均为血战余生的40人之一。

12月18日,参加围歼敌整编第69师的战斗。

» 1947年(22岁)

1月,在鲁南战役中荣立三等功一次。

2月,参加莱芜战役。协同友邻围歼李仙洲集团。

5月,参加孟良崮战役,在界牌阻击战中负伤。

7月,参加鲁南突围。

8月,任华野第1纵3师师部特务1连(军事队)排长。

9月,参加第一次外线出击(鲁南)作战。

9月,第9团与第7团合并,第9团编为第1纵3师7团2营,原第9团2营5连(原鄞奉中队)编为第7团2营5连。

11月,参加第二次外线出击作战。

» 1948年(23岁)

2月,任华野第1纵3师师部特务2连排长。

3月11日至5月27日,参加濮阳整训。

6月—7月,参加豫东战役(亦称开封睢杞战役)。在秋屯战斗中左肩部受子弹贯穿伤。

7月—11月,在野战五院养伤期间任伤员支部书记。

11月6日—1949年1月10日,参加淮海战役。

12月,作战中被提升为华野第1纵3师7团8连副连长。

» 1949年(24岁)

1月6日,参加夺取罗河堤、攻占朱小庄的战斗。

9日,参加围攻丁枣园战斗,敌整编第65师3000余人投降。

2月,任第20军60师178团3营8连副连长。

4月21日开始,参加渡江战役。

4月22日上午10时,随部攻占扬中,并于23日晚在思议港六圩港渡过长江。

5月12日,参加上海战役。

5月24日,随部投入市内及肃清苏州河以北残敌的战斗。

5月27日—7月,随部警备上海市常熟区。

8月,为攻台做准备,赴上海罗店进行水上练兵。

8月,父亲毛夏水病逝,毛张苗因训练繁忙未归,托时任第178团骑兵侦察排排长的弟弟毛张林赴家乡料理父亲后事。毛张林归队时带回小弟毛张银,并通过登报找到了在上海打工的妹妹毛英。后毛张苗介绍两人在上海参军入伍,毛英入第20军后勤部工作,毛张银入第60师178团2营担任通信员。

» 1950年(25岁)

3月,任第20军60师178团3营8连连长。

6月,随第178团移驻崇明岛进行海训。

10月3日,部队奉命由上海分批车运至山东邹县地区。

10月,任第20军60师178团2营5连连长。

11月,入朝作战,任志愿军第20军60师178团2营5连连长,参加了长津湖战役。率部在古土水1355.7高地阻击美陆战第1师1团的增援,个人荣立一等功,所率5连荣立集体二等功。

» 1951 年（26 岁）

5 月 16 日至 17 日，在五次战役第二阶段，率部于敌腹中一夜穿插前进 30 余千米，历经大小战斗 13 次，及时抢占战役要点五马峙，为截断并全歼伪第 3、9 师创造了条件。战后，毛张苗个人荣立一等功，被授予一级英雄称号，所在 5 连获集体一等功，并被授予"尖刀 5 连"荣誉称号，第 178 团受到中朝联军司令员彭德怀、副司令邓华和副政委朴一禹（朝鲜代表）的通令嘉奖。

8 月，任第 20 军 60 师 178 团 2 营参谋长。

10 月，朝鲜民主主义人民共和国授予毛张苗自由独立二级勋章和三级国旗勋章各一枚。

» 1952 年（27 岁）

1 月，参加志愿军归国代表团。

5 月 23 日，受到毛主席等党和国家领导人接见，获毛主席签名照。代表团在杭期间，结识了后来的爱人、时任共青团浙江省委秘书的刘肖竹同志。

10 月，任志愿军第 20 军 60 师 178 团 2 营营长。

10 月底，第 20 军凯旋，所部驻上海罗店附近。

12 月 15 日，所部移驻浙江省黄岩县。

» 1953 年（28 岁）

是年，所部接受解放浙江沿海岛屿的作战任务。

任第 20 军 60 师 178 团 2 营营长期间，因在正规化训练中训练效果良好，立三等功一次。

12 月 14 日，在黄岩与刘肖竹同志结婚。

» 1954 年(29 岁)

3 月,任第 20 军 60 师 178 团副团长,当选为浙江省第一届人民代表大会代表。

» 1955 年(30 岁)

1 月 18 日,第 60 师作为陆军主攻部队,参加陆海空三军联合解放一江山岛作战。副团长毛张苗靠前指挥突击 2 营,抢滩登陆乐清礁,攻占敌司令部所在地 203 高地,毙俘敌酋,将红旗插上主峰。

2 月,大儿子毛一江出生。

2 月,作为人大代表,赴杭参加浙江省第一届人大会议。

5 月,作为解放军陆军战斗英雄代表,参加以国务院副总理贺龙元帅为团长的中国政府代表团赴旅顺欢送苏军归国并移交海军基地仪式等活动。这期间结识空军一级英雄王海。

9 月,作为校级军官代表,赴京参加国防部举行的授衔仪式,并被授予少校军衔。

10 月,被授予独立自由奖章和解放奖章。

11 月,任第 20 军 60 师 178 团团长。

» 1956 年(31 岁)

3 月,率第 60 师 178 团参加南京军区在穿山半岛进行的"加强步兵团渡海登陆作战实兵示范战术演习"。

5 月,被选为中国共产党南京军区第二次代表大会代表。

6 月,二儿子毛战海出生。

10 月,被选为南京军区建军先进分子,参加南京军区建军先进分子代表会议,受到南京军区通令奖励。

» 1957年(32岁)

5月5日,率部抵湖州三天门进行营房建设。

» 1958年(33岁)

9月,率部移驻镇海高塘地区进行战备训练。

年底,根据总政"关于干部下连当兵"的指示,毛张苗下连当兵一个月,与战士同吃、同住、同操练、同娱乐。

» 1959年(34岁)

5月,毛张苗率第60师178团作为参演主力团,在浙江镇海地区参与了"加强步兵师渡海登陆对筑垒地域防御之敌进行的实弹战术演习"。陆、海、空三军有39个不同建制的单位和22679人参加。叶剑英元帅、南京军区司令员许世友等亲临演习现场,并接见了部队。

» 1960年(35岁)

2月,被选为中国共产党南京军区第三届代表大会代表。

» 1961年(36岁)

2月,进入南京军事学院合成军指挥系(一系)学习,为第9期学员,因成绩优秀,被评为军事学院学习先进分子。

» 1962年(37岁)

7月2日,在南京军事学院晋升中校军衔。

9月2日,第60师被确定为战备值班部队。

10月,毛张苗从军事学院毕业,再次被任命为第20军60师178团团长。

» 1963年(38岁)

2月,参加中国共产党南京军区委员会扩大会议。

» 1964年—1965年(39—40岁)

1964年4月,任第20军60师司令部副参谋长,主抓部队训练和全师"大比武"。

1964年全军"大比武"期间,第60师178团司令部作训参谋吴湘庆在南京军区组织的参谋业务比赛中一举夺魁。叶剑英元帅还专门观看了吴湘庆快速标定首长决心图的表演,并给予高度赞赏。

» 1966年(41岁)

4月,任第20军60师副师长。

5月,作为工作组组长赴杭州钢铁厂进行社教运动。

7月,担任金华地区"文革时期"三军(第60师、金华军分区、后勤十三分部)联络办公室负责人。

» 1967年(42岁)

任温州市军管会副主任。

» 1968年(43岁)

任温州地委副书记。

> 1969年（44岁）

3月，大儿子毛一江参军（空军第29师通信连战士）。

6月，从温州赴杭州开会途中，在萧山地段发生汽车翻车事故，伤势严重。

7月11日，接中央军委命令，伤未痊愈的毛张苗被任命为第20军60师师长、师党委副书记（主持工作）。

> 1970年（45岁）

是年，组织第60师179团赴杭州萧山围垦海涂，筹建萧山梅林湾农场。

8月，二儿子毛战海参军（第20军侦察连战士）。

10月—12月，接收数十名受"文革"影响的原第20军转业老干部子女入伍。

> 1971年（46岁）

7月，经南京军区报请中央军委批准，第60师（欠179团）、加强步兵第172团、汽车第33团（欠1个连）及第128医院，赴浙南执行机动作战任务。7月27日，全师向丽水等待命地域进发，于8月8日前全部进入待机地域待命，执行浙东南沿海和福建沿海地域的机动作战任务。

9月18日，遵照中央9月14日紧急战备指示，中央军委9月17日指示和南京军区电示，第60师179团6连奉命进驻衢州机场，协助空军保卫机场。

10月，第60师工兵营参与扩建杭州笕桥机场，以达到美国总统尼克松的707专机的降落要求。

» 1972年(47岁)

5月,根据军委号召,严抓实抓师教导队,轮训培训了全师班以上干部和骨干,提高了部队战术素养和作战训练水平。这期间,师长毛张苗选定尖子连队第178团5连的排长陈为保,破格提升他为连长。并确定第180团1营1连8班为全师先训标兵班,在全师并全军进行示范表演。该班班长王小兵也被毛张苗破格提拔为教导队正连职教员。

8月20日,根据南京军区转中央军委电令,毛张苗率第60师(欠179团)、加强步兵第172团、汽车第33团(欠1个连)和第128医院,由待机地域丽水云和地区返回金华、杭州等营房,恢复原部署。

» 1973年(48岁)

11月,率部参加宣(城)郎(溪)广(德)地区野营拉练和反空降演习,并组织部队开展"三打三防"训练。

12月,当选为第四届全国人民代表大会代表。

» 1975年(50岁)

2月,作为解放军代表参加第四届全国人民代表大会。

5月24日,根据中央军委命令,率第60师执行从浙江金华调防河南信阳的任务。

8月,河南驻马店地区发生特大洪灾,毛张苗担任驻马店地区抗洪抢险总指挥,组织指挥部队参加抗洪抢险,第60师工兵2连获集体一等功。

是年,毛张苗主持师党委会,议决搬迁和重修在解放战争中牺牲的原第7团(178团)3营模范教导员夏白烈士墓。

» 1976 年（51 岁）

是年，率第 60 师与武汉军区军政干校共同在信阳尖山地区组织了"加强步兵团对坚固阵地防御之敌进攻"的演习，第 178 团等单位参加。

» 1977 年（52 岁）

10 月，夫人刘肖竹因病去世，享年 47 岁。

» 1979 年（54 岁）

是年 2 月，因作战需要，已届离休年龄的毛张苗奉命拟任第 60 师第二师长，将赴南疆参加对越自卫反击战，后因战局发生变化未能成行。

» 1981 年（56 岁）

与杭州市中医院老干部董战英同志结为伴侣。

» 1982 年（57 岁）

8 月，接中央军委命令离职休养，之后，曾多次回部队宣讲老部队革命传统。

12 月 17 日，在杭州参加原浙东纵队何克希司令员追悼会。

» 1984 年（58 岁）

是年，赴上海看望病中战友、解放战争时期的指导员商旭。同年，参加杭州惠兴中学"190"中队的活动。

» 1985年(60岁)

5月,因患癌,入住杭州解放军第117医院。

12月20日,在杭因病治疗无效离世,享年60岁。

后 记

《不渝的忠诚——毛张苗传》一书的发起与写作,缘起原总参政治部主任、曾任第60师政委的冯寿淼将军。作为第60师的老兵,他抱着对老部队和革命前辈的怀念与深厚情谊,首先提出并大力促成了本书的写作与出版。

3年多前,在同样是描写第60师英雄人物的《阻击英雄沈树根》一书(同为冯将军大力促成、作家顾志坤所作)的首发式上,冯寿淼将军就热情地表达了对发起《不渝的忠诚——毛张苗传》写作的意愿,并当即陪同作家、出版社编辑及毛张苗的亲属等一行,共同前往毛张苗的家乡宁波奉化石门村进行实地采风。

动笔之后,冯将军又偕同第60师老兵、原浙江省军区副政委范匡夫将军,多次与作者及各地党政军的有关部门领导,共同商讨相关事宜。其间,两位将军还对本书的写作主旨、初稿审改以及前期的宣传与推介,做了大量的指导性工作。并且,两位将军亲自作序,给了我们以极大的鼓励。为此,在本书出版发行之际,我们要对冯寿淼和范匡夫两位将军表达深深的敬意和感谢!

2005年,笔者之一的毛一江在参加一江山岛解放50周年的纪念活动后,陆续参与了凤凰卫视、央视纪录·军事频道的多部反映第20军及第60师历史的革命战争题材的纪录片拍摄,如《皖南事变》《最后一

后 记

战》《冰湖雪战》《我的中国心》《激战一江山》《梦怀青萍》。在协助各影视机构拍摄过程中,毛一江对当时尚健在的众多战争亲历者及革命前辈做了多次面对面采访,由此留存了大量珍贵的视频资料和图文资料。这些抢救性采访及发掘出来的资料,为本书的写作打下了坚实的史实基础。

另外,除对从战争年代过来的老前辈们的采访外,对于毛张苗在几十年社会主义建设时期的往事,我们也作了大量的采访和资料收集,足迹遍及北京、南京、上海、广州、杭州、宁波、台州、湖州和安徽滁州等多地,行程数千里。

本书遵循的是"大事不虚,小事不拘"的写作宗旨,即以尊重真实的历史为前提,进行文学性书写,力求在真实地还原历史的同时,向读者呈现一部集真实性、文学性和可读性于一体的作品。通过这部作品,力争向读者呈现出一位立体的、鲜活的、有个性的英雄。

但遗憾的是,由于毛张苗已去世多年,而我们书写的故事又纵贯80多年,加上与毛张苗最亲密的一些老首长、老部下、老战友大多已离开人世,这就为我们的书写带来很大难度。故此,书中的差错与谬误在所难免,敬请读者予以谅解并指正。

宁波是毛张苗的故乡。为此,宁波市的各级领导对本书的采访、撰写及出版给予了极大的重视,提出了很多宝贵的意见和建议。作为毛张苗的家乡奉化区委宣传部更是从这部作品启动就予以关注和指导。在初稿出来后,又专门组织浙江财经大学、浙江大学、浙江工业大学及宁波市文艺评论家协会的著名评论家对作品问诊把脉,提出了许多宝贵的意见。作为家乡的出版社,宁波出版社对这部纪实文学作品的出版特别重视。出版社领导和编辑多次与毛张苗的家属和作者进行沟通,并提出了很多建设性意见,从而为本书的顺利出版发行提供了有力保障。在此，我们要向各位领导和专家表示衷心的感谢。

最后，我们要再一次对那些曾接受采访、提供资料以及对本书的写作给予大力支持和帮助的单位及个人表示衷心感谢。他们是：

中共浙江省委宣传部、中共宁波市委宣传部、中共台州市委宣传部、中央军委档案馆、中国人民革命军事博物馆、辽宁省丹东抗美援朝纪念馆、中部战区陆军第83集团军某合成旅旅史馆、台州市一江山岛登陆战纪念馆、浙江省新四军历史研究会浙东分会、北京市新四军历史研究会浙东分会、中共宁波市委党史研究室、宁波市文学艺术界联合会、中共宁波市奉化区委宣传部、奉化区文学艺术界联合会、中共宁波市奉化区溪口镇委员会、中共宁波市奉化区溪口镇石门村党总支、上海君谐投资管理有限公司；新四军浙东纵队老战士、浙江省中医院原副院长王水林（已故），新四军浙东纵队老战士、原第60师老首长方明（已故），原第20军参谋长、原广州军区副参谋长吴湘庆少将，原第20军作训处处长、原南京军区装备部副部长徐红少将，原第20军60师政委林积昌，原第20军60师师长陈为保，浙江省新四军历史研究会副会长兼秘书长李军，香港包达三基金会主席包言正，以及毛战海、杨晓峰、黄先钢、李红梅、王胜利、冯杨、王肖良、陈文开、卢鹤春、周文英、张玲樱、王晓兵、周大海、葛大庆、刘建文、郑晓林、卢建民、戚一民、丁炎灿、方正兴、毛瑞龙、毛建军、顾一鸣、阚文言、金舒燕等同志。

毛一江　顾志坤

2023年3月

图书在版编目（CIP）数据

不渝的忠诚：毛张苗传/毛一江，顾志坤著．——宁波：宁波出版社，2023.8
ISBN 978-7-5526-5049-5

Ⅰ．①不… Ⅱ．①毛… ②顾… Ⅲ．①毛张苗—传记
Ⅳ．① K827=7

中国国家版本馆 CIP 数据核字（2023）第 116198 号

不渝的忠诚 —— 毛张苗传
BUYU DE ZHONGCHENG MAOZHANGMIAOZHUAN

毛一江　顾志坤　著

责任编辑	晏　洋
责任校对	朱璐艳
封面设计	马　力
出版发行	宁波出版社
	（宁波市甬江大道 1 号宁波书城 8 号楼 6 楼）
印　　刷	宁波白云印刷有限公司
开　　本	710mm×1000mm　1/16
插　　页	2
印　　张	23
字　　数	330 千
版　　次	2023 年 8 月第 1 版
印　　次	2023 年 8 月第 1 次印刷
标准书号	ISBN 978-7-5526-5049-5
定　　价	79.00 元

如发现缺页或倒装，影响阅读，请与出版社联系调换，联系电话：0574-87248279